高职高专财务会计类特色规划教材
国家示范性高职院校重点规划教材
高等职业教育校企合作特色示范教材

财务报告编制与分析（第三版）

The Preparation and Analysis in Financial Reports

主　编◎魏艳华
副主编◎杨鑫慧　王　梦　曲丽华
参　编◎韩雪英　杨继杰
主　审◎张　利

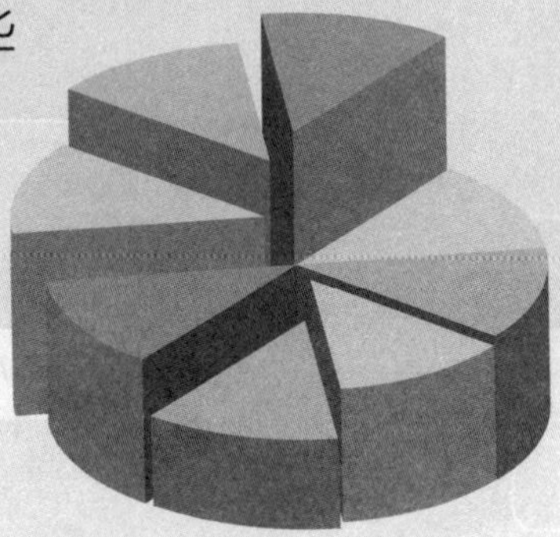

上海财经大学出版社

图书在版编目(CIP)数据

财务报告编制与分析/魏艳华主编．—3版．—上海：上海财经大学出版社，2015.8
高职高专财务会计类特色规划教材
国家示范性高职院校重点规划教材
高等职业教育校企合作特色示范教材

ISBN 978-7-5642-2249-9/F·2249

Ⅰ.①财… Ⅱ.①魏… Ⅲ.①会计报表-编制-高等职业教育-教材
②会计报表-会计分析-高等职业教育-教材 Ⅳ.①F231.5

中国版本图书馆CIP数据核字(2015)第196924号

□ 责任编辑 张美芳
□ 封面设计 韩庆熙

CAIWU BAOGAO BIANZHI YU FENXI
财务报告编制与分析
（第三版）

主 编 魏艳华
副主编 杨鑫慧 王 梦 曲丽华
参 编 韩雪英 杨继杰
主 审 张 利

上海财经大学出版社出版发行
（上海市武东路321号乙 邮编200434）
网 址：http://www.sufep.com
电子邮箱：webmaster @ sufep.com
全国新华书店经销
上海华业装璜印刷厂印刷装订
2015年8月第3版 2015年8月第1次印刷

787mm×1092mm 1/16 13.5印张 345千字
印数：13 001—17 000 定价：33.00元

前　言

随着我国经济的快速发展和市场竞争的日益加剧，企业的投资者、债权人、政府管理部门等信息需要者，通过企业对外公布的财务报告了解和掌握企业的财务状况、经营成果、现金流量和所有者权益变动情况的要求显得尤为迫切。财务报告分析对企业的投资决策、筹资决策、赊销决策和内部经营管理等有着重要的作用，而会计从业人员的专业技能和综合业务素质则直接影响财务报告分析的质量。

本书第三版以2006年颁布的《企业会计准则》和2014年7月1日起施行的《企业会计准则第30号——财务报表列报》为依据，突破传统会计报表分析的局限，结合"财务报告编制与分析"课程改革实践教学经验，本着"理论够用为度，注重实践技能培养"的思想，充分考虑了高等职业教育的特点，注重理论与实际操作的紧密结合，从企业财务报告编制与分析工作的实际应用出发，以丰富的案例和大量的实训较详尽地讲解了财务报告编制与分析的基本原理、基本程序及其操作方法。本书在编写过程中，充分吸收和借鉴相关教学单位和广大读者的意见，在第二版的基础上修改了资产负债表、利润表和所有者权益变动表编制的内容，力求全书内容简洁明了、深入浅出、通俗易懂。

本书总体上分为三个部分：第一部分（项目一）为财务报告编制与分析基础理论；第二部分（项目二至项目十）为财务报告编制与分析，包括资产负债表编制与分析、利润表编制与分析、现金流量表编制与分析、所有者权益变动表编制与分析、财务报表表外资料分析和财务报告综合分析；第三部分（项目十一）为财务分析报告的撰写。

本书由魏艳华担任主编并负责总纂，张利担任主审，刘艳华、王梦、曲丽华担任副主编，杨继杰和赵威也参与了编写工作。具体分工如下：项目一、二、三和十一由魏艳华编写，项目五、六、十由杨鑫慧编写，项目四由杨继杰编写，项目七由曲丽华编写，项目八由韩雪英编写，项目九由王梦编写。

本书编写过程凝聚了集体的智慧和辛勤努力，但书中难免有疏漏之处，敬请广大读者特别是教师和学员在教学和学习过程中指出，以便不断完善。

作　者

2015年8月

目　录

项目一

财务报告编制与分析的基础理论

学习目标

◎ 了解财务报告的含义及财务报告的组成，了解报表中包含哪些附表；
◎ 掌握资产负债表、利润表、现金流量表、所有者权益变动表的含义及内容；
◎ 理解财务报表附注和财务情况说明书的内容，并能进行恰当的分析；
◎ 理解财务报告的作用、进行财务报告分析的意义及财务报告分析的原则；
◎ 熟练掌握财务报告的比较分析法和因素分析法，并能灵活运用。

学习建议

这部分内容是概述部分，基础知识较多，在学习过程中要注意相关概念的区别和联系。

财务报告分析是一种分析性的工作，不同于程序性的工作，不存在统一的模式，不同的分析目的、企业的具体情况以及可获取资料的范围，都决定着具体的分析方法和分析程序，因此要采取具体问题具体分析的态度，切忌生搬硬套。

引导案例

张红：我是一个股民，我在选择股票时一般是听股评和股市传言，我很想能通过自己的分析深入了解报表背后的问题。

投资顾问李平：会计报表是一套专业性很强的信息，如果不具备基本知识和分析技术，一般人很难通过枯燥的数字洞悉其本质，你可以通过财务报告分析课程来学习相关内容。

任务 1　财务报告基础知识

一、财务报告的含义

财务报告，是指企业对外提供的反映企业某一特定日期财务状况和某一会计期间经营成果、现金流量、所有者权益变动等情况的文件。它是企业会计工作的最终成果，是输出企业会计信息的主要形式，是企业与外部联系的桥梁。财务报表是对企业财务状况、经营成果和现金流量的结构性表述。

二、财务报告的组成

年度、半年度财务报告由财务报表、财务报表附注和财务情况说明书三部分内容组成。财务报表包括资产负债表、利润表、现金流量表、所有者权益变动表及相关附表。相关附表一般应包括资产减值准备明细表、分部报表和应交增值税明细表等。由母公司和子公司组成的企业集团还应编制合并财务报表。企业编制的中期财务报告至少应当包括财务报表和财务报表附注。

(一)财务报表

财务报表是传输会计信息的一个重要工具，是根据会计账簿记录和有关资料，按规定的报表格式，总括地反映企业一定期间的经济活动和财务收支状况及其结果的文件。这些文件中所反映的财务信息既有对外的一面，也有对内的一面，即既可以满足企业外部用户的信息需求，又可以同时作用于企业的内部管理。因此，财务报表具有报告的性质，是以表格为主要形式，反映、提供和传输财务信息的书面报告文件，是财务报告的核心组成部分。

1. 资产负债表

它是反映企业在某一特定日期财务状况的报表，属于静态报表。该报表可以提供某一日期资产、负债的总额及其结构，表明企业拥有或控制的资源分布情况，以及未来需要用多少资产或劳务清偿债务、清偿的时间；可以反映所有者(股东)所拥有的权益，据以判断资本保值、增值的情况以及对负债的保障程度。年度资产负债表一般包括以下附表：

(1)资产减值准备明细表。它是反映企业一定会计期间各项资产减值准备的增减变动情况的报表。该表是对资产负债表中减值资产项目的进一步说明，可以全面反映企业各项资产的减值情况，有助于会计信息使用者通过深入分析资产减值情况，对企业的未来发展前景作出预测。

(2)应交增值税明细表。它是反映企业在一定会计期间应交增值税情况的报表。该表是对资产负债表中应交税费项目的进一步说明，全面反映了企业增值税进项税额、销项税额、出口退税、进项税额转出和未交增值税等情况，即便于税务部门及时掌握企业应交、已交、未交增值税额情况，又有助于其他会计信息使用者对企业的销售业绩以及对未来现金流量的影响作出辅助判断。

2. 利润表

它是反映企业在一定会计期间经营成果的报表，属于动态报表。该表可以反映企业一定会计期间的收入实现和费用耗费情况，据以判断资本的保值、增值情况。将利润表中的信息与资产负债表中的信息相结合，还可以提供进行财务分析的基本资料。年度利润表应包括的附表为利润分配表，它是反映企业在一定会计期间利润分配情况的报表。该报表作为对利润表实现的净利润流向的进一步说明，可以全面反映企业一定会计期间对实现净利润以及以前年度未分配利润的分配或者弥补亏损的情况，有利于会计信息使用者了解企业投资收益的分配情况。

3. 现金流量表

它是反映企业一定会计期间内现金和现金等价物流入和流出的报表。该报表有助于会计信息使用者评价企业支付能力、偿债能力和周转能力，预测企业未来现金流量，分析收益质量及影响现金净流量的因素，从而综合评价企业经营业绩，衡量企业财务资源和财务风险，预测企业的未来前景。

此外还有附表，如分部报表，它是指企业按照确定的内部组成部分（业务分部或地区分部）提供的各组成部分有关收入、资产和负债等信息的报表。该报表有助于会计信息使用者评估不同因素对企业的影响，以便更好地理解企业以往的经营业绩，并对其未来的发展趋势作出合理的预测和判断。

4. 所有者权益变动表

它是反映构成所有者权益各组成部分当期增减变动情况的报表。该表应当全面反映一定时期所有者权益变动的情况，不仅包括所有者权益总量的增减变动，还包括所有者权益增减变动的重要结构性信息，特别是要反映直接计入所有者权益的利得和损失，让报表使用者准确理解所有者权益增减变动的根源。在所有者权益变动表中，净利润和直接计入所有者权益的利得和损失均单列项目反映，体现了企业综合收益的构成。

（二）财务报表附注

财务报表附注是指为了便于财务报表使用者理解财务报表的内容而对财务报表的编制基础、编制依据、编制原则和方法及其主要项目等所做的解释。它是对财务报表的补充说明，是财务报告的重要组成部分。财务报表中所规定的内容具有一定的固定性和规定性，其所提供的会计信息是定量的，使反映的会计信息受到一定的限制，这就需要通过财务报表附注加以解释或说明。

（三）财务情况说明书

财务情况说明书是对企业一定会计期间内生产经营、资金周转和利润实现及分配等情况的综合性说明，是财务报告的重要组成部分。它全面扼要地提供企业生产经营、财务活动情况，分析总结经营业绩和存在的不足，是财务报告使用者了解和考核企业生产和业务活动开展情况的重要资料。财务情况说明书至少应当对下列情况做出说明。

1. 企业生产经营的基本情况

企业生产经营的基本情况通常包括：企业生产经营的基本概况，企业主营业务范围经营情况，企业所处的行业以及在本行业中的地位，企业员工的数量和专业素质情况，经营中出现的问题、困难及解决方案，对企业业务有影响的知识产权的有关情况，经营环境的变化，新年度的业务发展计划（如生产经营的总目标及措施），开发在建项目的预期进度，配套资金的筹措计划及需要说明的其他生产经营情况与事项。

2. 利润实现和分配情况

利润实现和分配情况主要是指企业本年度实现的净利润及其分配情况，如实现的净利润是多少、在利润分配中提取法定盈余公积金和法定公益金各有多少、累计可分配利润有多少；此外，还应反映资本公积转增实收资本（股本）的情况等。如果在本年度内没有发生利润分配情况或资本公积转增实收资本（股本）情况，则企业需要在财务情况说明书中明确说明。

3. 资金增减和周转情况

主要反映年度内企业各项资产、负债、所有者权益、利润构成项目的增减情况及其原因。

4. 对企业财务状况、经营成果和现金流量有重大影响的其他事项

三、财务报告的使用者

企业进行会计核算、编制财务报告，形成一个比较完备的财务信息体系，这个信息体系是

为财务信息的用户服务的。不同的财务信息的用户，其利益的视角不同，所关注的焦点和目的也就不同，故对财务信息的需求也就不完全相同，各有所侧重。一般而言，财务报告的主要信息用户有以下几类：

（一）投资者

投资者按其是否已经投资可分为现有投资者和潜在投资者两种。现有投资者是指已在企业投资成为企业所有者的投资人。在不同组织形式的企业中，现有投资者的形式各不相同：在独资企业中，就是企业的业主；在合伙企业中，就是企业的各方合伙人；在股份制企业中，就是企业股份的持有人，即股东。潜在投资者是指尚未在企业投资，但有可能向企业投资的投资人。在向社会公开发行股票的股份有限公司中，凡是有可能购买本公司股票的投资人都可以称为潜在的投资者。

投资者作为企业风险的最终承担者，他们最关心的是他所投资的或将要投资的企业在未来能否取得相应的利润，因而他们需要通过财务报告来了解企业的获利能力。

（二）债权人

债权人是指那些对企业提供需偿还的融资的机构或个人。企业的债权人包括非商业债权人和商业债权人。非商业债权人是指向企业提供融资服务，并得到企业承诺（经常是书面承诺），在未来的特定日期偿还贷款并支付利息的机构或个人；商业债权人是指以出售货物或提供劳务形式，向企业提供短期融资的机构或个人。

非商业债权人最关心的是债权的安全，包括贷款到期的收回和利息的偿付。因此他们需要了解企业的获利能力和现金流量，以及有无其他需要到期偿还的贷款。

商业债权人最关心的是企业准时偿还货款或劳务款的能力。因此，他们需要了解企业短期偿还债务的能力，即流动资产的状况及其变现能力。

（三）企业内部的使用者

企业内部的各级管理人员和全体职工，也是财务信息的使用者。企业内部的管理者是履行经营和管理职责的直接责任人，他们不仅要适应市场需求的变化，制定明确的营销策略和技术创新战略，搞好企业的营销和发展；他们还要制定和完善企业内部的各项规章制度，搞好企业管理，不断提高管理水平，提高工作效率和经济效益。而企业的各项经营管理工作也离不开全体职工的辛劳，他们应在企业中发挥应有的管理和监督作用。企业各级管理人员和全体职工与企业的命运紧密相连，他们需要借助财务报告提供的财务信息，全面了解企业的财务状况、现金流量、获利能力和未来可持续发展的能力等。

（四）政府及政府监管部门

政府及政府监管部门主要指中央和地方各级政府以及政府中与管理经济相关的各部门，如国资委以及财政、税收、审计、证券监督管理、工商管理等部门。在我国，政府对经济行使两种职能：行政管理职能和国有资产管理职能。对后者应视同投资人（股东）关注投入国有企业的资本金的管理和投资收益。而前者则包括两个方面：一方面是从宏观经济管理的需要出发来了解和关注企业的财务信息；另一方面是从对市场和企业的经济行为进行监管的需要出发，要求企业提供有关的财务信息。

（五）其他使用者

企业的供应商、竞争对手、中介机构（如注册会计师、咨询人员）等，也是企业财务报告的使用者。

四、财务报告的作用

《企业财务报告条例》规定，企业应编制和对外提供真实、完整的财务报告。财务报告的作用就在于：向企业现在和潜在的投资者、债权人以及其他使用者提供正确决策所需的财务信息，帮助他们对企业的财务状况和经营成果作出评价。财务会计报告中作为财务报表主表的资产负债表、利润表、现金流量表及股东权益变动表相互结合，能全面地反映企业的财务状况、经营成果、现金流量和股东权益的变化。因此，财务报表构成财务报告的核心组成部分。但是企业的经济活动有许多问题是财务报表数字所不能表达和涵盖的，需要通过文字加以说明，如不同会计政策的选择和变更、企业的人力资源价值等。财务报表附注是对财务报表的进一步补充说明和具体解释，财务情况说明书是对财务状况和经营成果的自我评价。财务报告是企业相关利益者获取财务会计信息的主要渠道，利用好财务报告的数字和文字说明资料，有利于及时掌握企业财务状况、经营成果和现金流量的真实情况。为财务报表的使用者对企业进行分析、评价和决策提供依据。而通过财务报表的量化分析，结合财务报表附注和财务情况说明书提供的补充信息，就可以使不同报表使用者结合各自的分析目的，获取所需要的信息资料。具体地讲，财务会计报告主要有以下几方面的作用：

(一)有助于投资者和债权人进行合理决策

企业的投资者和债权人，为进行合理决策，都必须掌握一定的会计信息，以了解被投资企业和债务单位的经营情况，盈利状况和偿债能力，而这些信息的取得主要来自财务报告。

(二)反映企业管理者的经营业绩和受托经营责任

企业管理者进行经营决策和计划，实施经营控制，需要依靠财务报告提供的会计信息；企业的投资者为了解经营者经营业绩和受托责任的履行情况，也需要财务报告提供信息。只有这些资料详尽、正确，才能有利于经营者作出决策并实施控制，有利于投资者对经营者的业绩和受托责任作出正确评价。

(三)有助于企业评估和预测未来的现金流动性

企业投资者要评估和预测企业未来的收益性和流动性，就需要对过去和现在的财务信息加以研究。企业投资者的未来利益与企业未来的盈利能力有关，判断未来盈利能力的方法之一是研究企业过去的盈利能力。但这还不够，还必须评价现金的流动性。因为即使是盈利企业，也可能存在债务到期时，由于资金不足不能支付借款利息和本金的情况，而要掌握这些情况必须借助于财务报告。

(四)有助于政府制定经济政策、加强宏观调控、促进社会资源的最佳配置

国家为了维持良好的、正常的经济秩序，取得财政收入，也需要了解企业的财务状况和经营成果。企业的财务会计信息通过综合汇总后，可以提供分析、评价国民经济状况的资料，满足国家宏观经济调控的需要。财政、审计、税务、银行、证券监管、保险监管等部门，可以通过对企业财务报告的分析，监督企业遵守有关法律、法规和制度的情况，保障宏观经济正常运行，并不断增加财政收入。

任务2 财务报告分析的基础知识

一、财务报告分析的含义

财务报告分析是指以财务报告为主要依据，采用科学的评价标准和专门的分析方法，遵循规范的分析程序，通过对企业过去和现在的财务状况、经营成果和现金流量等重要指标的比较分析，推理判断，揭示企业经营中存在的问题和取得的绩效，预测企业未来的经营业绩和发展前景，从而帮助报表使用者改善并优化决策的一种专门技术。

二、财务报告分析的目的

财务信息与决策有着密切的联系，它对决策具有很高的价值，是决策过程中的重要依据，财务报表和财务报告分析所揭示的问题，对企业以及与企业有利益关系的各方面进行经济决策密切相关。财务报告分析的根本目的就是充分利用财务报表及其分析所揭示的信息，作为决策的依据。由于决策的主体，即财务报表的使用者不同，他们对会计信息的需求就不完全相同，因此其财务报告分析的具体目的和侧重点也就不同。

（一）投资者的分析目的

如前所述，投资者包括现有投资者和潜在投资者。在市场经济条件下，企业资金来源于债权人的债务资金和投资者投入的权益资金。投资能够给投资者带来一定的经济收益，但同时投资也伴随着与其收益相当的风险。如果投资不当、决策失误，不仅不能取得预期的投资收益，反而会带来投资损失，以致血本无归。为保证投资决策的科学性、合理性，投资者必须掌握被投资企业各方面的信息，所以财务报表及财务报告分析所揭示的是投资者搜集投资决策信息的最基本途径。投资者分析财务报表有如下主要目的：

1. 分析企业的获利能力，评价预期收益的实现程度，合理进行投资决策

获利能力是投资者在财务报告分析中关注的核心内容。因为投资者的基本目的就是为了获取较高的收益，如果企业没有足够的获利能力，不能给投资者带来所期望的基本收益，则投资者宁愿把资金存入银行收取利息也不会冒险进行投资。因此，现有投资者通过获利能力的分析，可以评价预期收益的实现程度；潜在投资者通过获利能力的分析，有利于作出科学、合理的投资决策。

2. 分析企业的经营业绩，评价企业管理人员受托责任的履行情况

对于现有的投资者（股东）来说，最关心的是企业当前的经营业绩，因为企业的经营业绩直接关系到投资者的经济利益。如果企业经营状况良好、利润丰厚，则作为投资者分得的红利自然也丰厚。另外，由于投资者投入企业的经济资源一般是由专职的经营管理者加以控制和使用的，投资者通常并不直接管理企业的生产经营活动，但是投资者可以通过采取考核和监督等手段，对经营管理者的业绩及其受托资源的经营责任履行情况进行检查，以维护自身的经济利益。因此，从这一点来看，投资者需要了解企业经营业绩的有关信息，作为衡量和评价企业管理人员受托经济责任及其完成情况的依据。

3. 分析企业的偿债能力，评价企业的理财环境

偿债能力对投资者来讲是非常重要的。企业只有保持较强的偿债能力，才能筹集到更多的资金，并节省筹资的费用成本，才能把握有利的投资机会，从而为投资者带来更多的利润。反之，如果企业财务状况不佳，偿债能力较弱，那么企业就无法通过举债筹集到更多的资金，或者筹资的费用成本将会上升，这样就会丧失许多投资机会，从而降低企业的获利能力，还会导致公司股票价格的下降；如果企业财务状况恶化，发生债务危机，以至于资不抵债，企业就可能会破产，投资者就可能遭受损失。因此，投资者在进行财务报告分析时自然会将偿债能力作为分析的重点。当然，作为投资者进行偿债能力分析的目的是为了判断企业是否存在发生财务危机的风险，因此他不可能像债权人那样希望偿债能力越强越好，因为过强的偿债能力，特别

是短期偿债能力，意味着企业的资产中流动资产中货币资金、应收账款、短期投资等流动性强的资产比重上升，而资产的流动性越强，其获利能力越差。因此，作为投资者，只要求企业保持一个合理的能有利于举债的偿债能力即可。

4. 分析企业的资本结构，评价企业财务风险

资本结构的合理与否，直接关系到投资者的利益。就投资者而言，负债在资本结构中的比例越大，企业偿付本金及利息的负担就越重，发生财务危机的风险就越大。但是，负债的利息可以作为费用在税前扣除，因而负债具有节税的作用；而且在投资者资本既定的情况下，通过举借债务筹集资金能为企业带来更多的投资机会，从而给投资者带来更多的收益。因而作为投资者，在进行资本结构分析时，就希望能找到一个既能使综合资本成本较低、财务风险较小，又能取得较多投资收益的最佳资本结构。

(二)债权人的分析目的

作为债权人，特别是银行等金融机构和基金会等非金融机构以及债券投资者，他们出借资金的基本目的是为了取得利息收入。当然，采用商业信用方式出借资金的主要目的是为了促进销售。但是不论他们的目的有什么不同，他们出借资金的前提都是相同的，那就是相信债务人能够按照规定的期限归还借款并支付利息。如果债务人到期不能还本付息，那么债权人不仅不能从这种资金借贷中获取预期的收益，反而还会遭受一定的损失，如果债务人破产，那么债权人遭受的损失将更大。所以作为债权人，他最关心的就是企业偿债能力。债权人获得企业偿债能力的信息，主要是通过对企业财务报表的分析取得的。因此，偿债能力的分析是债权人进行财务报告分析的主要目的和核心。由于各类债权人所提供资金的期限不同，短期的从1个月到1年，长期的可长达10年或20年，因而他们对企业财务报告分析的目的和侧重点会有所不同。

1. 分析营运资金，了解企业的短期偿债能力

营运资金本身就是评价企业偿债能力，特别是短期偿债能力的一个重要指标。营运资金越多，说明流动资产超过流动负债的数额越大，企业的短期偿债能力越强。通过营运资金的分析，可以解释：为什么有的企业虽然利润增加了，但资金周转困难，无法偿还债务；有的企业虽然利润下降或发生亏损，但仍然有足够的资金偿还债务。对于债权人，特别是短期债权人来说，营运资金越多越好。

2. 分析资本结构，了解企业的长期偿债能力

资本结构状况直接影响着企业的偿债能力，特别是长期偿债能力。由于资本结构揭示了企业负债与所有者权益、资产与负债、资产与所有者权益等比例关系，因而反映了企业的长期财务状况，显示出企业的长期偿债能力。因而对资本结构的分析是债权人，特别是长期债权人进行财务分析的一个重要方面。

3. 分析获利能力，了解企业还本付息资金来源的保障程度

对于长期债权人而言，利润是企业偿还长期债务的重要资金来源。除非企业有足够的抵押品，否则企业长期债务的本金和利息的支付都寄希望于企业能获得足够的盈利。对于长期债权人来说，企业的获利能力总是越强越好。获利能力越强，企业还本付息的资金来源就越有保障，债权的风险就越小。对于两个信用条件相同或相近的企业，债权人总是愿意把资金借给获利能力强、前景好的企业，以保证资产的安全。

☞ 有问必答

问：债权人和投资人进行财务报表分析的主要关注点有何差异？

答：债权人将资金借给企业，其目的就是在一定时间内收回本金并获得利息，因此它们必然关心企业是否有偿还债务的能力；而投资人的目的是扩大自己的财富或者控制企业，自然关心包括偿债能力、收益能力以及风险等问题。

(三)企业内部使用者的分析目的

对于企业内部使用者，主要是经营者来说，财务报告分析所涉及的内容最广泛，不仅涵盖投资者和债权人分析的所有目的，还要考核、评价企业生产经营计划和财务预算的完成情况，并对企业的可持续发展作出决策和规划。具体来说，可以分为如下几个方面。

1. 考核企业生产经营计划和财务预算的完成情况，评价经营责任的履行情况

通过对财务报表有关数据资料的分析，并将其与有关的计划指标进行对比分析，可以考核企业各方面生产经营计划如生产计划、成本计划、销售计划、利润计划等的完成情况，从而评价企业经营者自身履行经营责任和其他管理责任的情况，作为投资者奖优罚劣的依据。

2. 评价企业财务状况的好坏

通过对财务报表有关数据资料的分析、研究，并与计划、同行业水平等进行对比，可以对企业的财务状况作出合理的评价，如偿债能力的强弱、获利能力的大小等，还可以发现企业生产经营中存在的问题和不足，以便采取各种有效措施加以改进和提高。

3. 决策和规划

通过对财务报表有关数据资料的分析，揭示企业财务状况和经营成果发展趋势，结合存在的问题和不足，作出科学的规划和决策，合理配置资源，以提高经营效益和企业竞争能力。

(四)政府监管部门的分析目的

除了债权人、投资者和企业经营者之外，还有政府监管部门和其他一些单位、个人同样关心企业的经营情况和财务状况，需要通过财务报告分析来取得所需的信息和资料，为决策提供依据。作为政府监管的财政、税务、国有资产管理等部门，由于它们与企业的关系不同，因而进行财务报告分析的目的和内容也有所不同。

作为财政部门，主要关心企业执行有关财政、财务方面的政策、法规、制度的情况，因而财政部门进行财务报告分析的目的就是检查企业执行有关政策、法规和制度的情况。

国有资产管理部门作为企业国有资产的法定代表人，主要关心国有资产的保值增值和国有资产收益、企业的资产状况和获利能力。

税务部门是国家征收、管理各种税收的专业职能部门。照章纳税是每个企业向国家、社会应尽的义务，也是企业的责任。企业向税务部门报送财务报表是纳税申报制度的重要内容之一。税务部门通过财务报告分析企业纳税情况，对企业的纳税情况进行检查和监督。

审计部门是专门进行审计监督的职能部门，它通过对财务报表的检查分析，依法对国有企业以及对国有资产占控股地位或主导地位的企业的财务收支的真实性、合法性和效益性进行审计监督。

此外，供应商也要通过财务报告分析，决定能否与企业长期合作，了解企业的销售信用水平，以便决定是否对企业延长付款期；竞争对手需要通过对财务报表的分析，了解企业的盈利水平、其产品的市场占有份额等信息，从而有利于在制定产品价格、调整产品品种结构等方面作出合理的决策；注册会计师通过财务报告分析可以确定审计重点。

综上所述，财务报告分析的目的可以概括为：评价过去的经营业绩；衡量现在的财务状况；预测未来的发展趋势。

三、财务报告分析的原则

要按照人们预期的目的建立一个科学而完善的分析系统，正确开展财务报表的分析工作，必须遵循一定的原则。所谓财务报告分析的原则，是组织财务报告分析工作、发挥分析作用、完成分析任务和使用分析方法的准绳，是财务报告分析人员应遵循的规范。其主要包括以下几个方面：

（一）有用性原则

财务报告分析的有用性原则，也称相关性原则，是由财务报告分析的目的决定的。财务报告分析的目的就是充分利用财务报表及其分析所揭示的信息，使之成为决策的依据。财务报告分析的结果只有对未来的生产经营产生影响，能够作为信息使用者进行决策的重要参考，才有利用的价值。有用性原则与信息使用者的目的密切相关。例如，作为债权人，其决策所需要的主要是企业偿债能力方面的信息；作为投资者，其决策所需要的主要是企业盈利能力方面的信息；而对企业管理者来说，其决策所需要的信息则涉及财务报告分析的各个方面。因此，有用性是财务报告分析的前提和基础。

（二）可理解性原则

财务报告分析的结果是提供给使用者决策用的信息，财务报告分析的使用者只有读懂报表分析的内容且能准确理解，才能更好地利用财务报告分析的结果进行科学决策；因此财务报告分析的结果应直观、明确、易于理解，使财务信息使用者能够准确地加以理解和运用。该原则要求企业在财务报告分析过程中尽量采用通用的方法和计算口径，对于行业财务制度中已规定的计算方法和口径，分析人员必须共同遵守；对于未作规定部分，应在探讨和实践的基础上尽可能达成一致做法。对于没有统一计算口径的指标，应注明所采用的分析计算方法，以便于报表使用者理解。

（三）定量分析与定性分析相结合的原则

财务报告分析是定性分析和定量分析的有效结合，定性分析是财务报告分析的基础和前提，定量分析则是财务报告分析的手段和工具。没有定性分析就弄不清事物的本质、趋势和与其他事物的联系，没有定量分析就弄不清事物发展的数量界限、阶段性和特殊性，没有数字的计算分析就得不出结论。财务报告分析就是要透过现象看本质，因此在分析的过程中要将定量分析与定性分析有机结合起来，才能得出科学、合理的结论来。

（四）客观性、全面性、联系性、发展性相结合的原则

客观性、全面性、联系性、发展性相结合的原则，即在财务报告分析时应以实际发生的经济业务为依据，用全面的、联系的、发展的观点看待问题，避免用片面的、静止的观点分析问题。因此分析中既要从实际出发，坚持实事求是，客观反映情况，反对不尊重客观事实，主观臆断、结论先行，搞数字游戏的做法；又要全面看问题，坚持一分为二，反对片面地看问题，要兼顾成功经验与失败教训、有利因素与不利因素、主观原因与客观因素、经济问题与技术问题、外部问题与内部问题。既要注重事物的联系，坚持相互联系地看问题，反对孤立地看问题，注意局部与全局、偿债能力与盈利能力、报酬与风险的关系；又要发展地看问题，反对静止地看问题，注意过去、现在和将来的关系。

四、财务报告分析的内容

对财务报告分析的内容有多种描述方法，比较常见的是将其分成五项内容：

(一)短期偿债能力分析

短期偿债能力是指公司以流动资产支付流动负债的能力，一般又称为支付能力。它主要取决于流动资产和流动负债的比例关系，以及流动资产的变现能力。

> 有问必答
>
> **问：**为什么说在评价企业时不能把基本经济活动割裂开来？
>
> **答：**筹资活动、投资活动和经营活动是企业的三项基本的经济活动，三者之间不是孤立的，而是相互关联的，如利润是经营活动的结果，而评价经营业绩并不能只看利润的大小，而是要把利润和赚取利润所占用的资产联系起来，用资产利润率来考察。因此，在业绩评价时不应把其割裂开来。

(二)长期偿债能力分析

长期偿债能力是指公司偿还债务本金和支付债务利息的能力，一般又称财务能力。它既与资本结构有关，也与公司的收益能力有关。

(三)资产运用效率分析

资产运用效率是指公司单位资产创造营业收入的能力，它主要取决于收入与资产的比例关系。资产运用的效率既影响偿债能力，又影响收益能力。

(四)获利能力分析

获利能力是指运用资产赚取利润的能力(包括股权投资所获得报酬的能力)。它主要取决于利润与获取利润的资产或销售收入的比例关系，从股东角度评价公司的收益能力。而股东投资报酬的高低，不仅取决于资产的获利能力，还受资本结构的影响。

(五)现金流量分析

如果说公司的业绩主要反映在它的盈利状况，那么公司的价值则主要反映在它的现金流量状况之中。现金流是公司价值的最终驱动力，股东对未来现金流的预期是确定股票价值的基础，因此人们越来越重视现金流量状况的分析。通过现金流动状况的分析，可以了解一项业务(生产经营、投资或筹资)产生或消耗现金的程度，使人们对偿债能力有新的认识，并且对利润的质量作出判断。

上述五个方面是相互联系的，一个公司偿债能力很差，获利能力也不会很好；获利能力很差，偿债能力也不会太有保障。提高资产运用效率有利于改善偿债能力和获利能力。偿债能力和获利能力下降，必然表现为现金流动状况恶化。

虽然财务报告分析包括上述五个方面，但不是每个报表使用人的每次分析都要包括上述全部五项内容。财务报告分析总是针对特定的目的。每个分析人收集与特定目的有关的各种资料，予以适当组织，用来显示各项资料的相关联系，然后解释其结果，以达到特定的目的。例如，一个供应商决定是否授信给一个客户，主要是进行偿债能力评价，而较少注意获利能力的评价。

五、财务报告分析的意义

(一)财务报告分析是一种检查手段，通过检查可以发现企业存在的问题

在财务报表的分析过程中，分析人员通过计算和分析企业的财务状况、经营成果和现金流

量的数量规模、结构比重及其差异变化，来了解企业的发展变化趋势，从而检测和诊断企业可能存在的问题，找出引发问题的原因，并进行分析和解释，以便对企业的财务状况、经营成果和现金流量作出恰当的评价和合理的预测。当然，财务报告分析只是一种检查手段，它如同医疗上的检测设备和程序，通过检查分析，能发现问题，帮助报表企业找出存在问题的原因所在，有利于企业有针对性地改善管理，提高经营水平。

(二)财务报告分析是财务报表编制工作的延续和发展，通过分析提供更为详细、理性的会计信息

财务报告分析是以财务报表为主要依据进行的，从提供财务信息的角度看，它是在财务报表披露信息的基础上，进一步提供和利用财务信息，是财务报表编制工作的延续和发展。通过财务报表的分析，可以为报表使用者提供更多、更具有实际价值、更理性的会计信息，以利于不同报表使用者根据各自的目的更好地利用会计信息，进而作出科学决策。

(三)科学的评价标准和专门的分析方法是财务报告分析的重要手段，通过分析可以对企业未来发展作出科学预测

财务报告分析要清楚地反映出影响企业经营情况及其绩效的多方面因素，达到全面、客观、公正地作出判断、评价和预测的目的，就必须采用科学的评价标准和多种专门的分析方法，并且把单个方面的分析和整体分析相结合。由此可知，科学的评价标准和专门的分析方法在财务报告分析中起着重要的作用，它既是分析的重要手段，也是作出判断、评价和预测的基础。通过运用科学的评价标准和方法进行分析，可以使不同报表使用者对企业进行客观评价，并在客观评价的基础上对企业未来作出科学预测，以利于报表使用者作出正确决策。

任务3 财务报告分析的步骤和方法

一、财务报告分析的步骤

为了保证企业财务分析的有效进行、提高分析工作效率、保证分析质量、达到分析目的，财务报告分析工作应按以下的步骤进行。

(一)明确财务报告分析的目的和范围

如前所述，不同的财务报告使用者有着不同的分析目的，因此在进行企业财务报告分析之前，应首先明确分析所要达到的目的，并在此基础上确定财务报告分析的具体内容和范围，是分析企业经营活动的全过程，还是分析具体的某一方面。

(二)拟订分析提纲

在分析目的和分析范围明确以后，应拟订分析提纲，有利于安排具体的分析工作，以便做到心中有数。

(三)收集、加工和整理信息资料

企业财务报告分析的深度、广度和质量的高低，很大程度上取决于所掌握信息资料的真实程度和完整性。为此，在进行财务报告分析时，应根据分析的目的系统地搜集有关数据、情报和资料，如企业的财务会计报告、同行业同类企业的相关资料等。

(四)选择适当的分析方法

企业财务报告分析的目的和范围不同，所选用的方法也应有所不同。

常用的财务报告分析方法有比较分析法、比率分析法、趋势分析法、因素分析法、结构分析法和图解分析法等。不同的方法各有其特点、用途和适用范围。局部的财务报告分析可以采用其中的某一种方法，全面的财务报告分析则应综合运用各种方法，以便通过对比，对企业的财务状况、经营成果和现金流量做出全面的评价。

(五)通过分析提供分析报告

根据分析目的和分析范围的要求，通过搜集和整理的各种资料，利用适当的分析方法，对于财务报表中的各个项目、各项财务指标进行定量分析和定性分析，与标准值比较，找出差异及其形成的原因。分析完成后，应当将全部分析资料、观点进行综合概括，写出分析报告，提交给信息使用者，以便帮助其做出决策。

二、财务报告分析的方法

财务报告分析的方法是实现财务报告分析的手段。由于分析的目的不同，在实际分析时，必然要适应不同分析目的的要求，采用适当的分析方法。其中基本方法有比较分析法和比率分析法两种。其他分析方法都是以这种方法为基础的，如趋势分析法、因素分析法和结构分析法等。

(一)比较分析法

比较分析法是财务报告分析中最常用的方法之一，也是一种最基本的方法。

1. 比较分析法概述

比较分析法，又称对比分析法或水平分析法，它是通过同类指标在不同时期或不同情况下，将两个或两个以上有关的可比数据进行对比，从数量上揭示其差异和矛盾，并进行差异分析或趋势分析的方法。例如，可将实际达到的数据同相关的特定标准相比较，确定差异、分析原因。如果没有比较，则分析就无从开始。有比较，才有鉴别。“不怕不识货，就怕货比货”，这句话道出了比较方法的认识功能。

比较方法的理论基础，是客观事物的发展变化，是统一性与多样性的辩证结合。共同性使它们具有了可比的基础，差异性使它们具有了不同的特征。无论是空间上同时并存的事物，还是在时间上先后相继的事物之间，都存在这种共同性和差异性。因此比较包括空间上的比较和时间上的比较。空间上的比较使我们区分不同事物的外部特征，时间上的比较使我们发现同一事物随时间变化的各种情况。在实际分析时，这两方面的比较往往结合使用。

要比较就要有一个标准，标准可以被看作是用以比较的基础或者参照物。对于孤立的某项财务数据，如一个企业的资产收益率是5%，我们无法作出任何有意义的判断。如果同行业是10%，则该企业的收益能力较差；如果同行业是3%，则该企业的收益能力较好。比较必须有一个参照物，即标准，并且是一个恰当的标准，才能得出有意义的判断。采用不同的比较标准，得出的差异有不同的经济意义。

(1)历史比较。历史比较是分析期与前期或连续数期项目金额的对比。这种对财务报表项目纵向所做的比较分析，是一种动态的分析，也叫趋势分析。

采用这种方法(即趋势分析法)分析财务报表的具体做法是：①把前后期各项目的绝对金额进行比较，求出增减的差额；②把增或减的差额作为分子，把前期的绝对金额作为分母，求出增或减差额的变化程度(百分比)；③根据连续数期变化的统计数字，可以绘出一个统计图表，更形象地显示变化趋势。

通过分析期与前期(上月、上季、上年同期)财务报表中有关项目金额的对比，可以从差异中及时发现问题，查找原因，改进工作。连续数期的财务报表项目的对比，能够反映出企业的发展动态，以揭示当期财务状况和营业情况增减变化，判断引起变化的主要项目是什么，这种变化的性质是有利还是不利，发现问题并评价企业财务管理水平，同时也可以预测企业未来的发展趋势。

采用多期比较趋势分析法应注意一个问题：当绝对数的值很小时，计算百分比时应特别注意，因为小的绝对数的变化会使百分比的值变化很大。例如，一个小商店去年利润是 1 元，今年上升到 100 元，在绝对数上利润只增加了 99 元，但如果用百分比反映，增加的幅度为 9 900%。这种大幅度的增长速度，虽然不能说是错误，但给人以故弄玄虚的感觉。因此，在绝对数很小的情况下，要同时列出绝对值和百分比，不能仅仅列出百分比。

(2)同业比较。历史比较只能揭示变化的趋势，不能反映企业的竞争地位。为了全面评价经营成绩，还需要把该企业的主要财务指标与同行业的平均财务指标或同行业中先进企业财务指标做对比。通过与行业平均指标的对比，可以分析判断该企业在同行业中所处的位置，和先进企业的指标对比。实际上是与先进管理方法、先进的科学技术成就的比较，找出与先进水平的差距，有利于吸收先进经验，克服本企业的缺点。

(3)预算比较。如果把分析期的实际数与预算比较，那么预算数额就是比较的标准，其差距反映完成预算的程度。这种比较的主要作用是说明计划(预算)的完成情况，给进一步分析和寻找企业潜力提供方向。

有效的预算比较需要一个比较好的预算。在实际与预算比较时，如果超计划或完不成计划的差异很大，若没有特殊原因则说明预算的质量不高，与这样的预算对比意义不大。如果说分析财务报表是回顾过去，那么制定计划则是展望未来。企业要在激烈的市场竞争中生存并且不断地发展，就需要有一个完整的计划预算体系，包括物资采购、生产安排、产品销售等生产经营过程各个环节的计划，并编制出以货币表示的、反映整个计划的全面预算。同时，将这些计划(预算)指标分解落实到企业所属各生产管理部门或个人，作为奋斗的目标或是衡量业绩好坏的标准。它也是一种看得见、摸得着的责任，而且应和部门及个人的经济利益紧密地联系在一起。各部门为完成这些计划(预算)指标，制定各项技术组织措施和加强经营管理的方案，作为完成计划的保证措施。在这种情况下，采用实际与预算进行对比，不仅能揭示出预算的完成程度，为改进工作指出方向，而且还会在整个企业管理工作中起到积极的促进作用。

比较法的主要作用在于揭示客观存在的差距以及形成这种差距的原因，帮助人们发现问题、挖掘潜力、改进工作。比较法是各种分析方法的基础，不仅报表中的绝对数要通过比较才能说明问题，计算出来的财务比率和结构百分数也都要与有关资料(比较标准)进行对比，才能得出有意义的结论。

2. 运用比较分析法应注意的问题

在运用比较分析法时应注意相关指标的可比性，具体而言，要注意以下几方面的问题：

(1)指标的计算口径、方法和经济内容可比。在运用比较分析法时，需用到资产负债表、利润表、现金流量表等财务报表中的数据进行比较，因而必须注意这些数据的内容范围，以及在利用这些数据计算财务指标时在计算口径、计算方法、计算范围上的一致性，只有相互比较的基础是一致的，指标间才具有可比性，比较的结果才有意义。

(2)会计处理方法、会计政策的选用以及会计计量标准的可比。财务报表中的数据来源于账簿记录，而在会计核算中，会计处理方法、会计政策的选用、会计计量标准的确定会对财务数据的形成产生影响，如果选择两个不同时期或不同企业财务报表的数据进行比较，但其所用会计处理方法、会计政策、会计计量标准不同，则不具备比较的基础。因此，必须对财务报表进行调整，使其会计处理方法、会计政策、会计计量标准相一致，才可以进行比较。

(3)时间单位长度具有可比性。采用比较法时不管是本期实际与本期计划相比、本期实际与上期实际相比、本企业与同行业先进企业相比都必须注意所使用数据的时间及长度的一致性，包括年度、季度、月度的可比、不同年度之间的可比、不同年度的同期可比、本企业与同行业先进企业在同一期间的可比，如果不同财务数据在比较时，不具备可比性，则比较出来的结果没有任何意义。

(4)企业间具有可比性。这主要是指在不同企业之间进行比较时，要注意所选择的企业在企业类型、经营规模、财务规模以及经营目标等方面大体一致，只有相互比较的企业间具有一致性，企业间的数据才具有可比性，比较出来的结果才能说明问题，才有一定的经济价值。

(5)分析比率之间说明的问题应具有一致性。分析人员最重要的是通过财务比率分析了解企业的全貌，因此不应仅仅根据某一个比率来作出判断。企业的流动比率可能有问题，但是获利能力强，流动性问题可能最终会通过较强的获利能力得到解决，而较高的固定资产周转率可能说明企业固定资产使用效率高，也可能说明企业固定资产的不足或固定资产更新较慢。

(二)比率分析法

比率分析法也是整个财务报告分析中重要的方法之一，它在财务会计报告中具有特殊的意义，财务比率能反映财务现象的本质特征，有更广泛的可比值。

比率分析法是利用两个指标之间的某种关联关系，通过计算比率来考察、计量经济活动变动程度，揭示它们之间的关系及其经济意义，借以评价企业财务状况和经营成果的一种方法。采用比率分析法进行分析时，需要根据分析的目的和内容，先计算出相关的比率，然后在此基础上进行分析。由于分析的目的不同，比率分析法通常有以下形式：

1. 相关比率分析

相关比率是典型的财务比率，相关比率分析就是将两个性质不同但又相互联系的财务指标进行对比，求出比率，并据此对财务状况和经营成果进行分析。

在财务报告的分析中，常用的相关比率很多，主要有流动比率、速动比率、销售利润率、资产周转率和净资产收益率等。概括起来可以分为反映企业偿债能力的比率、反映企业获利能力的比率等。

2. 结构比率分析

结构比率又称构成比率，用以计算某项财务指标的各构成部分分别占总体的比重，反映部分(个体)与总体的关系，以探讨各个部分在结构上的变化规律，借以分析其构成内容的变化以及对财务指标的影响程度。计算公式为：

结构比率＝某项目财务指标的部分数值/某项目财务指标的总体数值×100%

(三)因素分析法

因素分析法是分析构成财务指标的诸因素变动对总体指标变动的影响程度并说明引起财务指标变动或差异的主要原因的一种分析方法。由于财务指标大多具有综合性，所以只有把它们分解成为原始因素，分析各个因素对财务指标的影响程度，才能明确指标完成好坏的原因和责任。因此，因素分析法在财务报表分析中，特别是在内部成本管理分析中具有特殊而重要的意义。因素分析法按技术方法的不同可以分为差额分析法和连环替代法。

1. 差额分析法

差额分析法是利用各个因素的实际数与基数之间的差额，直接计算各个因素对综合指标差异的影响数值的一种技术方法。

差额分析法的基本工作程序如下：

(1)根据综合指标的性质，将指标分解为各组成因素，并按一定顺序写成数学表达式；

(2)确定各因素的实际数与基数的差额；

(3)以各因素的差额，乘以计算公式中列在该因素前面的各因素的实际数，以及列在该因素后面的其余因素的基数，就可求得各因素的影响值；

(4)将各个因素的影响值相加，其代数和应同该项经济指标的实际数与基数之差相符。

假设财务指标 $N=abc$，其受 a、b、c 三因素的影响，计算 a、b、c 三个因素对财务指标 N 的影响程度。

a 因素变动对财务指标 N 的影响程度：$\Delta A=(a_1-a_0)b_0c_0$

b 因素变动对财务指标 N 的影响程度：$\Delta B=a_1(b_1-b_0)c_0$

c 因素变动对财务指标 N 的影响程度：$\Delta C=a_1b_1(c_1-c_0)$

各因素综合影响的结果为：$D=\Delta A+\Delta B+\Delta C$

【例 1—1】 A 公司 2014 年产品产量、单位成本、总成本的计划数与实际数如表 1—1 所示。

表 1—1　　产品产量、单位成本、总成本的计划数与实际数比较表

项　目	计划数	实际数	差异数
产品产量/件	1 000	1 100	+100
单位成本/元	400	380	−20
总成本/元	400 000	418 000	+18 000

运用差额分析法计算产品产量、单位成本对总成本的影响如下：

(1)确定数学表达式：总成本＝产品产量×单位成本

(2)确定各因素的差额：

产品产量对总成本的影响 ＝(1 100−1 000)×400＝40 000(元)

单位成本对总成本的影响＝1 100×(380−400)＝−22 000(元)

(3)确定两种因素综合作用的结果：

两种因素综合作用对总成本的影响＝40 000＋(−22 000)＝18 000(元)

由此可以看出，2014 年因产品产量增加 100 件，导致总成本增加 40 000 元，由于单位成本的减少使总成本减少 22 000 元。

2. 连环替代法

连环替代法是用来分析引起某个经济指标变动的各个因素影响程度的一种方法。在几个相互联系的因素共同影响着某一经济指标的情况下，可应用这一方法来计算各个因素对经济指标发生变动的影响程度。其计算步骤：

(1)分解某项综合指标的各项构成因素；

(2)确定各个因素替代顺序，然后按照这一顺序逐一替代计算；

(3)在衡量某一因素变动对一个经济指标的影响程度时，假定只有这一因素在变动而其余因素不变；

(4)把这个指标与该因素替代前的指标相比较，确定该因素变动对经济指标所造成的影响。

设某一经济指标 T 是由相互联系的 A、B、C 三个因素的乘积组成。即：

$$T=A\times B\times C$$

当 T 为计划指标时，则 $T_0=A_0\times B_0\times C_0$

当 T 为实际指标时，则 $T_1=A_1\times B_1\times C_1$

实际与计划的差异为：$V=T_1-T_0$

在分析各因素的变动对指标的影响时，首先要使两个因素(B、C)保持不变，单独计算第一个因素(A)变动对指标的影响；然后，在第一个因素已变的基础上，计算第二个因素(B)变动对指标的影响；以此类推，直到各个因素变动的影响都计算出来为止。用公式表示如下：

计划指标：$T_0=A_0\times B_0\times C_0$ (1)

第一次替代：$T_2=A_1\times B_0\times C_0$ (2)

(2)－(1)＝T_2-T_0，即为 A_0 变为 A_1 对总括指标 T 的影响值

第二次替代：$T_3=A_1\times B_1\times C_0$ (3)

(3)－(2)＝T_3-T_2，即为 B_0 变为 B_1 对总括指标 T 的影响值

第三次替代：$T_1=A_1\times B_1\times C_1$ (4)

(4)－(3)＝T_1-T_3，即为 C_0 变为 C_1 对总括指标 T 的影响值

将以上各种因素变动对指标的影响加以综合，其结果应与实际总额偏离计划总额的总差异相等，即：

$$(T_2-T_0)+(T_3-T_2)+(T_1-T_3)=T_1-T_0=V$$

【例 1－2】 甲产品原材料费用资料见表 1－2。

表 1－2 **甲产品原材料费用**

项目	产品产量	单位产品消耗量(千克)	材料单价(元)	材料费用总额(元)
计划费用	2 000	20	50	2 000 000
实际费用	2 200	18	55	2 178 000
差异	200	2	5	178 000

根据表 1－2 可知，企业甲产品材料费用实际比计划超支了 178 000 元，是什么原因导致这种情况发生？我们采用因素分析法分析，具体见表 1－3。

通过上述分析可以看到，材料费用的变动受三个因素影响，其中产量增加使材料费用增加 200 000 元，单位消耗量下降使费用下降 220 000 元，材料单价上升使费用上升 198 000 元。这里，产品产量增加使费用增加，属正常情况，因此原材料单价上涨是使甲产品材料费用超支的不利因素。为此，企业应进一步加以分析，找出影响材料价格上涨的原因，以便更好地控制材料费用的增加。

表 1－3 **甲产品原材料费用差异分析表**

替换次数	因素			各因素乘积		每次替换的差异		影响差异产生的因素
	产品产量	单位产品消耗量(千克)	材料单价(元)	金额(元)	编号	算式	金额(元)	
基数	2 000	20	50	2 000 000	①			
第一次	2 200	20	50	2 200 000	②	②－①	＋200 000	产品产量
第二次	2 200	18	50	1 980 000	③	③－②	－220 000	单位消耗量
第三次	2 200	18	55	2 178 000	④	④－③	＋198 000	材料单价
各因素影响程度合计							＋178 000	综合影响

本章小结

财务报告是指企业提供的反映企业某一特定日期财务状况和某一会计期间经营成果、现金流量等情况的文件。年度、半年度财务报告由财务报表、财务报表附注、财务情况说明书三部分内容组成。财务报告的使用者包括企业各方的相关利益者，如投资者、债权人、企业内部使用者、政府监管部门等。企业财务报告有助于投资者和债权人进行合理决策，有助于反映企业管理者的经营业绩和受托经营责任，有助于企业评估和预测未来的现金流动性，有助于政府制定经济政策、加强宏观调控、促进社会资源的最佳配置。

财务报告分析主要是一种检查的手段，可以发现问题并能分析、解释和评估企业的财务状况、经营成果和现金流量。不同的财务报告使用者在利用财务报告进行分析时，分析的目的和侧重点不同。为保证财务报告分析的可靠性，分析中必须遵循有用性、可理解性、客观性、定量与定性分析相结合的原则，并采用比较分析法、比率分析法、因素分析法等科学方法，才能得出较为满意的结论。

关键术语

财务报告　资产负债表　利润表　现金流量表　所有者权益变动表
财务报告分析　比较分析法　比率分析法　因素分析法　差额分析法
连环替代法

思考题

1. 什么是财务报告？财务报告包含哪些内容？
2. 资产负债表、利润表、现金流量表和所有者权益变动表分别反映什么内容？
3. 财务报告有什么作用？
4. 进行财务报告分析有什么意义？
5. 财务报告分析应遵循哪些原则？
6. 如何运用财务报告的比较分析法、比率分析法和因素分析法？

练习题

一、单项选择题

1. 下列不属于附表的是(　　)。

A. 资产减值准备明细表　　B. 所有者(股东)权益增减情况变动表
C. 应交增值税明细表　　D. 销售费用明细表

2. 盈利能力是(　　)最关心的核心问题。

A. 债权人　　B. 投资人
C. 企业管理人　　D. 客户

3. 下列不属于财务报告分析原则的是(　　)。

A. 有用性　　B. 可理解性
c. 定量与定性分析相结合　　D. 配比性

4. 下列属于按比较对象分类的比较分析法的是(　　)。
A. 比率分析法　　B. 绝对数总量比较分析法
C. 相对数结构比较分析法　　D. 不同时期趋势分析

5. 反映企业某一特定日期的财务状况的报表是(　　)。
A. 资产负债表　　B. 利润表
C. 现金流量表　　D. 财务报表附注

二、多项选择题

1. 年度财务报告由(　　)三部分组成。
A. 财务报表　　B. 财务预算
C. 财务情况说明书　　D. 财务报表附注

2. 下列属于财务情况说明书内容的有(　　)。
A. 企业主营业务范围经营情况　　B. 关联方关系及其交易的说明
C. 利润及利润分配情况　　D. 资金增减和周转情况

3. 财务报告使用者主要有(　　)。
A. 银行　　B. 供应商
C. 潜在投资人　　D. 审计局

4. 偿债能力是(　　)最关心的核心内容。
A. 银行　　B. 供应商
C. 投资人　　D. 管理者

5. 财务报告的作用主要体现在有助于(　　)。
A. 投资者决策　　B. 债权人决策
C. 管理者决策　　D. 政府决策

三、实训题

1. A公司生产甲产品，产品的产量、单位产品材料消耗量、材料价格及直接材料费用如表1—4所示。

表1—4　　甲产品材料消耗有关资料

项　目	上月数	本月数
产品产量/件	100	120
单位产品材料消耗量/(kg/件)	30	25
材料单价/(元/kg)	20	22
材料费用总额/元	60 000	66 000

要求：分别运用差额分析法和连环替代分析法分析产品产量、单位产品材料消耗量以及材料价格对材料费用的影响。

2. B公司2010～2014年主营业务收入和净利润资料如表1—5所示。

表1—5　营业收入及净利润资料　单位:万元

项　目	2010年	2011年	2012年	2013年	2014年
营业收入	6 500	7 000	7 000	7 830	8 700
净利润	650	700	600	790	840

要求:

(1)运用绝对数总量比较分析法,分析该公司2010～2014年主营业务收入和净利润的变动情况;

(2)以2010年为基年,列表计算趋势百分比,并进行分析说明。

3. C公司2013年和2014年比较利润表如表1—6所示。

表1—6　C公司比较利润表　单位:元

项　目	2014年度	2013年度
一、营业收入	65 000	78 700
减:营业成本	55 800	68 100
营业税金及附加	3 680	4 460
销售费用	1 000	1 200
管理费用	3 000	3 280
财务费用	800	1 100
资产减值损失	0	0
加:公允价值变动净收益	0	0
投资净收益	12 000	10 800
二、营业利润	21 220	23 360
加:营业外收入	1 820	2 200
减:营业外支出	2 560	1 820
其中:非流动资产处置净损失	0	0
三、利润总额	20 480	23 740
减:所得税(25%)	5 120	5 935
四、净利润	3 840	17 805

要求:

(1)以主营业务收入为关键项目,运用共同百分比分析法编制共同百分比利润表,分析利润各项目的差异;

(2)运用绝对数比较法分析利润表中各项目2014年较2013年增减变动额,并计算2014年较2013年的增减百分比。

项目二

资产负债表的编制

学习目标

◎ 熟悉资产负债表的结构、资产负债表内各项目的组成；

◎ 掌握资产负债表的编制方法。

学习建议

在编制资产负债表时，注意各个表内项目不同的填列方法，以及相互之间的勾稽关系。

引导案例

总部设在伦敦的巴林银行，是世界上首家商业银行，创建于1763年。但在1995年末，这家世界上最老牌的商业银行却破产倒闭了。是什么原因使这家老牌银行走向末路呢？除了银行内部的控制有问题之外，还有一个很经典的问题——这家银行的董事长比德·巴林不重视资产负债表。在一次演讲中，他曾经说过这样一句话：若以为揭露更多的资产负债表的数据，就能够增进对一个集团的了解，那真是幼稚无知了。他的意思是，如果认为时点数有那么重要，那简直就是幼稚无知。具有讽刺意味的是，他发表这番"高论"之后不到1年时间，巴林银行破产了，这是他绝对没有想到的。因为他不重视对资产负债表的阅读，使银行付出了惨痛的代价。其实巴林银行是完全可以避免破产的，银行每天都要编制资产负债表。如果银行的高层管理者能够关注资产负债表，就会知道公司已经发生什么事情。如果及时采取措施，就不至于使得公司破产倒闭。因此，虽然是时点数，如果关注它、认识它、使用它，就能够为管理做出很大的贡献。

任务1　资产负债表基础知识

一、资产负债表的含义

资产负债表，是反映企业在某一特定日期（如月末、季末、年末）所拥有的资产以及所运用的资金来源——负债及所有者权益情况的报表。

资产负债表提供的基础信息有:企业拥有和控制的经济资源(资产)及其分布情况;企业所负担的债务金额及构成情况;企业所有者的权益,即股东权益或净资产。

二、资产负债表的作用

该表的主要作用是揭示企业的财务状况,包括财务实力、财务结构、财务风险、财务趋势等。

(一)有助于评价企业的资产状况及资产的构成情况

通过资产负债表的资产项目,不仅可以了解企业拥有的经济资源的种类,还可以了解其构成情况。通过计算企业流动资产、长期投资、固定资产及无形资产等各项资产占总资产的比重,可以分析资产的构成是否合理,从而评估企业财力的强弱。

(二)有助于对企业偿债能力的分析

通过资产负债表的负债项目,可以反映企业某一日期的负债总额、长短期债务的形成以及偿还期限的长短,表明企业未来需要多少资金或劳务来偿还债务、资产转换为现金的能力和速度、流动资产内部构成和资本结构等,从而有助于债权人对企业偿债能力的分析并做出相关决策。

(三)有助于衡量企业的财务风险

通过资产负债表的负债项目,可以显示企业承担债务的不同偿还期限,了解企业面临的财务风险,可以看出企业亟待偿还的流动负债的数额,而且可以算出流动负债和长期负债在总负债中所占的比重,分析企业偿还债务的风险。同时,通过资产负债表的所有者权益项目,可以说明企业投资者对本企业资产所持有的权益份额,了解企业财务实力。

(四)有助于预测企业未来的财务趋势

资产负债表中列示"年初余额"和"期末余额"两栏金额资料,便于比较和了解其增减变动情况。通过对相同项目在不同时期的纵向对比,可以分析企业的财务发展趋势,分析和预测企业未来的发展能力。如果编制比较资产负债表以及对相同时期不同项目的横向对比加以分析总结,还可以对这种趋势进行更细致和准确的观察。

小知识

比较资产负债表是将两个或多个不同时间的数据放在一张资产负债表中,以此进行比较。

三、资产负债表的结构与格式

在我国,资产负债表采用账户式结构,报表分为左、右两方。左方列示资产各项目,反映全部资产的分布及存在形态;右方列示负债和所有者权益各项目,反映全部负债和所有者权益的内容及构成情况。资产负债表左、右双方平衡,资产总计等于负债和所有者权益总计,即"资产=负债+所有者权益"。此外,为了让使用者通过比较不同时点资产负债表的数据,掌握企业财务状况的变动情况及发展趋势,企业需要提供比较资产负债表。资产负债表还就各项目再分为"期末余额"和"年初余额"两栏分别填列。其中,"期末余额"栏内各项数字,一般应根据资产、负债和所有者权益类科目的期末余额填列。我国会计准则规定的企业资产负债表的基本格式见表2—1。

表 2-1 资产负债表

会企 01 表

编制单位：　　　　　　＿＿＿年＿＿＿月＿＿＿日　　　　　　单位：元

资　产	期末余额	年初余额	负债和所有者权益（或股东权益）	期末余额	年初余额
流动资产：			**流动负债：**		
货币资金			短期借款		
以公允价值计量且其变动计入当期损益的金融资产			以公允价值计量且其变动计入当期损益的金融负债		
应收票据			应付票据		
应收账款			应付账款		
预付账款			预收账款		
应收利息			应付职工薪酬		
应收股利			应交税费		
其他应收款			应付利息		
存货			应付股利		
一年内到期的非流动资产			其他应付款		
其他流动资产			一年内到期的非流动负债		
流动资产合计			其他流动负债		
非流动资产：			**流动负债合计**		
可供出售金融资产			**非流动负债：**		
持有至到期投资			长期借款		
长期应收款			应付债券		
长期股权投资			长期应付款		
投资性房地产			专项应付款		
固定资产			预计负债		
在建工程			递延收益		
工程物资			递延所得税负债		
固定资产清理			其他非流动负债		
生产性生物资产			**非流动负债合计**		
油气资产			**负债合计**		
无形资产			**所有者权益（或股东权益）：**		
开发支出			实收资本（或股本）		
商誉			资本公积		
长期待摊费用			减：库存股		
递延所得税资产			其他综合收益		

续表

资　产	期末余额	年初余额	负债和所有者权益（或股东权益）	期末余额	年初余额
其他非流动资产			盈余公积		
非流动资产合计			未分配利润		
			所有者权益(或股东收益)合计		
资产总计			**负债和所有者权益（或股东权益）总计**		

资产负债表的结构可以概括如下：

(1)资产负债表分为左、右两方，左方为资产项目，右方为负债和所有者权益项目，左方的资产总计等于右方的负债和所有者权益总计。

(2)资产项目按照各项资产的流动性大小或变现能力的强弱顺序排列。流动性大、变现能力强的项目排前面，流动性小、变现能力弱的项目排后面，依此，先是流动资产，后是非流动资产。

(3)负债与所有者权益项目按照权益顺序排列。由于负债是必须清偿的债务，属于第一顺序的权益，具有优先清偿的特征，而所有者权益则是剩余权益，在正常经营条件下不需要偿还，所以负债在先、所有者权益在后。

(4)负债内部项目按照偿还的先后顺序排列。按照到期日由近至远的顺序，偿还期近的负债项目排前面，偿还期远的负债项目排后面，依此，先是流动负债，后是非流动负债。

(5)所有者权益项目按照稳定性程度或永久性程度的高低顺序排列。稳定性程度或永久性程度高的项目排前面，稳定性程度或永久性程度较低的项目排后面。依此，先是实收资本(或股本)，因为实收资本是企业经过法定程序登记注册的资本金，通常不会改变，所以稳定性最好；其次是资本公积、盈余公积和未分配利润项目。

任务2　资产负债表编制实务

一、资产负债表的编制方法

资产负债表的数据主要来自会计账簿记录。我国资产负债表主体部分的各项目都有“期末余额”和“年初余额”两个栏目，是一种比较资产负债表。有的项目可以根据有关账户的期末余额填列，有的应按有关账户调整后的期末余额填列。有关账户的具体填列方法如下：

(一)“年初余额”的填列方法

表中“年初余额”栏内各项目数字，应根据上年末资产负债表“期末余额”栏内所列数字填列。如果本年度资产负债表规定的各个项目的名称和上年度不一致，应对上年末资产负债表各项目的名称和数字按照本年度的规定进行调整，按调整后的数字填入本表“年初余额”栏目内。

(二)“期末余额”的填列方法

1. 根据总账科目余额直接填列

例如，“应收票据”“应收股利”“应收利息”“短期借款”“应付票据”“应付职工薪酬”“应交税费”“应付利息”“应付股利”“其他应付款”“实收资本”“资本公积”“盈余公积”“其他综合收益”等项目。

应注意的是，“应付职工薪酬”和“应交税费”项目应分别根据“应付职工薪酬”科目和“应交税费”科目的期末贷方余额填列。如果“应付职工薪酬”科目或“应交税费”科目期末为借方余额，则以“—”号填列。

2. 根据总账科目的余额计算填列

例如，“货币资金”项目应根据“现金”“银行存款”和“其他货币资金”科目的期末余额合计数填列。

3. 根据有关总账账户与其备抵账户抵消后的净额填列

主要有“其他应收款”“可供出售金融资产”“长期股权投资”“投资性房地产”“固定资产”“在建工程”“工程物资”“无形资产”等账户。

(1)存货：反映企业期末在库、在途和在加工中的各项存货的可变现价值，应根据“材料采购”“在途物资”“原材料”“库存商品”“发出商品”“委托加工物资”“周转材料”“生产成本”等科目的期末借方余额合计，减去“存货跌价准备”科目期末贷方余额后的金额填列。

(2)长期股权投资：反映企业不准备在一年内变现的各种股权性质的投资的可收回金额，应根据“长期股权投资”科目的借方余额，减去“长期股权投资减值准备”科目期末贷方余额后的金额填列。

(3)固定资产：反映企业固定资产可收回的金额，应根据 “固定资产”科目的期末借方余额，减去“累计折旧”科目和“固定资产减值准备”科目的期末贷方余额填列。

(4)无形资产：反映企业各项无形资产的期末可收回金额，应根据“无形资产”科目的期末借方余额，减去“累计摊销”科目和“无形资产减值准备”科目期末贷方余额后的金额填列。

4. 根据有关总账账户所属明细科目期末余额计算填列

如“应收账款”所属明细科目余额为贷方余额时，应调整为“预收账款”科目的贷方余额，填入“预收账款”项目；又如“预付账款”所属明细科目的期末余额为贷方余额时，应调整为“应付账款”科目的贷方余额，填入“应付账款”项目；再如“应付账款”所属各明细科目余额为借方余额时，应调整为“预付账款”科目的借方余额，填入“预付账款”项目。

5. 根据总账科目和明细科目余额分析计算填列

(1)持有至到期投资：反映企业持有的划分为持有至到期投资的摊余成本，应根据“持有至到期投资”科目的期末借方余额，减去“持有至到期投资减值准备”科目的期末贷方余额，再减去将于一年内到期的投资项目金额的金额填列。将于一年内到期的“持有至到期投资”项目的期末借方余额，减去“持有至到期投资减值准备”科目中该投资项目计提的减值准备后的金额，应在本表“一年内到期的非流动资产”项目内填列。

(2)长期待摊费用：反映企业尚未摊销的摊销期限在一年以上的各项费用，应根据“长期待摊费用”科目期末余额减去将于一年内摊销的数额后的金额填列。长期待摊费用中将于一年内摊销的部分，应在本表“一年内到期的非流动资产”项目内填列。

(3)长期借款：反映企业借入尚未归还的一年期以上的借款本息，应根据“长期借款”科目的期末余额减去将于一年内到期本息后的余额填列。将于一年内到期的长期借款部分，合并在本表“一年内到期的非流动负债”项目内填列。

(4)应付债券：反映企业发行的尚未偿还的各种长期债券的本息，应根据“应付债券”科目的期末余额减去将于一年内到期债券本息后的余额填列。

二、资产负债表编制实务

【例 2—1】 A 公司和 B 公司均为增值税一般纳税工业企业，其有关资料如下：

(1)A 公司销售的产品、材料均为应纳增值税货物，增值税税率为 17%，产品、材料销售价格中均不含增值税。

(2)A 公司材料和产品均按实际成本核算，其销售成本随着销售同时结转。

(3)B 公司为 A 公司的联营企业。A 公司对 B 公司的投资占 B 公司有表决权资本的 25%。A 公司对 B 公司的投资按权益法核算。

(4)A 公司 2014 年 1 月 1 日有关科目余额如表 2—2 所示：

表 2—2　　总账科目余额

科目名称	借方余额	科目名称	贷方余额
库存现金	500	短期借款	500 000
银行存款	400 000	应付票据	50 000
应收票据	230 000	应付账款	180 000
应收账款	200 000	应付职工薪酬	5 000
坏账准备	—1 000	应交税费	12 000
其他应收款	200	长期借款	1 260 000
原材料	350 000	实收资本	2 000 000
周转材料	30 000	盈余公积	120 000
库存商品	80 000	利润分配(未分配利润)	7 700
长期股权投资——B 公司	600 000		
固定资产	2 800 000		
累计折旧	—560 000		
无形资产	5 000		
合　计	4 134 700	合　计	4 134 700

(5)A 公司 2014 年度发生如下经济业务：

①购入原材料一批，增值税专用发票上注明的增值税税额为 51 000 元，原材料实际成本为 300 000 元。材料已经到达，并验收入库。企业开出商业承兑汇票。

②销售给 B 公司一批产品，销售价格 40 000 元，产品成本 32 000 元。产品已经发出，开出增值税专用发票，款项尚未收到(除增值税以外，不考虑其他税费)。

③对外销售一批原材料，销售价格 26 000 元，材料实际成本 18 000 元。销售材料已经发出，开出增值税专用发票。款项已经收到，并存入银行(除增值税以外，不考虑其他税费)。

④出售一台不需用设备给 B 公司，设备账面原价 150 000 元，已提折旧24 000元，出售价格 180 000 元。出售设备价款已经收到，并存入银行(假设出售该项设备不需交纳增值税等有关税费)。

⑤按应收账款年末余额的 5‰计提坏账准备。

⑥用银行存款偿还到期应付票据 20 000 元，缴纳所得税 2 300 元。

⑦B 公司本年实现净利润 280 000 元，A 公司按投资比例确认其投资收益。

⑧摊销无形资产价值 1 000 元，计提管理用固定资产折旧 8 766 元。

⑨本年度所得税费用和应交所得税为 42 900 元，实现净利润 87 100 元，按净利润计提法定盈余公积 8 710 元。

要求：

(1)编制 A 公司的有关经济业务会计分录(包括各损益类科目结转本年利润以及与利润分配有关的会计分录，不考虑递延所得税)。

(2)填列 A 公司 2014 年 12 月 31 日的资产负债表。

❖提示：

(1)编制 A 公司有关经济业务会计分录：

①借：原材料	300 000	
应交税费——应交增值税(进项税额)	51 000	
贷：应付票据		351 000
②借：应收账款	46 800	
贷：主营业务收入		40 000
应交税费——应交增值税(销项税额)		6 800
借：主营业务成本	32 000	
贷：库存商品		32 000
③借：银行存款	30 420	
贷：其他业务收入		26 000
应交税费——应交增值税(销项税额)		4 420
借：其他业务成本	18 000	
贷：原材料		18 000
④借：固定资产清理	126 000	
累计折旧	24 000	
贷：固定资产		150 000
借：银行存款	180 000	
贷：固定资产清理		180 000
借：固定资产清理	54 000	
贷：营业外收入		54 000
⑤借：资产减值损失[(200 000+46 800)×5‰−1 000]	234	
贷：坏账准备		234
⑥借：应付票据	20 000	
应交税费——应交所得税	2 300	
贷：银行存款		22 300
⑦借：长期股权投资——B 公司(损益调整)	70 000	
贷：投资收益		70 000
⑧借：管理费用	1 000	
贷：累计摊销		1 000

借:管理费用　　8 766
　　贷:累计折旧　　8 766

⑨借:所得税费用　　42 900
　　贷:应交税费——应交所得税　　42 900

借:主营业务收入　　40 000
　其他业务收入　　26 000
　投资收益　　70 000
　营业外收入　　54 000
　　贷:本年利润　　190 000

借:本年利润　　60 000
　　贷:主营业务成本　　32 000
　　　其他业务成本　　18 000
　　　管理费用　　9 766
　　　资产减值损失　　234

借:本年利润　　42 900
　　贷:所得税费用　　42 900

借:本年利润　　87 100
　　贷:利润分配——未分配利润　　87 100

借:利润分配——提取盈余公积　　8 710
　　贷:盈余公积　　8 710

借:利润分配——未分配利润　　8 710
　　贷:利润分配——提取盈余公积　　8 710

(2)编制资产负债表,如表 2—3 所示:

表 2—3　　　　**资产负债表**

会企 01 表

编制单位:A 公司　　2014 年 12 月 31 日　　单位:元

资　产	期末余额	年初余额	负债和所有者权益（或股东权益）	期末余额	年初余额
流动资产:			**流动负债:**		
货币资金	588 620	400 500	短期借款	500 000	500 000
以公允价值计量且其变动计入当期损益的金融资产	0	0	以公允价值计量且其变动计入当期损益的金融负债	0	0
应收票据	230 000	230 000	应付票据	381 000	50 000
应收账款	245 566	199 000	应付账款	180 000	180 000
预付账款	0	0	预收账款	0	0
应收利息	0	0	应付职工薪酬	5 000	5 000
应收股利	0	0	应交税费	12 820	12 000
其他应收款	200	200	应付利息	0	0

续表

资　产	期末余额	年初余额	负债和所有者权益（或股东权益）	期末余额	年初余额
存货	710 000	460 000	应付股利	0	0
一年内到期的非流动资产	0	0	其他应付款	0	0
其他流动资产	0	0	一年内到期的非流动负债	0	0
流动资产合计	1 774 386	1 289 700	其他流动资产	0	0
非流动资产：			**流动负债合计**	1 078 820	747 000
可供出售金融资产	0	0	**非流动负债：**	0	0
持有至到期投资	0	0	长期借款	1 260 000	1 260 000
长期应收款	0	0	应付债券	0	0
长期股权投资	670 000	600 000	长期应付款	0	0
投资性房地产	0	0	专项应付款	0	0
固定资产	2 105 234	2 240 000	预计负债	0	0
在建工程	0	0	递延收益	0	0
工程物资	0	0	递延所得税负债	0	0
固定资产清理	0	0	其他非流动负债	0	0
生产性生物资产	0	0	**非流动负债合计**	1 260 000	1 260 000
油气资产	0	0	**负债合计**	2 338 820	2 007 000
无形资产	4 000	5 000	**所有者权益（或股东权益）：**		
开发支出	0	0	实收资本（或股本）	2 000 000	2 000 000
商誉	0	0	资本公积	0	0
长期待摊费用	0	0	减：库存股	0	0
递延所得税资产	0	0	其他综合收益	0	0
其他非流动资产	0	0	盈余公积	128 710	120 000
非流动资产合计	2 779 234	2 845 000	未分配利润	86 090	7 700
			所有者权益（或股东权益）合计	2 214 800	2 127 700
资产总计	4 553 620	4 134 700	**负债和所有者权益（或股东权益）总计**	4 553 620	4 134 700

本章小结

资产负债表是反映企业在某一特定日期财务状况的报表，报告的是某一时点的价值存量。资产负债表采用账户式结构，报表根据“资产＝负债＋所有者权益”这一等式编制。资产负债表的数据主要来自会计账簿记录。我国资产负债表主体部分的各项目都有“期末余额”和“年初余额”两个栏目，表中“年初余额”栏内各项目数字，应根据上年末资产负债表“期末余额”栏内所列数字填列。“期末余额”的填列方法有直接根据总账账户余额填列、根据总账账户的余额计算填列、根据有关总账账户与其备抵账户抵消后的净额填列、根据有关总账账户所属明细科目期末余额计算填列、根据总账科目和明细科目的余额分析计算填列五种方法。

关键术语

资产负债表　年初余额　期末余额

思考题

1. 什么是资产负债表？资产负债表提供哪些信息？
2. 资产负债表的结构如何？
3. 编制资产负债表的依据是什么？
4. 简述资产负债表的编制方法。

练习题

一、单项选择题

1. 属于静态报表的是(　　)。

A. 资产负债表　　B. 现金流量表

C. 利润表　　D. 利润分配表

2. 资产负债表中的“存货”项目，是指(　　)的期末余额。

A. 材料采购、原材料　　B. 库存商品

C. 生产成本　　D. 以上都是

3. 编制资产负债表中“应付账款”项目时，应考虑(　　)的期末余额。

A.“应付账款”总账户

B.“应付账款”各明细账户

C.“应付账款”各明细账户与“预付账款”各明细账户

D.“应付账款”与“预付账款”总账账户

4. 如果企业月末资产负债表中，固定资产原价为100万元，累计折旧40万元，则企业“固定资产”项目应填列(　　)。

A. 100万元　　B. 60万元

C. 140万元　　D. 160万元

5. 资产负债表中需要计算填列的有(　　)。

A. 短期借款　　B. 货币资金

C. 累计折旧　　D. 应付职工薪酬

二、多项选择题

1. 下列各项，可以通过资产负债表反映的有(　　)。

A. 某一时点的财务状况　　B. 某一时点的偿债能力
C. 某一期间的经营成果　　D. 某一期间的获利能力

2. 直接根据总账账户余额填列的项目有(　　)。
A.交易性金融资产　　B.长期待摊费用
C.递延所得税资产　　D.固定资产清理

3. 资产负债表的项目中,需要根据明细账户的期末余额计算分析填列的有(　　)。
A. 存货　　B. 货币资金
C. 应收账款　　D. 应付账款
E. 长期待摊费用

4. 编制资产负债表中的“预收账款”项目,应依据(　　)账户分析填列。
A. 预收账款　　B. 应付账款
C. 预付账款　　D. 应收账款
E. 其他应收款

5. 下列各项中,应作为资产负债表中资产列报的有(　　)。
A. 委托加工物资　　B. 受托代销商品
C. 融资租入固定资产　　D. 经营租入固定资产

三、判断题

1. 在资产负债表中,对于“一年内到期的长期负债”进行单独报告,这一做法实际上是明晰性原则的体现。(　　)

2. 在资产负债表中,“预收账款”项目应根据“预收账款”明细科目的贷方余额填列。(　　)

3. 资产负债表是反映企业在一定期间经营成果的报表,所以它是动态报表。(　　)

4. 虽然资产负债表中的项目,有些是根据账簿记录直接填列,有些是根据账簿记录计算填列,但它们的共同之处都是来源于账簿的期末余额。(　　)

5.“利润分配”总账的年末余额一定与相应的资产负债表中“未分配利润”项目的数额一致。(　　)

四、计算题

1. 某企业2014年12月31日结账后有关账户及所属明细账户的借、贷方余额如表2—4所示:

表2—4　　某企业有关账户及所属明细账户的借、贷方余额　　单位:元

账户名称	借方余额	贷方余额
应收账款(总)	850 000	
——甲公司	1 200 000	
——乙公司		350 000
预收账款(总)		700 000
——丙公司		1 000 000
——丁公司	300 000	

续表

账户名称	借方余额	贷方余额
应付账款(总)		860 000
——A 公司		930 000
——B 公司	70 000	
预付账款(总)	460 000	
——C 公司	545 000	
——D 公司		85 000

要求：计算该企业 2014 年 12 月 31 日资产负债表中"应收账款"项目、"预收账款"项目、"应付账款"项目和"预付账款"项目填列的金额。

2. 某企业的长期借款情况如表 2—5 所示：

表 2—5　　某企业长期借款情况

借款起始日期	借款期限	金额(元)
2014 年 1 月 1 日	3	2 000 000
2012 年 1 月 1 日	5	1 500 000
2011 年 6 月 1 日	4	1 800 000

要求：计算该企业 2014 年 12 月 31 日资产负债表中"长期借款"项目填列的金额。

3. W 股份有限公司 2014 年有关资料如下：

(1)1 月 1 日部分总账及其所属明细账余额如表 2—6 所示：

表 2—6　　W 股份有限公司的部分总账及其明细账余额　　单位：万元

总　账	明细账	借或贷	余　额
应收账款	——A 公司	借	600
坏账准备		贷	30
长期股权投资	——B 公司	借	2 500
固定资产	——厂房	借	3 000
累计折旧		贷	900
固定资产减值准备		贷	200
应付账款	——C 公司	借	150
	——D 公司	贷	1 050
长期借款	——甲银行	贷	300

注：①该公司未单独设置"预付账款"会计科目。

②表中"长期借款"为 2013 年 10 月 1 日从银行借入，借款期限 2 年，年利率 5%，每年付息一次。

(2)2014 年 W 股份有限公司发生如下业务:

①3 月 10 日,收回上年已作为坏账转销的应收 A 公司账款 70 万元并存入银行。

②4 月 15 日,收到 C 公司发来的材料一批并验收入库,增值税专用发票注明货款 100 万元,增值税 17 万元,其款项上年已预付。

③4 月 20 日,对厂房进行更新改造,发生后续支出总计 500 万元,所替换的旧设施账面价值为 300 万元(该设施原价 500 万元,已提折旧 167 万元,已提减值准备 33 万元)。该厂房于 12 月 30 日达到预定可使用状态,其后续支出符合资本化条件。

④1～4 月该厂房已计提折旧 100 万元。

⑤6 月 30 日从乙银行借款 200 万元,期限 3 年,年利率 6%,每半年付息一次。

⑥10 月份以票据结算的经济业务有(不考虑增值税):持银行汇票购进材料 500 万元,持银行本票购进库存商品 300 万元,签发 6 个月的商业汇票购进物资 800 万元。

⑦12 月 31 日,经计算本月应付职工工资 200 万元,应计提社会保险费 50 万元。同日,以银行存款预付下月住房租金 2 万元,该住房供公司高级管理人员免费居住。

⑧12 月 31 日,经减值测试,应收 A 公司账款预计未来现金流量现值为 400 万元。

⑨W 股份有限公司对 B 公司的长期股权投资采用权益法核算,其投资占 B 公司有表决权股份的 30%。2014 年 B 公司实现净利润9 000万元。长期股权投资在资产负债表日不存在减值迹象。

除上述资料外,不考虑其他因素。

要求:计算 W 股份有限公司 2014 年 12 月 31 日资产负债表中应收账款、预付款项、长期股权投资、固定资产、应付票据、应付账款、应付职工薪酬和长期借款项目的年末余额。

项目三

资产负债表的分析

学习目标

◎ 掌握资产负债表的初步分析技能，并能灵活运用；

◎ 在资产负债表初步分析的基础上，掌握短期偿债能力和长期偿债能力分析的各种衡量指标，并能够通过分析得出相应的结论。

学习建议

本章内容是资产负债表的分析，从初步分析引申到长短期偿债能力的分析。要想学好本部分内容，关键要做到：

熟悉资产负债表的各个组成项目以及相互之间的勾稽关系，学会运用基本的分析方法，但不要仅仅停留在计算数据上，分析问题、解决问题才是最重要的；

这部分公式较多，要根据企业的具体情况以及所处行业的特点进行具体分析，剔除干扰因素，切忌死记硬背、生搬硬套，一定要在理解公式的基础上掌握各指标的确切含义；

特别要注意各指标本身存在的局限性，以及如何弥补其局限性，这就不仅包括文字方面的理解，而且要结合指标的计算公式进行具体应用；

计算指标只是分析的工具，切忌为了计算而计算。

引导案例

当你要对某企业进行投资时，企业的生产经营状况是你最关心的问题。企业财务报表提供了企业生产经营活动的基本数据。当你拿到企业财务报表时，应当怎样对其进行观察和分析以了解企业的基本情况呢？

企业有利润能否说明企业就一定具有较强的偿债能力了呢？答案是否定的。因为，企业要想按期偿付借款的本金和利息，就必须拥有一定数量的现金。而企业在一定时期内取得的利润并不能代表企业所拥有的现金，也就是说，任何盈利良好的企业如果没有足够的现金来偿付到期债务，都会被宣告破产。因此，我们不能仅仅根据企业是否有利润来对企业的偿债能力做出判断。实际上，影响企业偿债能力的因素是很多的，我们对企业的偿债能力进行分析时，应考虑到各种因素的影响，从而对企业的偿债能力做出正确的评价。

任务1 资产负债表初步分析

小知识

财务报表初步分析的目的是准确理解报表数据本身的含义，获得对企业财务状况、经营成果和现金流量的准确认识，为进一步分析奠定基础。为达到这一目的，财务报表初步分析应包括四项内容：阅读、比较、解释和调整。

阅读：即按一定顺序阅读报表的各项数据，运用会计知识理解其含义，获得对企业状况的概括印象。

比较：即比较报告期和前期的数据，获得对各项目变化的印象，寻找应注意的主要问题。

解释：即通过进一步分析各项目的构成，解释变动的原因。

调整：即在必要时根据分析目的调整有关数据，为计算财务比率和进一步分析建立必要的基础。

一、资产负债表的初步分析

资产负债表的初步分析可以分为资产分析、负债分析和所有者权益分析。

（一）资产的初步分析

资产初步分析的目的是通过对企业资产规模和资产构成情况变动的分析，找出影响企业资产规模、结构变动的原因，以及资产规模和结构的变动对企业产生的影响。

资产代表企业控制的经济资源，资源要能最大限度地发挥其功能，就必须有一个合理的配置，通过观察前后几期的变化，并与同行业规模企业的比较，可以了解企业经营资源的配置是否合理。任何一种资产及其比重过低或过高，都不同程度说明企业在投资与资产营运管理上存在的问题。对于资产的分析主要是通过对资产负债表的各类资产占总资产的比重即资产结构的分析来反映的。

企业经营资产主要由流动资产与固定资产两部分构成。两者的比例变化反映了企业的技术构成变化。一般而言，风险和收益是成正比的。固定资产比重越大，技术构成越高，资金收益也就越高，但企业资金的流动性差，经营风险一般也较大；相反，流动资产所占的比重大，资金的流动性强，风险小，相应的资金收益也就低。特别值得重视的几个资产结构分别是现金类资产的比重、应收账款和存货的比重、固定资产的比重和无形资产的比重等。

1. 流动资产项目分析

(1)现金类资产比重分析。现金类资产(资产负债表中的货币资金和交易性金融资产)应有一个合理的储备量。比重过低会影响企业的正常经营和正常支付，会导致短期偿债风险增加，威胁企业的生存；相反，比重过高又会导致现金闲置，影响企业的获利能力，因为现金类资产的盈利能力最低。不过，目前的情况不是企业现金过多，相反，对多数企业来说，主要任务是要适当增加现金储备，提高资产的变现能力和支付能力。

(2)应收账款和存货比重分析。存货是流动资产中流动性较差、变现能力较弱的一项资产，而应收账款由于近年来企业间的相互拖欠较为严重，影响了企业这部分资金的及时回笼。因此，这两项资产在流动资产中所占的比重的大小，关系着企业流动资产的周转速度，进而影响企业的现金流量和短期偿债能力。

通常情况下，存货储备的严重不足，比重过低，不仅正常的生产难以保证，而且往往会失去营销良机；相反，存货上升过快，则体现了企业过量采购或生产与销售能力不足，存货占用成本上升，盈利能力下降，同时会增加流动资产的变现风险，应收账款增加过高，这将带来坏账风险的增加，影响收益质量。

从目前情况看，这个比重普遍过高，导致资金的大量闲置和沉淀，使企业现金短缺，资产使用效率低下。目前我国全部工业企业流动资产的7.3%被存货占用，20%以上为应收账款占用，速动资产的实际比重不足40%，造成流动资金使用上的严重紧张。美国会计学会曾在一份研究报告中得出这样的结论：财务失败的企业在走向失败的过程中，流动性项目所呈现出来的特征是，应收账款和存货越来越多，现金及现金流量越来越少。照此结论，企业只有保持较低的应收账款和存货比重，才能确保其财务的安全性，才能防止企业出现破产的风险。

案例分析

施乐公司未披露应收款的抵押业务，严重误导现金流量分析

施乐公司(Xerox)一度成为复印机的同义词，曾经在美国和全世界130多个国家和生产、销售、租赁复印产品、服务和设备。20世纪80年代初，这家历史悠久的老牌企业差点被日本复印机制造商消灭，然而就在1999～2000年期间，施乐公司好像起死回生了。可惜好景不长，2002年4月SEC指控施乐欺诈投资者，其中一项就是没有披露应收款的保理业务，误导了投资者对现金流量的判断。

施乐公司在1999年的财务报告中，没有披露金额为2.88亿美元的应收款保理业务，这使施乐公司报告期末的现金余额由负数变为正数。在处理这2.88亿美元的业务时，施乐公司隐瞒了这些交易对其现金状况的重大影响，使投资者误以为现金流量来源于经营活动。

∵请思考：

(1)什么是应收款保理业务？目前我国是否已开展相关业务？

(2)施乐公司隐瞒应收款保理业务对现金流量有哪些影响？

(3)在分析应收款项时应注意哪些问题？

∵分析思路：

(1)应收款保理业务就是以折价方式出售或抵押应收账款，即将其未来现金流以低于到期时的价值进行即刻变现，从而改善现金状况。我国目前尚不允许应收账款的出售业务。

(2)在现金流量分析中，经营活动产生的现金流量是最重要的现金来源，经营活动现金流量的多少，基本可以反映一个企业的获利能力和现金流动状况。而施乐公司在处理这项业务时，隐瞒了这些交易对其现金状况的重大影响，使投资者误以为现金流量来源于经营活动。施乐公司以折价出售或抵押应收账款，将其未来的现金流以低于到期时的价值进行即刻变现，大大改善了其年末的现金状况。

(3)应收款项是以未来现金流量为计量基础。在分析时应关注应收账款周转率指标，并与同业水平、本企业的历史水平相比较，进一步分析应收账款的管理水平。影响应收账款周转率

下降的原因主要有:企业的信用政策、客户故意拖延和客户财务困难。过快的应收账款周转率可能是由紧缩的信用政策引起的,其结果可能会损害企业的市场占有率,因此要保持适当的应收账款周转率。

2. 固定资产比重分析

固定资产比重过低,会影响企业现时的生产经营能力与未来的发展能力;相反,比重过高,则表明企业资产的流动性太低。同时,高额的折旧势必形成高额的固定成本,直接导致企业经营风险的提高。此外,由于固定资产价值回收期长,势必形成高比重固定资产经营的高风险性。

3. 无形资产比重分析

总的来看,这个比重是越高越好。随着科技进步和经济发展尤其是知识经济时代的到来,硬资源在企业生存和发展中的作用和相对价值在不断下降,而包括无形资产在内的软资源的作用和相对价值在不断上升。要与这个规律和趋势相适应,企业必须善于培育和合理配置无形资源。

借助无形资产比重这一指标,可以观察企业知识化和高新技术化的程度,也可以分析企业可持续发展的潜力以及综合竞争能力的强弱。目前,西方国家许多企业的这个比例已高达50%~60%,特别是高新技术企业。而我国工业企业的无形资产比重只有7.0%,许多地区和行业还达不到这个比重,看来,培育无形资产的任务在我国企业还很艰巨。

案例分析

百时美施贵宝的资本化研发支出

百时美施贵宝是美国著名的制药企业,在全球制药业排名第四,一直以来以"延长人类寿命,提高生活质量"为使命并保有其"拥有全球领先科研实力和创新市场"的健康形象。2002年SEC展开对该公司的调查,其中资本化研发支出是其舞弊手法之一。一直以来,通过兼并、投资取得其收购对象或合作伙伴研制药品专利的全部或部分所有权或经营权是百时美施贵宝维持收入增长的惯用手法。该公司对研发支出的会计处理都是:不论取得的资产是否已经获得FDA或其他机构的认证,一律将投出款资本化,继而按照预计的受益年限或协议约定的研发周期进行直线摊销。

∵请思考:

(1)百时美施贵宝资本化研发支出的做法有何不当之处?其形成的后果是什么?

(2)关于研发支出的规定都有哪些?

∵分析思路:

(1)按照公认会计准则,通过兼并或投资行为取得的潜在的专利权或经营权,如果尚未得到相关机构的认证,并且未来没有可改变的用途,应当作为费用计入当期损益。而百时美施贵宝将研发支出资本化的做法,不仅虚增了资产总额,而且夸大了当期的利润,使以后期间的利润平均化。

(2)各国对于研发支出的规定不尽一致,美国和德国规定研发支出一律作为费用计入当期损益,而瑞士、荷兰等国家允许将研发支出资本化,英国则允许在符合一定条件下将研发支出资本化。由于近来高科技企业的涌现,研发支出的比例越来越大,如果将所有的研发支出费用化,势必严重影响当期利润的实现,因此某些公司会采取研发费用资本化的做法也就不奇怪了。在报表分析时，不能仅看资产和利润的多少，更要关注构成资产和利润的各项目的经济实质，如果因为研发支出费用化导致利润的急剧下降，并不能武断地认为该企业经营出了问题，要从发展的眼光看问题，要看到研发之后带来的市场前景。

4. 对外投资比重分析

多数企业都希望这个比重高些。第一，企业的资产需要一个适当的组合，内外分布便是企业降低资产风险的重要途径。第二，商品经营与资本经营并举，是现代企业经营发展的新趋势，而对外投资就是资本经营的重要形式。对资本经营的重视，将导致资产中对外投资的比重上升。第三，借助这个指标可以观察企业资本经营的水平和效果。第四，集团化的大企业一般都是以资本为纽带组建的，如若企业的对外投资少，则集团化和大型化的进程和规模通常也是有限的。

(二)负债的初步分析

负债初步分析的目的是通过对企业负债规模和负债构成情况变动的分析，找出影响企业负债规模、结构变动的原因，以及负债规模和结构的变动对企业产生的影响。

企业为了促进经营发展，需要不断筹集资金。在众多筹资渠道中，企业利用负债筹资是最常见的。利用资产负债表，可以了解企业一定日期各类资金总量及其结构状况的变化，与同行业相同规模企业比较，可以分析企业资金来源的构成，尤其是财务风险的状况。任何一种资金来源及其比重过低或过高，都不同程度说明了企业资金筹措及资金结构上存在的问题。

1. 流动负债初步分析

流动负债初步分析就是对流动负债的各构成项目的变动进行初步分析，目的是找到影响流动负债变动的主要因素。

在资产负债表上，负债通常按偿还期限分为流动负债和长期负债两大类。这样的分类是以一年或一个营业周期为标准的，即需要在一年内偿还的是流动负债，否则就是长期负债。资产负债表使用的这个标准是“理论标准”，而这个“理论标准”与“现实标准”还是有较大差距的。现实中，企业总是或多或少地存在超过一年还没偿还的应付款项，如长期挂账的应付账款和应交税金等。这些长期化了的应付款项，实际上已不是流动负债而是长期负债，但在编制报表时，会计人员通常并不严格地进行这样的区分，结果这些长期化的应付款项被不合理地列入流动负债之中，账面流动负债与实际流动负债发生了背离。但作为报表的阅读者，在看企业的负债尤其是观察流动负债时，最好将长期化的负债从账面流动负债中剔除，以确定企业流动负债的真实数量。

通常情况下，流动负债所占的比重越高，说明企业对短期资金的依赖性越强，企业短期偿债的压力越大，要求企业资金周转的速度要快；反之，说明企业对短期资金的依赖程度较小，企业面临的短期偿债的压力越小。因此，如果企业的流动资产周转速度快，短期偿债的资金成本较低的情况下，企业可融资的流动负债就可以多些；反之，流动负债融资就可以少些。一般来说，成长型企业流动负债占负债总额的比重较低，成熟型企业这一比例较高。目前我国工业企业流动负债占全部负债的比重平均为 63.76%，其中国有企业为 63.76%，民营企业为 78.45%，私营企业为 84.48%，联营企业为 78.01%，股份制企业为 70.85%，三资企业为 77.85%；大型企业为 61.32%，中型企业为 71.53%，小型企业为 77.01%。流动负债比重偏高，一个主要的原因是企业流动资金短缺，形成正常的业务经营活动对流动负债的高度依赖。因此，解决这个问题的关键，还在于盘活流动资产，尤其是流动资产中的应收账款和存货。

2. 长期负债初步分析

与流动负债相比较而言，长期负债的偿还期较长，资金成本较大。长期负债所占的比重越高，表明企业在经营中借助于长期资金的程度越高，长期利息负担和未来本金的偿还将增加企业的长期财务风险；反之，企业借助于长期资金的程度较小，偿债压力也就越小。一般来说，长期负债占负债总额的比重，成长型企业较高，成熟型企业较低。

另外，在借助资产负债表观察企业负债的长期化程度时，还应注意预计负债的作用。一方面，应根据所掌握的新的证据，对相关或有事项和预计负债发生的可能性重新进行估计，并关注那些发生可能性变化（或增大或减小）的或有事项和预计负债；另一方面，诸如未决诉讼和产品质量保证，有些可能就是长期化的。现实中，多年未决的官司比比皆是。产品质量保证，往往也需要跨几个年度。

（三）所有者权益的初步分析

通过所有者权益各项目占所有者权益总额的比重，可以分析企业的经济实力和风险承担能力。通常情况下，所有者权益应为正值；若为负数，则表明企业资不抵债。所有者权益是企业偿还负债的保障和基础，企业应有一个合理的产权（即为所有者权益）结构以确保财务结构的稳定。在资产负债表中，所有者权益一般按投资者对权益要求权的顺序来排列。其中，实收资本属于永久性存在项目，在所有者权益项目中其流动性最差。未分配利润则未限定用途，一般计入当年的可供分配利润，在投资者中进行分配，当企业经营亏损时，它可用来弥补账面亏损。可见未分配利润的流动性最大。资本公积、盈余公积的流动性介于两者之间，但盈余公积可随时用来弥补企业亏损，其流动性比资本公积大。

☞ **有问必答**

问：盈余公积的用途都有哪些？

答：盈余公积是指企业按规定从净利润中提取的各种累计利润，主要包括：(1)法定盈余公积，指按照规定比率从净利润中提取的盈余公积。股份公司按税后利润的10%提取，当法定盈余公积达到注册资本的50%时，可以不再提取。(2)任意盈余公积，指企业经股东大会的批准，按规定的比率从可供投资者分配的利润中提取的盈余公积。盈余公积的用途有弥补亏损、支付股利和转增资本。

所有者权益构成（即所有者权益占权益总额的比重）可以反映企业承担风险能力的大小，所有者权益构成比重越大，企业的财务状况越稳定，发生债务危机的可能性也越小；反之比重过低，说明负债率过高，财务风险上升。另外，经营者对企业前景的信心和对风险所持有的态度也影响着所有者权益的构成。

二、资产负债表的趋势分析

资产负债表的趋势分析主要是通过对企业连续两期或多期资产负债表中的数据进行比较，计算其增减变动的数额和增减变动的百分比，从而了解企业财务状况的变动趋势，包括资产、负债、所有者权益项目变动的方向、数额和幅度，据以预测企业未来财务活动的发展前景。

如果企业的生产经营活动持续健康地发展，那么其资产负债表上主要财务数据或财务指标应该呈现出持续稳定发展的趋势；如果企业的财务数据或财务指标出现异常波动，或突然大幅度上下波动，或者主要财务数据或财务指标之间出现背离或者出现恶化趋势，则意味着企业的生产经营活动的某些方面发生了重大变化。

资产负债表的趋势分析主要是通过编制比较资产负债表来进行，通过比较资产负债表，直接观察其金额或比率的变动数额和变动幅度，分析其变动趋势，并据以预测未来。

【例 3—1】 表 3—1 是根据 W 公司 2013 年和 2014 年的资产负债表编制的比较资产负债表。

表 3—1 **W 公司比较资产负债表** 单位：元

资　产	2013 年	2014 年	变动额	变动(%)
流动资产：				
货币资金	16 455 157	10 051 192	−6 403 965	−38.92
以公允价值计量且其变动计入当期损益的金融资产	10 959 857	11 363 564	403 707	3.68
应收票据	11 043 156	11 814 127	770 971	6.98
应收账款	2 873 584	42 096 306	13 360 422	46.49
预付款项	1 033 770	1 258 196	234 426	21.71
应收利息	0	0	0	0
应收股利	0	0	0	0
其他应收款	14 780 569	4 064 476	−10 716 093	−72.05
存货	59 413 003	71 928 739	12 515 736	21.07
一年内到期的非流动资产	0	0	0	0
其他流动资产	45 094	14 310	−30 784	−68.27
流动资产合计	142 466 490	152 590 910	10 124 420	7.11
非流动资产：				
可供出售金融资产	0	0	0	0
持有至到期投资	0	0	0	0
长期应收款	0	0	0	0
长期股权投资	1 520 218	1 391 355	−128 863	8.48
投资性房地产	0	0	0	0
固定资产	27 642 189	28 023 336	381 147	1.38
在建工程	0	0	0	0
工程物资	0	0	0	0
固定资产清理	0	0	0	0
生产性生物资产	0	0	0	0
油气资产	0	0	0	0
无形资产	4 508 241	4 517 250	9 009	0.20
开发支出	0	0	0	0
商誉	0	0	0	0
长期待摊费用	237 979	180 822	−57 157	−24.02

续表

资　产	2013 年	2014 年	变动额	变动(%)
递延所得税资产	0	0	0	0
其他非流动资产	0	0	0	0
非流动资产合计	33 908 627	34 112 763	204 136	0.60
资产合计	176 375 117	186 703 673	10 328 556	5.86
流动负债：				
短期借款	850 000	16 215 537	15 365 537	1 807.71
以公允价值计量且其变动计入当期损益的金融负债	0	0	0	0
应付票据	24 361 015	23 558 812	−802 203	−3.29
应付账款	20 637 550	20 743 980	106 430	0.52
预收款项	5 697 268	4 687 111	1 010 157	17.73
应付职工薪酬	350 686	240 680	−110 006	−31.37
应交税费	−4 504 615	−11 330 869	−15 835 484	351.54
应付利息	0	0	0	0
应付股利	23 650	23 650	0	0
其他应付款	1 351 879	3 137 318	1 785 439	132.07
一年内到期的非流动负债	0	0	0	0
其他流动资产	0	0	0	0
流动负债合计	48 767 433	57 276 219	8 508 786	17.45
非流动负债：				
长期借款	0	0	0	0
应付债券	0	0	0	0
长期应付款	0	0	0	0
专项应付款	0	0	0	0
预计负债	0	0	0	0
递延所得税负债	85 715	59 761	−25 954	−30.28
其他非流动负债	0	0	0	0
非流动负债合计	85 715	59 761	−25 954	−30.28
负债合计	48 853 148	57 335 980	8 482 832	17.36
所有者权益(或股东权益)：				
实收资本(或股本)	21 642 114	21 642 114		
资本公积	40 760 437	40 912 802	152 365	0.37
减：库存股	0	0	0	0

续表

资　产	2013年	2014年	变动额	变动(%)
盈余公积	48 296 843	48 600 479	303 636	0.63
未分配利润	16 822 575	18 212 298	1 389 723	8.26
所有者权益(或股东权益)合计	127 521 969	129 367 693	1 845 724	1.45
负债和所有者权益(或股东权益)合计	176 375 117	186 703 673	10 328 556	5.86

从表3—1中可以看出,W公司2014年资产有所增加,主要是流动资产增加了10 124 420元,增长了7.11%,流动资产中应收账款增加幅度比较大,增长额为13 360 422元,增长了46.49%。这一现象应引起公司重视,应进一步分析应收账款增加的原因,是因为公司扩大销售,还是因为应收账款信用政策变化所致。另外,公司预付账款和存货项目的增长幅度也比较大,应注意分析存货项目的构成,关注流动资金的周转速度。资产的增加,说明企业生产经营得到发展,生产能力得到加强,资产得到保值、增值。

从负债和所有者权益部分的比较分析来看,公司的流动负债增加了8 508 786元,增长了17.45%,主要是由于短期借款的大幅度增加所致。再与流动资产比较来看,流动负债的增长幅度明显高于流动资产的增长幅度,将会影响到公司的短期偿付能力,所以应结合流动资产各项目加以深入的分析。同时,公司的所有者权益也有所增加,增加额为1 845 724元,增长率为1.45%,其主要原因是公司经营良好,未分配利润明显增加所致。同时说明企业贯彻了资本金保全的原则,实现了资本金增值的要求。

此外,对资产的增加还需结合企业生产经营的发展情况,考察增长是否得当、增长后资产结构是否更加趋于合理、增加的资产能否获得良好的经济效益等。例如,在流动资产中,应收账款增长的幅度较大,达到46.49%,应进一步研究信用政策,加大应收账款的催收力度等。

比较性资产负债表可以对企业进行多期比较分析,反映其发展趋势;也可以与其他相关企业进行同期对比分析,反映各自的特点。比较性资产负债表可以是绝对额的比较,也可以是相对额的比较。可以只做简单比较,也可以在表中计算出定基或环比发展速度、增长率等比率进行比较。

任务2　偿债能力分析

偿债能力是指企业是否有足够的现金流入量来偿付各种到期债务的能力。企业的债务总额是以持有一定的资产作为物资保证,债务到期必须以资产变现来偿付。如果企业变现资产不足以清偿到期债务,就很难从银行取得借款,很难再从供应商那儿取得赊购的优惠,从而直接影响到企业筹措资金的能力,影响企业正常的生产经营活动。除公司管理层外,下列机构或人员通常关心企业的偿债能力:公司的供应商、公司的贷款银行、公司员工和税务部门。

按照债务偿付期限的不同,企业的偿债能力可分为短期偿债能力和长期偿债能力。

一、短期偿债能力分析

短期偿债能力指企业用流动资产偿还流动负债的现金保障程度。企业的短期偿债能力是指企业在不用变卖固定资产的情况下,也能偿还债务的能力。企业能否及时偿付到期的流动负债，是反映企业财务状况好坏的重要指标。财务人员必须十分重视短期偿债的偿还能力，维护企业的良好信誉。

（一）影响短期偿债能力的因素

短期偿债能力一般也称支付能力，主要是通过流动资产的变现来偿还到期的短期债务。短期偿债能力的高低对企业的生产经营活动和财务状况有重要影响，一个企业即便拥有良好的营运能力和较强的盈利能力，一旦短期偿债能力不强，就会因资金周转困难影响正常的生产经营，降低企业的盈利能力，严重时会出现财务危机，甚至导致企业因不能按期偿债而破产。企业短期偿债能力不足对企业生产经营的影响还表现在：无法取得购货折扣；不能按期支付货款而使材料供应不能保证；影响职工收入的正常发放或不能按期加薪，致使企业在人才市场上失去竞争力。短期偿债能力不足对企业的另一影响，就是造成企业信誉下降，这是一种无法估计的损失。

从短期偿债能力对企业的影响可以看出，企业必须重视短期偿债能力的分析和研究。了解影响短期偿债能力的因素，对于分析企业短期偿债能力的变动情况、变动原因及促进企业短期偿债能力的提高是十分有用的。

1. 企业流动资产的结构

在企业的资产结构中，如果流动资产所占比重较大，则企业短期偿债能力相对大些，因为流动负债一般要通过流动资产变现来偿还。如果流动资产所占比重较高，但其内部结构不合理，其实际偿债能力也会受到影响。例如，在流动资产中，如果存货资产占较大比重，由于存货资产的变现速度通常低于其他类流动资产，所以其偿债能力是要打折扣的。从这个意义上讲，流动资产中应收账款、存货资产的周转速度也是反映企业偿债能力强弱的辅助性指标。

2. 企业流动负债的结构

企业的流动负债有些必须以现金偿付，如短期借款、应缴款项等；有些则用商品或劳务来偿付，如预收货款等。需要用现金偿付的流动负债对资产的流动性要求更高，企业只有拥有足够的现金才能保证其偿债能力。如果在流动负债中预收货款的比重较大，则企业只要拥有充足的存货就可以保证其清偿能力。此外，流动负债中各种负债的偿还期限是否集中，都会对企业偿债能力产生影响。分析时不仅要看各种反映偿债能力指标的数值，还要根据各种因素考察其实际的偿债能力。

3. 企业的融资能力

单凭各种偿债能力指标，还不足以判断企业的实际偿债能力。有些企业各种偿债能力指标都很好，但却不能按期偿付到期的债务；而另一些企业，因为有较强的融资能力，如与银行等金融机构保持良好的信用关系，随时能够筹集到大量的资金，即使各种偿债能力指标不高，却总能按期偿付其债务和支付利息。可见，企业的融资能力也是影响偿债能力的一个重要因素。

4. 企业的经营现金流量水平

企业的短期债务通常是用现金进行偿付的，因此，现金流量是决定企业短期偿债能力的重要因素。企业现金流量状况主要受企业的经营状况和融资能力两方面影响。如果没有充足的现金流量，即使是盈利企业也可能因无法及时偿还到期债务而导致信用危机，甚至被迫破产。

5. 宏观经济形势和银行的信贷政策

宏观经济形势是影响企业短期偿债能力的重要外部因素。当一国经济持续稳定增长时，社会的有效需求也会随之稳定增长，产品畅销。由于市场条件良好，企业的产品和存货可以较容易地通过销售转化为货币资金，从而提高企业短期偿债能力。如果国民经济进入迟滞阶段，国民购买力不足，就会使企业产品积压，企业资金周转不灵，企业间货款相互拖欠，形成所谓的“三角债”，企业的偿债能力就会受到影响，反映短期偿债能力的指标也会不实。

国家为保证整个国民经济的健康发展，必然要采取宏观调控方法，利用金融、税收等宏观经济政策的制定，调整国家的产业结构和经济发展速度。一个企业，如果其产品是国民经济急需的，发展方向是属于国家政策鼓励的，就会较容易地取得银行借款，其偿债能力也会提高。此外，当国家采取较宽松的信贷政策时，所有的企业都会在需要资金时较容易地取得银行信贷资金，其实际偿债能力就会提高。

6. 证券市场的发育与完善程度

在企业的流动资产中，常常会包括一定比例的有价证券，在分析企业偿债能力时，是把有价证券视为等量现金的。事实上，这样计算的偿债能力与企业的实际偿债能力是有区别的。这是因为，有价证券按其历史成本列示在资产负债表中，与转让价格必然有一定的差异，且转让有价证券时，要支付一定的转让费用。证券市场的发育和完善程度对企业短期偿债能力的影响还表现在，如果证券市场发达，企业随时可将手中持有的有价证券转换为现金；如果证券市场不发达，企业转让有价证券就很困难，或者不得不以较低的价格出售。这些都会对企业的短期偿债能力产生影响，特别是当企业把投资有价证券作为资金调度手段时，证券市场的发育和完善程度对企业的短期偿债能力的影响就更大。

除以上主要因素外，还有许多因素会影响到企业的短期偿债能力，如企业的财务管理水平，母公司与子公司之间的资金调拨等。有些因素对企业偿债能力的影响往往难以通过数量指标来显示，分析时，必须结合各有关因素做出综合判断。

(二)流动资产项目和流动负债项目分析

流动资产指可以在一年或超过一年的一个营业周期内变现或耗用的资产。流动负债指在一年或超过一年的一个营业周期内偿还的债务。流动资产和流动负债的数量及构成内容，均在资产负债表中作了详细的列示。

1. 流动资产项目分析

企业流动资产流动性的强弱，反映了流动资产的质量。而企业流动资产由许多具体项目构成，各构成项目表现出的流动性是有差异的。进行企业短期偿债能力分析有必要熟悉流动资产各构成项目流动性的特性。如表 3—2 所示。

表 3—2　　流动资产项目分析

流动资产项目	流　动　性
货币资金	流动性最强，是最基本的流动资产
以公允价值计量且其变动计入当期损益的金融资产	流动性仅次于货币资金
应收票据	当企业急需流动资金时，可将应收票据进行贴现，以解决流动资金不足的问题，但同时会使企业产生或有负债
应收账款	由于存在坏账的可能，影响到应收账款的流动性
预付款项	指企业按照购货合同规定预付给供货单位的款项。这是一项特殊的流动资产，流动性极差
存货	存货的种类繁杂，数量庞大，往往占用企业流动资产总额的一半以上。从存货的构成可知，其流动性是较差的，因此存货的质量在一定程度上决定了企业短期偿债能力的强弱

2. 流动负债项目分析

企业流动负债的数额与构成直接影响企业短期偿债能力的强弱。为了客观、公正地反映企业所承担的债务，就必须对负债进行正确的确认和计量。如表3—3所示。

表3—3 流动负债项目分析

流动负债项目	分 析 要 点
短期借款	我国企业短期借款占企业流动负债总额比重较大。分析该项时应注意：(1)企业短期借款的数额应与流动资产相适应；(2)企业短期借款的数额应与企业当期收益相适应
应付票据	是企业必须偿付的“刚性”债务，具有法律约束力(即商业汇票必须在到期时无条件承兑)
应付账款	分析此项注意两点：(1)应付账款的运营。应付账款形成于商品交易或与企业主营业务有关的劳务交易，企业其他交易所产生的欠款不得列入该项目。(2)应付账款的计价。应付账款的计价方法有总价法和净价法两种，不同的计价方法会影响到应付账款的数额。我国企业会计制度要求采用总价法
预收款项	一般无须支付利息，可以无偿使用。如果企业预收款项较多，则说明企业的产品或劳务销售情况好，供不应求
应付职工薪酬	该项目反映企业应付未付的员工薪酬的余额。多数企业当月薪酬在下月月初或中旬发放，因此期末表内列示应为本月薪酬，如果该项目金额越来越大，一般认为可能出现资金短缺
应交税费	企业缴纳的各种税费的具体纳税期限一般在下月初申报纳税，因而表内反映为当月应纳数额
应付股利	企业在年度末进行利润分配后，应付给投资者的现金股利在投资者领取之前形成了企业的一项流动负债

(三)短期偿债能力的指标分析

流动资产变现为现金的速度称为资产的流动性，它反映了企业流动资产的质量。企业资产若能及时地变现为现金，则能够顺利地偿还到期债务，否则将导致企业投资或资产的强行出售，甚至使企业清算破产。因此，企业短期偿债能力分析实际是对企业资产流动性的分析。评价企业短期偿债能力的财务指标主要有：流动比率、速动比率和现金比率。

1. 流动比率

流动比率是流动资产与流动负债的比值。其含义为：每一元流动负债有多少流动资产作保障。反映企业用可在短期内变为现金的流动资产偿还流动负债的能力。其计算公式为：

$$\text{流动比率}=\frac{\text{流动资产}}{\text{流动负债}}$$

【例3—2】 A公司2014年12月31日的流动资产总额为160万元，流动负债总额为80万元，则其流动比率为：

流动比率＝160÷80＝2

流动比率反映了企业短期内可变现的资产对短期负债的保证程度。这一比率越高，表明企业短期偿债能力越强，企业的财务风险越小，债权人的权益越有保障，安全程度越高。由于变现能力较差的存货在流动资产中约占一半，通常认为2∶1的流动比率对大部分企业是比较适宜的，它表明企业财务状况稳定可靠。除了能满足日常生产经营的流动资金需要外，还有足够的财务偿还到期的短期债务。如果该指标比例过低，企业可能面临到期难以清偿债务的困难；流动比率过高，虽然表示有足够的变现资产来清偿债务，但并不能说明有足够的现金可以偿债，也可能是持有不能盈利的闲置的流动资产，会影响资金的使用效率和企业的筹资资本，进而影响企业的获利能力。

运用流动比率时,应注意以下几个问题:

(1)流动比率不宜过高。因为过高的流动比率并不是健康的财务状况,不仅会使企业丧失机会收益,还会影响企业的资金使用效率和获利能力,可以说是资金使用效率较低的表现。因此,作为债权人除了注意流动比率的数值外,还应注意企业现金流量的变化。一般情况下,营业周期、流动资产中的应收账款数额和存货的周转速度是影响流动比率的主要因素。

(2)流动比率的评价是否合理。计算出来的比率,只有和同行业平均流动比率、本企业历史的流动比率进行比较,才能得出比率的优劣。因此债权人在进行分析时,除了观察流动比率和现金流量的变化外,还应当对不同会计期间流动资产和流动负债状况的变化进行对比分析。通过细致而全面的分析,尽早利用各种手段粉饰流动资产和流动负债状况,以提高流动比率。

☞ **有问必答**

问:债务人会利用哪些手段粉饰流动资产和流动负债状况呢?

答:由于债权人注重以流动比率来衡量企业的短期偿债能力,所以有的企业为了筹措资金,有意在会计期末采用推迟购货,允许存货跌价,抓紧收回应收账款,尽可能在偿还债务以后再商借等方法,粉饰其流动资产和流动负债状况,提高流动比率。

2. 速动比率

速动比率是速动资产与流动负债的比值。所谓速动资产是指企业流动资产中变现速度较快的资产,包括:货币资金、交易性金融资产、应收票据、应收账款、应收股利、应收利息、其他应收款和其他流动资产等。速动比率的计算公式为:

$$\text{速动比率}=\frac{\text{速动资产}}{\text{流动负债}}$$

$$\text{速动资产}=\text{流动资产}-\text{存货}$$

【例 3—3】 A 公司 2014 年 12 月 31 日的流动资产中存货项目金额为60 万元,流动资产总额为 160 万元,流动负债总额为 80 万元,则其速动比率为:

速动比率=(160－60)÷80＝1.25

存货的变现性较差,将其从流动资产中减去后计算的速动比率反映了企业的实际短期偿债能力。在进行企业短期偿债能力分析时,常常将此指标作为流动比率指标的一个重要的辅助指标。比率越高,表明企业速动资产对流动负债的保障程度越高,企业的短期偿债能力越强,反之就越弱。速动比率一般等于或稍大于 1 比较合适,但这不是绝对的,应根据行业特点、企业的具体情况而定。与流动比率一样,速动比率也不是越高越好,过高的比率则说明企业因拥有过多的货币性资产,而可能失去一些有利的投资和获利机会。

☞ **有问必答**

问:企业速动比率低就一定不能偿还短期债务吗?

答:不是。尽管速动比率比流动比率更能反映出企业流动负债偿还的安全性和稳定性,但并不能认为速动比率较低的企业,在流动负债到期时绝对不能偿还其负债。实际上,如果企业存货流转顺畅,变现能力强,即使速动比率较低,只要流动比率较高,企业还是有希望偿还到期债务的本息。

运用速动比率时,应注意以下几个问题:

(1)速动资产只是从流动资产中扣除了存货,其中还包含预付账款和应收账款,使速动比率反映的短期偿债能力仍被质疑。如果应收账款的金额过大或是质量较差，事实上也会高估速动比率。因而在评价速动比率指标时，应结合应收账款周转率指标分析应收账款的质量。另外，流动资产扣除存货的基础上再减去预付账款等项目，然后再除以流动负债，称为保守速动比率，保守速动比率能真正体现企业的短期偿债能力。

(2)速动比率同流动比率一样，它反映的是会计期末的情况，并不代表企业长期的财务状况。企业为筹措资金可能会人为地粉饰速动比率，作为债权人应进一步对企业整个会计期间和不同会计期间的速动资产、流动资产和流动负债情况进行分析。

3. 现金比率

现金比率是现金类资产与流动负债的比值。计算公式为：

$$现金比率=\frac{现金类资产}{流动负债}$$

$$现金类资产=货币资金+交易性金融资产$$

【例 3—4】 A公司2014年12月31日的流动资产中货币资金项目金额为35万元，交易性金融资产项目金额为5万元，流动负债总额为80万元，则其现金比率为：

现金比率=(35+5)÷80=0.5

现金比率是从现金支付能力的角度说明企业短期偿债能力的，指标值越大，说明企业短期偿债能力越强，反之，说明企业短期偿债能力越弱。由于现金是企业偿还债务的最终手段，所以现金比率是最能反映企业直接偿付流动负债能力的指标。一般认为该比率应在0.2左右，在这一水平上，企业直接偿付流动负债的能力不会有太大问题。

运用现金比率时，应注意以下问题：

(1)与前面两个比率一样，现金比率不能过高，过高则说明企业现金存量过大，资产利用不充分，因此，对该比率的评价应结合企业资产的结构及其运用效率进行。

(2)对于经营活动具有高度的投机性和风险性、存货和应收账款滞留时间较长的行业，对现金比率进行分析非常重要。

(3)对财务发生困难的企业，特别是发现企业的应收账款和存货的变现能力存在问题的情况下，计算现金比率就更具有实际意义。它能更真实、更准确地反映企业的短期偿债能力。

(四)影响短期偿债能力分析的其他因素

流动资产变现能力的大小直接关系到企业能否正常营业，也是影响企业短期偿债能力的重要因素。因而在分析企业的短期偿债能力时，还应关注分析以下几个方面的问题：

1. 可动用的银行贷款指标

银行已同意，企业尚未办理贷款手续的银行贷款限额，可以随时增加企业的现金，提高支付能力。它一般列示在会计报表附注中，或在财务状况说明书中予以说明。

2. 准备很快变现的长期资产

由于某种原因，企业可能将一些长期资产出售转变为现金，这将增加企业资产的流动性。企业出售长期资产，应根据近期和长期利益的辩证关系，正确决定出售长期资产的问题。所以在分析该因素时，应结合具体情况具体分析以正确评估企业偿债能力。

3. 未作记录的或有负债

或有负债是有可能发生的债务，对这些或有负债，并不作为负债登记入账，也不在报表中反映。只有已办理贴现的商业承兑汇票，作为附注列示在资产负债表的下端。其他的或有负债，包括售出产品可能发生的质量事故赔偿、尚未解决的税额争议可能出现的不利后果、诉讼案件和经济纠纷案可能败诉并需赔偿等，都没有在报表中反映，这些或有负债一旦成为事实上的负债，将会加大企业的偿债负担。

4. 担保责任引起的负债

企业可能以自身的一些流动资产为他人提供担保，如为他人向金融机构借款提供担保，为他人购物担保或为他人履行有关经济责任提供担保等。这种担保有可能成为企业的负债，增加偿债负担。

二、长期偿债能力分析

长期偿债能力是指企业偿付长期债务的能力，用于衡量企业偿还债务本金与支付债务利息的现金保证程度，是评价企业财务状况的重点。

评价企业长期偿债能力，从偿债的义务看，包括按期支付利息和到期偿还本金两个方面；从偿债的资金来源看，则应是企业经营所得的利润。在企业正常生产经营的情况下，企业不可能依靠变卖资产还债，而只能依靠实现的利润来偿还长期债务。因此，企业长期偿债能力和企业的获利能力是密切相关的。

短期偿债能力分析重点考察的是资产的变现能力，即资产的流动性；而长期偿债能力分析则不同，长期偿债能力分析需要考察企业资产与负债的比例关系和企业从经营活动中获取现金的能力。

(一)影响长期偿债能力的因素

长期偿债能力是企业保证到期长期债务及时偿付的可靠程度。长期负债主要包括长期借款、长期债券和长期应付款等。

1. 企业的资本结构

资产与负债的比例关系称为资本结构，从经营活动中获取现金的能力称为获利能力。资本结构分析和获利能力分析是对企业进行长期偿债能力分析的关键。

资本结构是指企业的融资渠道。确切地说，资本结构是企业的负债融资与权益融资的比例。企业通过这两种渠道取得的长期资本其特性是不一样的。

负债资本的特性是企业对资金的使用有一定的时间限制，有固定的利息支付，负债到期必须偿还。权益资本的特性是收益的不确定性和无需偿还性。因此企业可以放心地将权益资本投向长期资产，承担相应风险，却免受撤资威胁。两类资本的特性决定了企业采取不同的资本结构会使企业面临不同的财务风险，进而影响到企业长期偿债能力。一般来讲，负债在资本总额中比例越高，固定费用支出及偿还要求就越高，企业无力支付到期本息的可能性就越大，即风险越大。而权益融资，企业对投资者的投资可以在续存期间永久使用，股利的支付不是固定的，视企业经营状况而定，利润少就少分，无利润可以不分，因此财务风险较低。对贷款者来说，权益资本越多，可能面临的损失就越小；对于企业来说，就是长期偿债能力越强。因此，反映企业资本结构的指标是对企业进行长期偿债能力分析的重要指标。

小知识

财务风险是指企业在各项财务活动中由于各种难以预料和无法控制的因素，使企业在一定时期、一定范围内所获取的最终财务成果与预期的经营目标发生偏差，从而形成的使企业蒙受经济损失或取得更大收益的可能性。企业的财务活动贯穿于生产经营的整个过程中，筹措资金、长短期投资、分配利润等都可能产生风险。

企业的获利能力是还本付息的来源。在正常经营情况下，企业不可能靠出售长期资产偿还债务的本金与利息，只能依靠生产经营所得。此外，企业的获利能力也是衡量企业在现金短缺时是否能顺利获得贷款的重要指标。因此，企业的获利能力越强，长期偿债能力就越强。这里，主要从资本结构分析的角度介绍长期偿债能力分析的方法，获利能力分析将在后文中介绍。

2. 长期资产的规模与结构

长期负债的偿还是以相应的资产作为物质保证的，正常情况下，保证长期负债偿还的资产，除了流动资产外，主要是长期资产。因此，长期资产的规模与结构将直接影响企业的长期偿债能力。特别是当企业破产清算时，长期资产的规模、结构及质量对长期偿债能力的影响更为直接。此时资产的清理变卖价值将决定对债权人债权的偿还数额。

小知识

长期资产主要包括长期股权投资、固定资产、无形资产等。

3. 企业的盈利能力

企业的盈利能力即企业在一定时期内获得利润的能力。长期债务通常用于企业的长期项目，衡量项目是否可行，首先要看项目为企业带来的盈利是否足以偿还长期负债的本息，即项目的资产报酬率是否高出长期负债的利息率。若投资失败，则债务偿还便成无本之源。只有当长期投资不断获得利润，长期负债才有可靠的物质基础。因此，盈利水平是企业长期负债能力的直接源泉。企业具有足够的盈利能力，对于投资者、债权人和经营者都具有重要的意义。企业盈利能力越强，留存的收益越多，长期偿债能力越强，在资本市场的信誉越高，从而使举债难度和举债成本降低。此时，企业可以充分利用财务杠杆效应，加大借入资金比例，以获取更多盈利。

小知识

财务杠杆是指由于债务的存在而导致普通股每股利润变动大于息税前利润变动的杠杆效应。对财务杠杆计量的主要指标是财务杠杆系数，财务杠杆系数是指普通股每股利润的变动率相当于息税前利润变动率的倍数。

财务杠杆与财务风险的关系：财务风险是指企业为取得财务杠杆利益而利用负债资金时，增加了破产机会或普通股每股利润大幅度变动的机会所带来的风险。财务杠杆会加大财务风险，企业举债比重越大，财务杠杆效应越强，财务风险越大。财务杠杆与财务风险的关系可通过计算分析不同资金结构下普通股每股利润及其标准离差和标准离差率来进行测试。

(二)长期偿债能力的指标分析

长期偿债能力分析是通过计算资产、负债与所有者权益之间的关系来分析企业的资本结构是否合理，进而评价企业的长期偿债能力。反映长期偿债能力的财务指标有资产负债率、产权比率、有形净值债务率、已获利息倍数等。

1. 资产负债率

资产负债率是全部负债总额除以全部资产总额的百分比，也就是负债总额与资产总额的比例关系，也称之为债务比率。资产负债率反映在资产总额中有多大比例是通过借债筹资的，

用于衡量企业利用债权人资金进行财务活动的能力;同时也反映企业在清算时,对债权人利益的保证程度。其计算公式为:

$$资产负债率=\frac{负债总额}{资产总额}\times 100\%$$

【例 3—5】 A 公司 2014 年 12 月 31 日的资产总额为 300 万元,负债总额为 180 万元,则其资产负债率为:

资产负债率=(180÷300)×100%=60%

式中,负债总额包括长期负债和流动负债,资产总额包括企业的全部资产。该指标反映了在资产总额中有多大比例是通过借债筹集的,同时它也是衡量企业负债水平及风险程度的重要指标。资产负债率越低,说明以负债取得的资产越少,企业运用外部资金的能力越差;资产负债率越高,说明企业通过借债筹资的资产越多,风险越大。因此,资产负债率应保持在一定的水平上为佳。一般认为,资产负债率的适宜水平在 40%~60%之间。我国《公司法》规定,公司公开上市,其净资产与资产总额的比例必须在 30%以上,即负债占资产总额的比例不得高于 70%。

对于资产负债率指标的分析,各利益主体(如债权人、所有者、经营者)往往因不同的利益驱动而从不同的角度来进行评价。可从以下几个方面进行:

(1)从经营者的角度看,他们既希望获得最大的收益,又希望承担最小的风险,安全地进行生产经营活动。因此,他们最关心的是在充分利用借入资本给企业带来好处的同时,尽可能降低财务风险,他们必须充分地估计预期利润和增加的风险,把资产负债率控制在一个适度的水平上。

第一,由于负债利息是在税前利润中抵扣,企业可以少纳所得税,负债比率越高,这种节税带来的收益就大。

第二,在正常情况下,较高的资产负债率是企业快速发展的信号,显得企业活力充沛。如果企业举债很大,说明企业较有活力,而且对前途充满信心,但如果负债率过高,超出债权人的心理承受能力时,债权人会认为风险太大而不愿意贷款,企业就会陷入借钱难的困境中;如果企业不举债,或负债比例很小,说明企业采用保守的财务策略,或者对其前景信心不足,利用债权人资本进行经营活动的能力差。

第三,资产负债率的高低在很大程度上取决于经营者对企业前景的信心和对风险所持的态度。资产负债率并非越高越好,当企业财务前景乐观时,应适当加大资产负债率;若财务前景不佳,则应减少负债,以降低财务风险。从财务管理的角度,在利用资产负债率进行借入资本决策时,企业应该审时度势,充分估计预期的利润和增加的风险,在两者之间权衡利弊得失,把资产负债控制在适度的水平。

(2)从债权人的角度看,他们最关心的是所提供的信贷资金的安全性,贷给企业的款项是否能按期足额收回本金和利息。对债权人来说,资产负债率越低,每一元债务有更多的资产做保障,表明企业对债权人保障程度越高,其贷款的安全性越高。

(3)从股东的角度看,他们最关心的是投入资本能否给企业带来好处。企业股东分析资产负债率则不能笼统地说是高好,还是低好,需要具体分析。

首先,负债筹资成本低于权益资本,由于负债利息是在税前支付的,通过负债筹资可以给企业带来税额庇护利益,使负债筹资资本成本低于权益资本筹资,企业可以通过负债筹资获得财务杠杆利益。从这一点看,股东希望保持较高的资产负债率水平。

其次,在经营中,负债筹资的资金与股东投入的资金发挥同样的作用,只有当全部资本利润率超过借款利息率时,股东得到的利润才会增加。相反,如果全部资本利润率低于借款利息率时,股东得到的利润就会减少。因为,当借款利息率高于全部资本利润时,借入资本多支付的利息要由属于股东的利润来偿还。站在股东的立场上,可以得出结论:在全部资本利润率高于借款利润率时,负债比率越高越好;反之,负债比率越低越好。

最后,增加负债只改变了企业的资产结构比例,不会改变股权结构,不会分散原有股东对企业的控制权。从这一点来看,股东也希望有较高的资产负债率。

运用资产负债率指标分析时,应注意以下两个问题:

(1)债权人、投资者及经营者对资产负债率指标的态度各不相同,分析时应结合国家总体经济状况、行业发展趋势、企业所处竞争环境等具体条件进行比较和判断。

(2)本质上,资产负债率指标是用来分析企业负债的偿还能力及对债权人利益的保护程度的。即企业破产时,债权人能得到多大程度的保护。

2. 产权比率

产权比率是负债总额与股东权益总额之间的比率,也称之为债务股权比率。该指标反映了企业所有者权益对债权人权利的保障程度。它也是衡量企业长期偿债能力的指标之一。其计算公式如下:

$$\text{产权比率}=\frac{\text{负债总额}}{\text{所有者权益总额}}\times 100\%$$

【例3-6】 A公司2014年12月31日的负债总额为180万元,所有者权益总额为120万元,则其产权比率为:

产权比率=(180÷120)×100%=150%

产权比率越低,表明企业的长期偿债能力越强,债权人承担的风险越小。但比率过低,意味着企业不能利用负债的财务杠杆的作用取得超额收益。一般认为,该指标1∶1最理想,如果认为资产负债率应当在40%～60%之间,则意味着产权比率应当维持在0.7～1.5之间。

运用产权比率指标分析时,应注意以下问题:

(1)产权比率与资产负债率都是反映企业资本结构的指标,但两者在应用时是有区别的:产权比率侧重于揭示债务资本与权益资本的相互关系,说明企业财务结构的风险性,以及所有者权益对偿债风险的承受能力。资产负债率侧重于揭示总资本中有多少是靠负债取得的,说明债权人权益的受保障程度。

(2)由于产权比率是对资产负债率的必要补充,具有共同的经济意义。因此,资产负债率指标分析中应注意的问题,在产权比率指标分析中也应引起注意。比如该指标必须与其他企业及行业平均水平对比才能评价指标的高低;将本企业的产权比率与其他企业对比时,应注意计算口径是否一致。

(3)产权比率所反映的偿债能力是以净资产为保障的,而所有者权益就是企业的净资产。但是,净资产中的某些项目,如无形资产、长期待摊费用、待处理财产损益等,价值具有极大的不确定性,且不易形成支付能力。因此,在使用产权比率时,必须结合有形净值债务率指标做进一步分析。

3. 有形净值债务率

有形净值债务率是将无形资产从所有者权益中予以扣除,从而计算企业负债总额与有形净值的百分比。该指标反映了企业在清算时债权人投入的资本受到股东权益的保护程度。计算公式为：

$$有形净值债务率=\frac{负债总额}{股东权益-无形资产净值}\times100\%$$

【例3－7】 A公司2014年12月31日的负债总额为180万元，所有者权益总额为120万元，无形资产净值为20万元。则其有形净值债务率为：

有形净值债务率＝180÷(120－20)×100%＝180%

有形净值债务率是通过企业负债总额与有形净值进行对比，来反映企业在清算时对债权人投入资本受到股东权益的保护程度，主要是用于衡量企业的风险程度和对债务的偿还能力。这个指标越大，表明企业对债权人的保障程度越低，企业风险越大，长期偿债能力越弱；反之，该指标越小，表明企业长期偿债能力越强，企业财务风险就小。

运用有形净值债务率指标分析时，应注意以下问题：

(1)有形净值债务率指标实质上是产权比率指标的延伸，是更为谨慎、保守地反映在企业清算时债权人投入的资产受到股东权益的保障程度。从长期偿债能力来讲，比率越低越好。

(2)有形净值债务率指标最大的特点是在可用于偿还债务的净资产中扣除了无形资产，包括商标、专利权以及非专利技术等。这主要是因为无形资产的计量缺乏可靠的基础，不可能作为偿还债务的资源，为谨慎起见，一律视为不能还债，将其从分母中扣除。该指标其他方面的分析与产权比率相同。

4. 利息偿付倍数

利息偿付倍数又称已获利息倍数或利息保障倍数。反映企业经营业务收益(息税前利润)与所支付的利息费用的倍数关系，用来衡量企业偿付借款利息的能力。计算公式为：

$$\begin{aligned}利息偿付倍数&=\frac{息税前利润}{利息费用}\\&=\frac{税前利润+利息费用}{利息费用}\\&=\frac{税后利润+所得税+利息费用}{利息费用}\end{aligned}$$

公式中的分子"息税前利润"，是指利润中未扣除利息费用和所得税之前的利润，它可以用"利润总额加利息费用"来测算，也可以用"净利润加所得税和利息费用"来测算。公式中的分母"利息费用"，是指本期发生的全部应付利息，不仅包括利润表中计入财务费用项目的利息费用，还包括计入固定资产成本的资本化利息。

【例3－8】 A公司2014年度税后净利润为67万元，利息支出为50万元，所得税为33万元。则其利息偿付倍数为：

利息偿付倍数＝(67＋33＋50)÷50＝3

利息偿付倍数不仅反映了企业获利能力的大小，而且反映了获利能力对偿还到期债务的保证程度，它既是企业举债经营的前提依据，也是衡量企业长期偿债能力大小的重要标志。该指标越高，表明企业支付利息的能力越强，企业对到期债务偿还的保障程度也就越高；相反，则表明企业没有足够的资金来偿还债务利息，企业偿债能力较弱。

运用利息偿付倍数指标分析时，应注意以下问题：

(1)由于行业性质不同，利息偿付倍数没有统一的标准。该指标小于1，说明企业利用负债经营赚取的收益小于资金成本，企业将无力偿还债务；该指标等于1，说明企业利用负债经营赚取的收益正好等于资金成本；只有该指标大于1，企业利用负债经营赚取的收益才大于资金成本;但利息偿付倍数仅大于1是远远不够的,因为若要维持正常的偿债能力,从长期看,利息偿付倍数至少应当大于1,且比值越高,企业长期偿债能力一般也就越强。如果利息保障倍数过小,企业将面临亏损、偿债的安全性与稳定性下降的风险。

但是,有时该指标小于1也不能说明支付利息的能力差,因为有时有大量非付现成本费用存在;有时该指标大于1很多,也不能说明偿付利息的能力强。这是因为,息税前利润毕竟是按权责发生制核算出来的,只代表应计利润而非实现收现利润。从稳健的角度出发,最好比较本企业几年的该指标,并选择最低的数据作为标准,这样可以保证最低的偿债能力。

☞ 有问必答

问:什么是"非付现成本费用"?

答:非付现成本费用如折旧费、待摊费用、递延资产、长期待摊费用、无形资产摊销等,都已列入本期费用,并从当期收入中扣除。

(2)从统计上看,不同国家利息偿付倍数在3～6之间,表明利息偿付倍数与经济环境有关。不同行业的利息偿付倍数也是有区别的,如美国的食品加工业接近10,而工程类企业只有4,说明利息偿付倍数与行业有关。因而,对于利息偿付倍数的衡量需要与其他企业,特别是本行业平均水平进行比较,来分析本行业的指标水平。同时从谨慎性的角度出发,最好比较本企业连续几年的数据,并选择最低指标年度的数据作为标准。采用指标最低年度的数据,可保证最低的偿债能力。

(三)影响长期偿债能力分析的其他因素

在分析和评价企业长期偿债能力时,除通过资产负债表、利润表中有关项目之间的内在联系计算出来的各种指标外,还要分析影响企业长期偿债能力的其他因素。

1. 长期租赁

当企业急需某种设备或资产而又缺乏足够的资金时,可以通过租赁的方法解决。财产租赁有两种形式:融资租赁或经营租赁。

融资租赁是由租赁公司垫付资金购买设备给承租人使用,承租人按合同规定支付租金(包括设备买价、利息、手续费等)。一般情况下,在承租方付清最后一笔租金后,其所有权归承租方所有。实际上属于变相的分期付款购买固定资产。因此,在融资租赁形式下,租入的固定资产作为企业的固定资产入账进行管理,相应的租赁费用作为长期负债处理。这种资本化的租赁,在分析长期偿债能力时,已经包括在债务比率指标计算之中。

当企业的经营租赁量比较大、期限比较长或具有经常性时,则构成了一种长期性筹资,这种长期性筹资虽然不包括在长期负债之内,但到期时必须支付租金,会对企业的偿债能力产生影响。因此,如果企业经常发生经营租赁业务,则应考虑租赁费用对偿债能力的影响。

2. 担保责任

企业可能为其他单位获得贷款担保,这些担保是企业潜在的负债。如果被担保的企业经营上出现问题,企业将负有连带责任。担保项目的时间长短不一,有的涉及企业的长期负债,有的涉及短期负债。在分析企业的长期偿债能力时,应当根据有关资料判断担保责任带来的潜在长期负债问题。

3. 或有项目

在分析企业的短期偿债能力时曾提及或有项目,是指在未来某个或几个事件发生或不发生的情况下,会带来收益或损失,但现在无法肯定是否发生的项目。如票据贴现、产品售后服务责任、未决诉讼等。或有项目的特点是现存条件的最终结果不肯定，其处理方法取决于未来的发展。由于或有项目是将来可能发生的，因而在企业财务报表上往往并不反映，但这些项目一旦发生便会影响企业的财务状况。所以，在评价企业的长期偿债能力时，就必须考虑它们的潜在影响。

4. 承诺事项

承诺事项指企业由具有法律效力的合同或协议的要求而引起的某种经济责任和义务。如贷款承诺、信用证承诺、向客户承诺提供产品保证或保修等。当企业参与合资时，通常也要做出承诺，如要为合资企业的银行贷款提供担保，或者与合资企业签订长期的原材料购货合同。这类活动可能使得公司存在大量的不出现在资产负债表上的潜在负债或义务。这种潜在债务是所有合资企业包括那些已经合并的企业都存在的。为了了解这重要的潜在负债或承诺，应阅读与合资企业有关的附注，然后认真考虑这些因合资而使企业承诺的附加或有承诺关的信息。

这种承诺，在未来特定期间内，只要达到特定条件，即发生资产减少或负债增加。分析时应根据报表附注和其他有关资料判断企业承诺变成真实负债的可能性，并做出相应处理。

本章小结

本章介绍资产负债表的分析技能，从初步分析引申到短期偿债能力、长期偿债能力的分析和资产运用效率分析。

资产负债表是反映企业在某一特定日期财务状况的报表。资产负债表报告的是某一时点的价值存量。本章通过对资产负债表的结构、格式、作用和阅读与分析的介绍，使学习者能够运用基本的分析方法以不同的分析目的对各报表的数据进行加工，从而对企业的财务状况作出相应的评价。

企业偿债能力是企业重要的财务能力。企业偿债能力又分为短期偿债能力和长期偿债能力。其中，短期偿债能力由流动比率、速动比率、现金比率等指标组成，它反映企业偿还流动负债的能力。企业短期偿债能力的高低主要取决于企业的资金流动性。长期偿债能力则有资产负债率、产权比率、有形净值债务率、利息保障倍数等指标组成，主要反映企业偿还长期债务的能力。从发展的眼光看，企业长期偿债能力要比短期偿债能力显得更为重要。但从综合角度分析，企业短期偿债能力和长期偿债能力都应保持一个相对合理的水平。否则，企业财务上的安全性要受到威胁，对企业的稳定持久发展很不利。所以还要把握好短期偿债能力和长期偿债能力的关系，使企业的价值和经济利益最大化。

关键术语

资产负债表　短期偿债能力　流动比率　速动比率　现金比率
长期偿债能力　资产负债率　产权比率　有形净值债务率　利息保障倍数

思考题

1. 什么是资产负债表？资产负债表的作用有哪些？

2. 资产负债表内各项目金额如何填列？
3. 如何进行资产负债表的初步分析？
4. 有哪些因素影响短期偿债能力？
5. 短期偿债能力指标分析有哪些？如何分析？
6. 长期偿债能力指标分析有哪些？如何分析？

练习题

一、单项选择题

1. 对资产负债表的分析，实质就是对企业在某一特定日期的(　　)进行分析。

A. 财务状况　　B. 经营成果

C. 现金流量　　D. 所有者权益变化

2. 应收账款的质量是指债权转化为货币的能力，对应收账款的分析应同时考虑(　　)的影响。

A. 营业收入　　B. 变现能力

C. 坏账准备　　D. 报表附注

3. 如果资产负债表上存货项目反映的是存货实有数量，则说明采用了(　　)。

A. 永续盘存法　　B. 实地盘存法

C. 加权平均法　　D. 个别计价法

4. 交易性金融资产的计量以(　　)为基本计量属性。

A. 期初账面价值　　B. 公允价值

C. 变现价值　　D. 期末账面价值

5. 企业速动比率很大，下列结论成立的是(　　)。

A. 企业流动资产占用过多，增加机会成本

B. 企业短期偿债能力很差

C. 企业流动资产占用小

D. 企业资产流动性很差

6. 资产负债表的趋势分析主要通过编制(　　)来进行。

A. 比较利润表　　B. 资产负债分析表

C. 比较资产负债表　　D. 期间费用分析表

二、多项选择题

1. 进行负债结构分析时必须考虑的因素有(　　)。

A. 负债规模　　B. 负债成本

C. 债务偿还期限　　D. 经营风险

2. 股东权益结构分析应考虑的因素有(　　)。

A. 企业控制权　　B. 企业利润分配政策

C. 财务风险　　D. 权益资金成本

3. 资产负债表分析的目的是(　　)。

A. 了解企业财务状况的变动情况
B. 评价企业会计对企业经营状况的反映程度
C. 修正资产负债表的数据
D. 评价企业的会计政策
4. 影响速动比率的因素有(　　)。
A. 应收账款　　B. 存货
C. 短期借款　　D. 应收票据
5. 对资产负债率正确的评价有(　　)。
A. 从债权人角度看,负债比率越大越好
B. 从债权人角度看,负债比率越小越好
C. 从股东角度看,负债比率越高越好
D. 从股东角度看,当全部资本利润率高于债务利息率时,负债比率越高越好
6. 流动比率大于1,则下列结论不一定成立的是(　　)。
A. 速动比率大于1　　B. 营运资金大于零
C. 资产负债率大于1　　D. 短期偿债能力绝对有保障

三、判断题

1. 资产负债表中某项目的变动幅度越大,对资产或权益的影响就越大。(　　)
2. 如果本期总资产比上期有较大幅度增加,表明企业本期经营卓有成效。(　　)
3. 只要本期盈余公积增加,就可以断定企业本期经营是有成效的。(　　)
4. 负债结构变动一定会引起负债规模发生变动。(　　)
5. 如果企业的资金全部是权益资金,则企业既无财务风险也无经营风险。(　　)
6. 如果本期未分配利润少于上期,说明企业本期经营亏损。(　　)

四、实训题

某上市公司资产负债表如表3—4所示。

表3—4　　某上市公司资产负债表　　单位:万元

资　产	期　初	期　末	负债及股东权益	期　初	期　末
流动资产:			流动负债:		
货币资产	40 000	50 000	短期借款	37 600	55 000
交易性金融资产	28 000	20 000	应付账款	13 600	15 500
应收账款	15 500	25 000	应交税费	7 400	9 530
存货	97 000	85 000	其他流动负债	4 487	3 300
其他流动资产	37 910	48 510	流动负债合计	63 087	83 330
流动资产合计	218 410	228 510	长期负债:		
长期股权投资	42 200	51 000	长期借款	38 400	42 000
固定资产	631 000	658 500	应付债券	181 000	181 000
无形资产	91 000	94 000	长期负债合计	219 400	223 000

续表

资　产	期　初	期　末	负债及股东权益	期　初	期　末
			负债合计	282 487	306 330
			股东权益：		
			股本	500 000	500 000
			资本公积	107 000	102 640
			盈余公积	82 423	85 320
			未分配利润	10 700	37 720
			股东权益合计	700 123	725 680
合　计	982 610	1 032 010	合　计	982 610	1 032 010

要求：

运用趋势分析法分析资产负债表的变动情况并做出分析。

项目四

利润表的编制

学习目标

◎ 掌握利润表各项目的含义和相互关系；
◎ 掌握利润表与资产负债表之间的勾稽关系；
◎ 掌握利润表的编制方法。

学习建议

虽然利润表的编制较为简单，但要注意利润表各组成部分之间的内在联系。

引导案例

利润表实际上是对企业经营情况所做的一段录像，这段录像有起点和终点，而利润表所要描述的就是从起点到终点的整个过程。在这个过程中，要记录的并不是所有内容，而是这一期间发生了多少收入和多少费用，这段时间企业是盈利还是亏损，这是利润表所要描述的基本内容。

任务1　利润表基础知识

一、利润表的概念和作用

(一)利润表的含义

利润表又称收益表或损益表，是反映企业在一定会计期间经营成果的报表。由于利润是企业经营业绩的综合体现，又是进行利润分配的主要依据，因此，利润表是会计报表中的主要报表。

小知识

资产负债表是一张静态报表，而利润表是一张动态报表，反映的是企业一定时期的经营状况。动态报表反映的数据是一个时期数，是一个结果形成或变动的过程。

利润表提供的信息有：企业一定期间内取得的全部收入，包括营业收入、投资收益和营业外收入等；企业在一定期间内发生的全部费用，包括营业成本、营业税金及附加、销售费用、管理费用、财务费用、营业外支出、资产减值损失以及所得税费用等；全部收入与费用相抵计算出的企业一定期间内实现的利润总额、净利润(净亏损)以及每股收益等。

(二)利润表的作用

利润表是反映企业一定期间经营成果的财务报表，其基本功能是计算企业一定期间内实现的利润或发生盈亏的形成原因。

自 20 世纪 30 年代起，利润表开始取代资产负债表成为现代财务报表体系的核心。究其原因，主要是因为利润表背后存在着相当多的经济利益关系，有关数据所反映的是企业利益相关者的直接利益。对企业利益相关者或报表使用者来说，利润表在以下方面发挥着重要的作用：

1. 为企业分配经营成果提供依据

企业是不同利益相关者缔结的一组合约，这些利益相关者如投资者、债权人、企业经营者、员工和客户等，分别以不同形式的专用性资本向企业作出贡献，主要目的是为了能够分享企业的经营成果。利润表反映了可以向利益相关者分配的经营成果的形成和数额，因而利润表是企业分配经营成果的基本依据。国家的税收、管理人员的奖励、员工的薪资、股东的股利、债权人的利息以及企业自身的留存收益等，这些利益关系项目的确定，均以利润表提供的数据为基础。

2. 可据以评价企业的经营业绩

现代企业的基本特征是两权分离。资源特别是财务资本的所有者将资本委托给企业的经营者来经营管理，经营者因此承担所谓的受托责任。一段时期以后，经营者受托责任的完成情况如何、如何考核和评价，便成为摆在所有者面前的一个十分重要而现实的问题。利润表的各种数据，实际上体现了企业在生产、经营和理财等方面的管理效率和效益，是对企业经营绩效的直接反映，因而是所有者考评经营者受托责任履行情况的重要依据。

3. 可据以作出合理的经济决策

决策是利益相关者管理和控制企业的基本工具。投资者要进行投资决策，如资本是否投入、是否继续持有、是否修改代理契约等；债权人要进行信贷决策，如是否发生借贷关系、信贷资金是否继续保留等；经营者要进行经营决策，如是否筹资或投资、如何生产和经营等；国家要进行宏观经济决策，如是否让企业上市发行债券或股票、是否降低利率、是否限制某种产品的生产等；员工要进行就业决策等。所有这些经济决策，信息都是基本的要素或依据，而利润表无疑就是进行这些经济决策的基本信息依据之一。

二、利润表的结构与格式

利润表包括单步式和多步式两种格式。我国企业采用多步式利润表，是根据企业利润形成环节，按照营业利润、利润总额、净利润和每股收益的顺序来分步计算财务成果，从而详细地揭示企业的利润形成过程和主要因素。利润表总体上是按照“收入－费用＝利润”这一会计等式来设置的，其格式如表 4－1 所示。

表 4—1 利润表

会企 02 表

编制单位： ____年____月 单位：元

项 目	本期金额	上期金额
一、营业收入		
减：营业成本		
营业税金及附加		
销售费用		
管理费用		
财务费用		
资产减值损失		
加：公允价值变动收益(损失以“－”号填列)		
投资收益(损失以“－”号填列)		
其中：对联营企业和合营企业的投资收益		
二、营业利润(亏损以“－”号填列)		
加：营业外收入		
其中：非流动资产处置利得		
减：营业外支出		
其中：非流动资产处置损失		
三、利润总额(亏损总额以“－”号填列)		
减：所得税费用		
四、净利润(净亏损以“－”号填列)		
五、其他综合收益的税后净额		
(一)以后不能重分类进损益的其他综合收益		
1. 重新计量设定受益计划净负债代号净资产的变动		
2. 权益法下在被投资单位不能重分类进损益的其他综合收益中享有的份额		
……		
(二)以后将重分类进损益的其他综合收益		
1. 权益法下在被投资单位以后将重分类进损益的其他综合收益中享有的份额		
2. 可供出售金融资产公允价值变动损益		
3. 持有至到期投资重分类为可供出售金融资产损益		
4. 现金流量套期损益的有效部分		
5. 外币财务报表折算差额		
……		
六、综合收益总额		
七、每股收益		
(一)基本每股收益		
(二)稀释每股收益		

在利润表中，收入按照重要性程度列示，主要包括营业收入、公允价值变动净收益、投资收益和营业外收入；费用则按照性质列示，并与相关收入相配比，主要包括营业成本、营业税金及附加、销售费用、管理费用、财务费用、资产减值损失、营业外支出和所得税费用等；利润则按照形成过程列示，依次是营业利润、利润总额、净利润和每股收益。利润表按照四个步骤计算最终成果，即：

第一步，从营业收入出发，减去营业成本、营业税金及附加、销售费用、管理费用、财务费用和资产减值损失，再加上公允价值变动净收益和投资收益，确定营业利润。

第二步，从营业利润开始，加上营业外收入，减去营业外支出，确定利润总额。

第三步，在利润总额的基础上，扣除所得税费用后，确定企业的净利润。

第四步，根据净利润，计算每股收益。普通股或潜在普通股已公开交易的企业，以及正处于公开发行普通股或潜在普通股过程中的企业，还应当在利润表中列示每股收益信息。

任务2　利润表编制实务

一、利润表的填列方法

利润表各项目均需填列“本期金额”和“上期金额”两栏，其中，“上期金额”栏内各项数字，应根据上年该期利润表的“本期金额”栏内所列数字填列。“本期金额”栏内各期数字，除“基本每股收益”和“稀释每股收益”项目外，应当按照有关损益类科目的发生额分析填列。

(1)“营业收入”项目：反映企业经营主要业务和其他业务所确认的收入总额，应根据“主营业务收入”科目和“其他业务收入”的发生额之和填列。

(2)“营业成本”项目：反映企业经营主要业务和其他业务发生的实际成本，应根据“主营业务成本”和“其他业务成本”科目的发生额之和填列。

(3)“营业税金及附加”项目：反映企业经营业务应负担的营业税、消费税、城市维护建设税、资源税、土地使用税和教育费附加等，应根据“营业税金及附加”科目的发生额填列。

(4)“销售费用”项目：反映企业在销售商品及商品流通企业在购入商品等过程中发生的费用，应根据“销售费用”科目的发生额填列。

(5)“管理费用”项目：反映企业发生的管理费用，应根据“管理费用”科目的发生额填列。

(6)“财务费用”项目：反映企业发生的财务费用，应根据“财务费用”科目的发生额填列。

(7)“投资收益”项目：反映企业以各种方式对外投资所取得的收益，应根据“投资收益”科目的发生额分析填列，如为投资损失，以“－”号填列。

(8)“营业利润”项目：反映企业实现的营业利润，如为亏损，则以“－”列示。

(9)“营业外收入”和“营业外支出”项目：反映企业发生的与其生产经营无直接关系的各项收入和支出。这两个项目分别根据“营业外收入”和“营业外支出”科目的发生额分析填列。

(10)“利润总额”项目：反映企业实现的利润总额，如为亏损，则以“－”列示。

(11)“所得税费用”项目：反映企业根据所得税准则确认的应从当期利润总额中扣除的所得税费用，应根据“所得税费用”科目的发生额填列。

(12)“净利润”项目：反映企业实现的净利润，如为亏损，则以“－”列示。

(13)“其他综合收益税后净额”项目：反映企业根据会计准则规定未在损益中确认的各项利得和损失所得税影响后的净额。

(14)"综合收益总额"项目:反映企业净利润与其他综合收益税后净额的合计金额。

(15)"基本每股收益"和"稀释每股收益"项目:反映根据每股收益准则的规定计算的金额。

小知识

根据《财务报告准则》的规定,普通股或潜在普通股已公开交易的企业以及正处在公开发行普通股或潜在普通股过程中的企业应当在利润表中单独列示基本每股收益和稀释每股收益,并在附注中披露有关信息。

区别基本每股收益和稀释每股收益:"基本每股收益"未考虑潜在普通股,直接用普通股股东的当期净利润除以发行在外普通股加权平均数计算求得;"稀释每股收益"是在考虑潜在普通股稀释性影响的基础上,对基本每股收益的分子、分母进行调整后再计算每股收益。

二、利润表编制实务

【例 4—1】 根据【例 2—1】资料编制 A 公司 2014 年度的利润表,如表 4—2 所示。

表 4—2 **利润表**

会企 02 表

编制单位:A 公司 2014 年度 单位:元

项　目	本期金额	上期金额
一、营业收入	66 000	
减:营业成本	50 000	
营业税金及附加	0	
销售费用	0	
管理费用	9 766	
财务费用	0	
资产减值损失	234	
加:公允价值变动收益(损失以"—"号填列)	0	
投资收益(损失以"—"号填列)	70 000	
其中:对联营企业和合营企业的投资收益		
二、营业利润(亏损以"—"号填列)	76 000	
加:营业外收入	54 000	
其中:非流动资产处置利得		
减:营业外支出	0	
其中:非流动资产处置损失		
三、利润总额(亏损总额以"—"号填列)	130 000	
减:所得税费用	42 900	
四、净利润(净亏损以"—"号填列)	87 100	
五、其他综合收益的税后净额	(略)	

续表

项　目	本期金额	上期金额
(一)以后不能重分类进损益的其他综合收益		
1. 重新计量设定受益计划净负债代号净资产的变动		
2. 权益法下在被投资单位不能重分类进损益的其他综合收益中享有的份额		
……		
(二)以后将重分类进损益的其他综合收益		
1. 权益法下在被投资单位以后将重分类进损益的其他综合收益中享有的份额		
2. 可供出售金融资产公允价值变动损益		
3. 持有至到期投资重分类为可供出售金融资产损益		
4. 现金流量套期损益的有效部分		
5. 外币财务报表折算差额		
……		
六、综合收益总额	(略)	
七、每股收益	(略)	
(一)基本每股收益		
(二)稀释每股收益		

本章小结

利润表又称损益表、收益表,是反映企业在一定会计期间经营成果的报表。利润表总体上是按照“收入－费用＝利润”这一会计等式来设置的。在利润表中,收入按照重要性程度列示,主要包括营业收入、公允价值变动净收益、投资收益和营业外收入;费用则按照性质列示,并与相关收入相配比,主要包括营业成本、营业税金及附加、销售费用、管理费用、财务费用、资产减值损失、营业外支出和所得税费用等;利润则按照形成过程列示,依次是营业利润、利润总额、净利润和每股收益。利润表各项目均需填列“本期金额”和“上期金额”两栏,其中,“上期金额”栏内各项数字,应根据上年该期利润表的“本期金额”栏内所列数字填列。“本期金额”栏内各期数字,除“基本每股收益”和“稀释每股收益”项目外,应当按照有关损益类科目的发生额分析填列。

关键术语

利润表　营业利润　利润总额　净利润

思考题

1. 什么是利润表? 利润表有哪些作用?
2. 利润表反映哪些信息?

3. 利润表如何编制？

练习题

一、单项选择题

1. 在会计报表中，根据“收入－费用＝利润”这一计算公式编制的报表是(　　)。

A. 资产负债表　　B. 利润表

C. 利润分配表　　D. 现金流量表

2. 利润表一般根据各个损益类账户的(　　)填列。

A. 余额　　B. 减少额

C. 增加额　　D. 发生额

3. 企业利润表是通过分步计算确认当期实现的净利润的，依次是(　　)。

A. 营业利润、投资净收益、营业外收支净额、净利润

B. 营业利润、利润总额、净利润

C. 产品销售利润、营业利润、利润总额、净利润

D. 产品销售利润、销售毛利、利润总额、净利润

4. 某工业企业本期营业利润为 200 万元，管理费用为 15 万元，投资收益为 30 万元，营业外支出为 5 万元，所得税费用为 30 万元。假定不考虑其他因素，该企业本期净利润为(　　)万元。

A. 160　　B. 165

C. 200　　D. 210

5. 某企业本期主营业务收入为1 000万元，主营业务成本为 800 万元，管理费用为 15 万元，销售费用为 20 万元，长期待摊费用为 100 万元，资产减值损失为 35 万元，投资收益为 30 万元，公允价值变动收益为 10 万元，递延收益为 5 万元，营业外收入为 10 万元，营业外支出为 5 万元，所得税费用为 30 万元。假定不考虑其他因素，该企业本期营业利润为(　　)万元。

A. 75　　B. 80

C. 175　　D. 170

二、多项选择题

1. 有关利润表说法正确的有(　　)。

A. 是总括反映企业在一定时期经营过程与结果的会计报表

B. 是动态报表，是年报

C. 表体形式为单步式和多步式

D. 报表右边的金额数字包括“本期金额”和“上期金额”两栏

2. 下列事项中，可能影响当期利润表中营业利润的有(　　)。

A. 计提无形资产减值准备

B. 新技术项目研究过程中发生的人工费用

C. 出租无形资产取得的租金收入

D. 接受捐赠的专利权

3. 下列各项中,影响企业利润表中“营业利润”的项目有(　　)。

A. 其他业务收入　　B. 营业外支出

C. 投资收益　　D. 资产减值损失

4. 利润表的基本要素有(　　)。

A. 负债　　B. 收入

C. 费用　　D. 利润

5. 下列各项中,不影响企业营业利润的有(　　)。

A. 处置无形资产净收益　　B. 出租包装物取得的收入

C. 接受公益性捐赠利得　　D. 经营租出固定资产的折旧额

三、判断题

1. 利润表中的项目主要是根据损益类账户的余额分析计算填列。(　　)

2. 利润表是反映企业在某一特定日期财务状况的会计报表。(　　)

3. 资产负债表属于静态报表,利润表属于动态报表。(　　)

四、实训题

1. 甲公司为增值税一般纳税人,适用的增值税税率为17%,商品、原材料售价中不含增值税。假定销售商品、原材料和提供劳务均符合收入确认条件,其成本在确认收入时逐笔结转,不考虑其他因素。2014年4月,甲公司发生如下交易或事项:

(1)销售商品一批,按商品标价计算的金额为200万元,由于是成批销售,甲公司给予客户10%的商业折扣并开具了增值税专用发票,款项尚未收回。该批商品实际成本为150万元。

(2)向本公司行政管理人员发放自产产品作为福利,该批产品的实际成本为8万元,市场售价为10万元。

(3)向乙公司转让一项软件的使用权,一次性收取费用20万元并存入银行,且不再提供后续服务。

(4)销售一批原材料,增值税专用发票注明售价80万元,款项收到并存入银行。该批材料的实际成本为59万元。

(5)将以前会计期间确认的与资产相关的政府补助在本月分配计入月收益300万元。

(6)确认本月设备安装劳务收入。该设备安装劳务合同总收入为100万元,预计合同总成本为70万元,合同价款在前期签订合同时已收取。采用完工百分比法确认劳务收入。截至本月末,该劳务的累计完工进度为60%,前期已累计确认劳务收入50万元、劳务成本35万元。

(7)以银行存款支付管理费用20万元、财务费用10万元、营业外支出5万元。

要求:

(1)逐笔编制甲公司上述交易或事项的会计分录(“应交税费”科目要写出明细科目及专栏名称)。

(2)计算甲公司4月的营业收入、营业成本、营业利润、利润总额(答案中的金额单位用万元表示)。

2. 利华公司为增值税一般纳税企业,销售的产品为应纳增值税产品,增值税税率为17%,产品销售价格中不含增值税额。产品销售成本按经济业务逐笔结转,所得税税率为20%。华新公司 2014 年发生如下经济业务：

(1)向 B 公司销售甲产品一批，销售价格535 000元，产品成本305 000元。产品已经发出，并开出增值税专用发票，已向银行办妥托收手续。

(2)根据债务人的财务状况，对应收账款计提20 000元坏账准备。

(3)采用预收款方式销售商品，当年收到第一笔款项10 000元，已存入银行。

(4)收到 B 公司甲产品退货。该退货系利华公司 2014 年售出，售出时售价共计2 000元，成本1 750元，该货款当时已如数收存银行。利华公司用银行存款支付退货款项，退回的甲产品已验收入库，并按规定开出红字增值税专用发票。

(5)年末公司持有的交易性金融资产账面价值为40 000元，公允价值为41 000元。

(6)计提已完工工程项目的长期借款利息3 000元，用银行存款支付发生的管理费用5 000元，销售费用2 000元。

(7)销售产品应交城市维护建设税1 400元，应交教育费附加 600 元。

(8)计算应交所得税(不考虑纳税调整事项)。

要求：

(1)编制利华公司有关经济业务的会计分录(除“应交税费”科目外，其余科目可不写明细科目)。

(2)编制利华公司 2014 年度的利润表。

项 目 五

利润表的分析

学习目标

◎ 掌握利润表各项目的含义及相互关系；
◎ 掌握利润表与资产负债表之间的勾稽关系；
◎ 掌握利润表的初步分析方法；
◎ 在进行利润表初步分析的基础上，掌握获利能力分析的各种衡量指标，并能够通过分析得出相应的结论；
◎ 掌握反映资产运用效率的各种衡量指标，理解影响资产周转率的各种因素。

学习建议

本部分内容是对利润表的分析，从对利润表的初步分析引申到获利能力分析和资产运用效率分析。因此要想学好本部分内容，关键要做到：

在学习时要联系利润表的构成和编制，要熟悉利润表各组成部分之间的内在联系；

利润表的分析要着重分析企业是否有利润虚假的现象，如果有，就要进一步分析虚假利润对经济后果的影响，为此要从可能产生虚假利润的各个方面着手分析。

引导案例

某汽车制造企业 2013 年亏损，2014 年整体盈利 10 亿元，其中：转让土地使用权赚了 5 亿元，炒股赚了 10 亿元，销售车辆亏损 5 亿元。

股民李平："这个公司今年的净利润真高，去年还是亏损呢，看来今年经营很有起色，我要买这个公司的股票。"

投资顾问张华："这个公司的股票可不能买，它的净利润虽然是正数，但来自主营业务收入(销售车辆)为亏损，其余的主要是'非经常性收入'项目带来的，这都属于非正常的利润，这些收入今年有，明年不一定还有。"

任务1 利润表初步分析

一、利润表各主要项目的内涵

利润表的内容是由三个会计要素组成的，即收入、费用和利润，它们分别代表不同的经济意义，对企业利益相关者有不同的作用。要真正读懂和利用利润表，还应在利润表反映的信息和结构的基础上，进一步掌握利润表中各主要项目的具体内涵。

(一)收入项目分析

企业的日常业务活动产生收入。一般认为，收入是企业在销售商品、提供劳务和提供他人使用本企业资产等日常经营活动中产生的经济利益的总流入。从这里可以看出收入的几个特征：(1)收入形成于企业的日常业务，包括销售商品、提供劳务和提供他人使用本企业资产(如租赁资产、对外投资等)三个方面，这也是收入形成的三个原因；(2)收入的实质或结果是经济利益的流入，包括资产增加、负债减少和两者兼有三种形式，最常见的形式是资产增加。资产体现一个企业的经济利益，资产增加也就导致了经济利益的流入。但是，收入又与产生于偶然事项的营业外收入或利得不同，收入体现的是经济利益的总流入，这个观点揭示了收入及与其相关联的费用之间的内在联系或因果联系，收入只有在扣除了与其相关联的费用之后的净额，才是企业经济利益的净流入；而利得一般没有与其相联系的费用或损失。因此，利得直接体现经济利益的净流入。

1. 收入项目初步分析

收入是企业获得净收益或净利润的基础。一般情况下，收入越多，净利润也越多；但在费用的增长超过收入增长的情况下，收入的增加就未必一定能带来净利润的增长。这正是当前企业存在的问题。有些企业，销售收入增长较快，但经济效益却未增加甚至下降，问题就出在与收入相关联的成本费用上。因此，企业应正确认识收入及其增长，应当在收入增长的同时，下大力气降低成本费用水平。

收入是判断企业规模和经营能力的重要标志，世界500强的排名主要就是依据销售收入的数量。我国大、中、小企业的划分标准中，也有销售额一项。在企业的经营策略中，常见的现象是宁可亏损也要保市场或销售，之所以如此，主要是因为销售能体现出一个企业的经营能力。

营业收入直接体现企业的市场占有情况。对一个国家来说，特定时期的特定产品或劳务的市场容量大致是一个确定的数量，在一国市场容量一定的情况下，一个企业的营业收入或产品销售规模越大，其产品的市场占有份额就越高，则经营和竞争能力就越强。而产品或劳务的市场占有状况又直接影响甚至决定着该企业的生存和发展能力，从这个意义上说，企业必须把稳定和持续扩展市场作为维持其生存的重要保障。

根据销售收入计算的销售增长率指标，还可以观察企业经营的成长性。从个别产品或劳务的营业收入增长率指标上，还可以观察企业产品或经营结构情况，进而可以观察企业的成长性。产品寿命周期理论认为，任何一种产品的寿命周期均可以划分为四个阶段：第一阶段为导入期，产品开发成功投入正常生产，该阶段上销售规模较小，且增长还不太快；第二阶段为成长期，产品市场空间被打开，大规模的放量生产和销售，该阶段的产品销售可较快扩展和增长；第三阶段为成熟期，销售较为稳定，增长不会太快；第四阶段为衰退期，产品销售开始萎缩。根据这个原理，借助产品销售增长率指标，大致可以看出企业生产经营的产品所处的寿命周期阶段，据此也可以判断企业的成长性。对一个有良好成长性的企业来说，较为理想的产品结构是“成熟一代、生产一代、储备一代、开发一代”。对一个产品都处于成熟期或衰退期的企业来说，其未来的成长性和可持续发展能力是令人怀疑的。

2. 收入项目的结构分析

分析者应当结合补充财务报表特别是主营业务收支明细表、分部报告来分析判断企业经营结构及其合理性和风险，具体包括如下方面：

(1)收入的稳定性结构，主要是看经常性收入比重。经常性收入主要就是营业收入，一般具有持续再生的特性，因而其“预测价值”和对决策的意义更大。而基于偶发事项或间断性的业务引起的非经常性收入，即使在性质上是营业性的，其决策意义也较小。因此，对企业来说，使再生的经常性收入始终保持一个较高的比例，无疑是必要的。借助这个指标，可以观察企业经营持续的能力大小。

(2)收入的有效性结构，主要是看有效收入比重。这是一个新的但极具现实意义的概念。如上所述，有效收入与无效收入的判断标志，主要是看收入是否能最终给企业带来经济利益，主要形式是带来现金净流入。在市场经济条件下，无效收入的发生是不可避免的。因为，会计上的收入是按照权责发生制的原则核算的。根据这个原则，只要收入实现了，不管货款是否收到，都要作为收入确认。而在市场经济条件下，信用制度的广泛运用使得企业的相当一部分收入与货款的回笼发生了时间上的分离，甚至有部分货款可能最终也无法收回，产生所谓的坏账。但是，对企业来说，较高的无效收入比重将意味着企业有较大的利益损失。因此，一个经营业绩良好的企业，应当是能够通过有效的措施，将无效收入的比重降低到最低限度。

在进行收入结构分析时，经常性收入和无效收入等数据可以通过会计人员的有效职业判断来合理估计，精确的计算几乎是不存在的。

(3)收入的行业结构，主要是根据分部报告来计算企业总的营业收入中各行业营业收入的比重。行业收入比重不同，企业所面临的经营风险也就不同。比如，有甲、乙两家企业，销售收入都是 10 亿元，但甲企业 10 亿元的销售收入来自轻工、纺工、电子三个行业，而乙企业 10 亿元的销售收入来自信息技术、生物工程和石化三个行业，则甲、乙两企业所面临的经营风险和未来的发展前景是完全不同的。

目前，跨行业经营比较流行。客观地说，经营多元化是企业发展进入新阶段的一个重要标志。从国外成功企业的发展经验看，均经历过从经营单一化到经营多元化的演进过程，并且从现实看，经营多元化的企业一般都具有明显的规模优势。这几年，国内企业规模扩张的速度较快，趋势越来越明显。规模较大的企业纷纷制定和实施经营多元化的战略和策略，有些企业已经取得了明显的成效。从理论和实践两方面看，经营多元化都是企业合理配置内部资源和防范经营与理财风险的有效途径。但是，经营从单一化到多元化是有条件的，至少应包括：第一，主导产品或业务的竞争优势已经形成；第二，有足够的自有资金保证；第三，有相适应的管理控制能力；第四，有理想的投资和未来经营方向等。在条件不具备时过早进入多元化，有可能不是降低风险而是增加风险，巨人、环宇等公司的失败就是典型的例证。因此，多元化实际上是一把“双刃剑”，它可以降低风险也可以增加风险，关键是条件是否具备以及企业如何运作。对一个企业来说，与其奉行“东方不亮西方亮”的经营理念，不如按照“亮了东方再亮西方”的思路开展自己的经营活动，这可以说是所有成功企业的共同经验。

(二)费用项目分析

费用是企业在生产经营中发生的各种耗费。在会计上,费用一般按其性质分为三大类:(1)直接费用,就是需要直接计入有关成本计算对象如产品的费用,包括直接材料、直接人工和其他直接费用等。在发生时,按一定的方法直接计入产品的成本。(2)间接费用,如产品的制造费用等,发生时不能直接辨明是哪一种产品发生的,只好在计算产品成本时按一定的方法分配计入成本。(3)期间费用,包括销售费用、管理费用和财务费用等,这类费用由于与特定会计期间相关联,所以不管数额有多少,均计入发生期间的利润表,均可以从本期收入中得到补偿。在产品产销衔接不好的情况下,直接费用和间接费用部分地要递延到以后会计期间,而期间费用不管什么情况均不递延,因此,如果企业在核算时混淆费用的分类,就会影响利润计算的正确性。

1. 费用项目的初步分析

由于费用与收入有内在的因果联系或关联性,因此,一般情况下,费用也由三种原因引起:一是生产和销售商品,二是加工和提供劳务,三是提供他人使用本企业资产发生的损失等。报表分析者应当充分关注企业的费用水平及其变化,并透视企业利润变化的原因。

(1)营业成本。在制造业企业营业成本就是已经销售的产品的制造成本。对这个项目,比较有意义的分析方法是计算“营业成本对营业收入的比率”,并在不同会计期间进行比较,观察其变化的趋势。一旦企业的这个比率是呈上升趋势的,在其他费用条件一定的情况下,企业的经营获利能力将出现下降的态势,说明企业的内部管理出了问题。值得注意的是,会计在计算营业成本时,有多种方法可供选择,如先进先出法、移动平均法、加权平均法和个别计价法等,不同的计价方法对营业成本的影响是不同的。分析该项目的变化时,要注意到这个变化是否受成本计算方法变化的影响以及影响的程度。

(2)销售费用。销售费用是企业在销售商品(商品流通企业在购入商品)等过程中发生的费用,如销售人员的工资及福利费、佣金、广告费等。这项费用在性质上属于期间费用,全部数额均要从本期的产品销售利润中扣除,因此其对企业当期净利润的影响程度要比直接费用更大。

(3)管理费用。管理费用是企业为组织和管理生产活动所发生的费用,如管理人员的工资及福利费、办公费、管理用固定资产的折旧和修理费、业务招待费、劳动保险费、工会经费、坏账损失等。这项期间费用全部从当期销售利润中抵扣,对当期净收益的影响与销售费用相同。

(4)财务费用。财务费用是企业在融资过程中发生的支出,如结算的手续费、借款的利息支出等。利息负担沉重,直接原因是企业资产负债率过高。

如果收入是带来经济利益的总流入,则费用就是导致企业经济利益的总流出。经济利益流出的形式有三种:一是资产减少,二是负债增加,三是两者兼有。由于费用是企业产生收入引起的,费用与收入之间具有因果联系性,因此,费用只有在得到收入补偿后的净额,才体现企业经济利益的净流出。一般情况下,与费用相关联的收入是能够补偿费用的,但在有些情况下,也会出现得不偿失的情况,这就是企业经营亏损。

费用的实质是经济利益的流出,但这并不是说费用对企业来说就是一个消极的因素。有所得必有所费。欲在企业日常业务活动中取得经济利益的流入,取得净收益或净利润,就必须发生费用。因此,费用是企业获得经营利益所必须付出的代价。当然,代价越小,则净收益就越大。因此,企业应当加强内部管理,有效控制费用的发生和费用水平,力争用较小的代价获得较高的回报。

此外还应注意导致企业非日常业务活动中取得经济利益的流入的支出，如营业外支出。营业外支出是指不属于企业生产经营费用，与企业生产经营活动没有直接联系，但按规定应从企业实现的利润中扣除的各种支出，如固定资产盘亏、处理固定资产净损失、非常损失等。对于这些损失，企业应力争控制到最低限度。

2. 费用的结构分析

从会计上的“收入－费用＝净利润”的计算公式推论，企业增加利润提高效率的基本途径有两条：一是增加收入，二是降低成本费用。而选择何者为主，实际上是受企业所处的经营和理财环境影响的。在卖方市场环境中，市场供不应求，产品属于“皇帝的女儿不愁嫁”，这时企业一般都选择扩张生产和销售的数量作为获利的主要途径。良好的市场销路及由此引起的高价格和高收益水平，使得企业有可能轻视内部的管理，这也是改革 20 多年来企业管理弱化的重要原因之一。然而买方市场环境就不同了。买方市场的形成将使企业通过扩大产品销量和提高或维持高价格来增加收入的难度和风险增大，从而迫使企业不得不调整自己的经营和理财思路，将效益增加的途径从单纯强调眼睛向外盯市场抓营销，转向对内强化管理和对外扩大销售同时抓，并将高度重视企业的内部管理。这也是中央推出“邯钢经验”的一个极为重要的经济背景。“邯钢经验”表明，一个重管理、降成本费用的时代来临了。这说明，企业的经营、理财和管理战略以及思路的制定和调整，必须充分考虑所处的市场和经济环境。类似的环境还有经济社会的可持续发展、证券市场的发展、技术进步和知识经济时代的到来等。

对管理的重视，将带来企业成本费用水平的降低，但对企业来说，优化成本费用的结构与降低成本费用同等重要。进行成本费用结构分析，特别值得重视的几个方面是：

(1)营业成本比重。营业成本是企业成本费用的主要组成部分，也是在营业收入中所占比例最大的部分。就工业企业而言，产品销售成本一般要占产品销售收入的 80%以上，期间费用不足两成。在实务中，对营业成本比重的分析通常是借助于“营业成本率”指标(营业成本对营业收入的比率)。

(2)三项期间费用比重。销售费用、管理费用和财务费用是特别值得关注的数字。因为，从现实情况看，期间费用的上升是影响企业利润下降的主要原因。

期间费用中特别值得关注的是利息费用。按工业负债总额和利息费用计算，贷款利率每降低 1 个百分点，可减少利息支出几百亿元，这对增加利润和减少亏损是相当可观的。因此，严格控制企业不合理的投资，控制企业负债经营的规模和水平，优化企业资本结构，是提高企业经济效益的重要措施。

(3)研究开发费用比重。在成本费用的总水平降低的情况下，研究开发费用的比重却应进一步提高，这既是科技进步和知识经济发展以及提高企业综合竞争力的要求，也是国内外企业发展的共同经验和趋势。在美国，多数企业的研究开发费用占销售额的比重在 5%左右，2007 年福特汽车公司的研究开发费用达 70 亿元，占销售额的 5%，相当于我国大中型工业企业研究开发费用总投入的 0.61 倍。与国外比较，目前我国企业的研究开发投入水平明显偏低。我国大中型工业企业的研究开发费用仅占销售收入的 1.19%，从各方面说，研究与开发都必须放到战略的高度来认识和实施。回顾历史不难发现，每一个时代，每一个社会，都有一两项起火车头作用的技术，它们把人类社会带向未来，谁拥有这些技术，谁就拥有这个时代。18～19 世纪，英国拥有了内燃机和纺织机技术，因此而成为“世界工厂”；20 世纪初期开始，美国拥有了电气技术，因此而成为世界强国；20 世纪 50～70 年代，日本依靠技术引进拥有了世界最先进的钢铁和家电技术，因此赢得了 20 多年的黄金增长期，跻身世界强国之列。而真正拥有这些起火车头作用的技术，重要的前提是要高度重视研究与开发，政府如此，企业更要如此。

从现实看，研究与开发是企业在买方市场经济环境中取得进一步发展的根本措施。买方市场不等于没有市场。万宝路公司的总裁曾说过，没有饱和的市场。从历史看，一部经济发展的历史，实际上就是卖方市场不断被创造出来的历史。从现实看，当前企业经营中面临的困难，表面上看是市场问题，实际上是技术问题，市场的真正瓶颈是技术创新不足，企业缺乏创造卖方市场的本领。

放眼未来，谁想拥有知识经济时代，谁想在知识经济中有较大的发展，谁就必须高度重视研究与开发，重视知识和技术的不断创新。

（三）利润项目分析

净利润是企业全部收益扣除全部费用损失后的净额。这里的全部收益，包括经营活动的收入和产生于偶发事项的利得即营业外收入，这里的全部费用损失包括产生于生产经营活动中的费用和营业外的各项损失等，也包括需要从收入中扣除的各项税金。其中应该关注“所得税费用”项目。企业的所得税支出不是利润分配的一种形式，而是一种费用。由于会计对收入和费用的确认，与税法的规定在某些方面不相同，这使得会计所反映的利润与税法规定的计税利润之间不相一致，两者之间的差额表现为暂时性差异。因此，利润表上反映的所得税费用，通常与企业实际缴纳的所得税不一致，这是在阅读利润表时应要注意的。

1. 利润项目的初步分析

对利润进行阅读与分析，应当关注利润要素的特性、结构及其稳定性等方面。

利润表反映的会计利润有其特殊性，这也是在阅读和分析利润表时应注意了解的问题。会计利润的特殊性主要有以下方面：

(1)会计利润是根据企业实际发生的经济业务所获得的各种收入和所付出的相关成本费用进行计算的，因而具有较高的可验证性，相对比较客观。

(2)会计利润是分期计算出来的，建立在分期假设的基础上，因而会计利润是企业某一既定期间的经营成果。

(3)会计利润是依据实现原则来确认收入的，收入或收益只有在实现以后才体现在利润表上，未实现的收益不管其发生的可能性程度有多大，均不包括在利润表之中。

(4)会计利润是按历史成本原则计算出来的，不考虑物价变动的影响。这样，在物价持续上升的情况下，按历史成本计算出来的账面利润有可能会高估企业的净收益水平，导致账面利润与实际利润脱节或虚盈实亏。据有关资料介绍，20 世纪 80 年代美国非金融业以外的其他企业，由于按历史成本计算利润，结果账面利润比按物价变动指数调整后的实际利润高估40%以上。长此以往，企业的实物资本或生产经营能力就会受到侵蚀。

净利润是衡量企业经营目标实现程度的一个重要指标。一般认为，企业是营利性组织，获利是企业的主要经营目标。这个目标的实现程度，要根据利润表中提供的净利润数字来考察。获利越多，其目标的实现程度就越好。不过，我们还不能把净利润作为衡量企业目标实现的唯一指标，因为，在可持续发展的社会里，企业的经营在力求获利的同时，还应当履行好社会责任，如环境保护、就业和开发人力资源、自然资源的有效利用、维护消费者利益等。将社会责任纳入企业经营的目标体系，也是西方国家企业的普遍做法。据美国管理学家雪莱在所做的一项调查，被调查的 82 家企业中，普遍把获利和社会责任作为排在第一二位的目标。按照这个观点，将获利作为企业经营的目标，有一定的合理性，但不够全面完整。完整的企业目标观念中还必须包括社会责任。

2. 利润的结构分析

企业利润的形成结构复杂，有营业利润、营业外收支净额等。一个合理的利润结构，应当是经常性业务利润占绝大比重的结构。因为，只有经常性业务的利润，才是具有持续不断的再生特性的利润，才对预测和决策具有价值。非经常性业务的利润如营业外收支净额等，不具有再生的性质，持续性和稳定性较差，不能成为企业持续发展的基础，也无预测和决策价值。

另外，无效利润和有效利润的比重也应当成为利润形成结构分析的重要内容，人们已习惯于将"利润最大化"表述为企业经营的主要或基本目标，然而实际上，企业按照权责发生制原则核算出来的利润，或多或少地带有一定的"水分"，即无效利润。

精确地测算利润中无效和有效的比重是不现实的，可行的办法是根据经验和环境等因素来合理估计，正如估算企业的坏账损失一样。

关于企业的利润形成结构，当前存在的主要问题是不合理，盈利的稳定性和持久性较差。例如，目前我国工业企业实现利润，其中营业利润所占比例为 77.9%，投资净收益所占比例为 9.8%，营业外收支净额所占比例为 12.3%。从企业结构看，国有企业经营结构的稳定性低于非国有企业，国有企业营业利润仅占实现利润的 60.1%；大中型企业盈利结构的稳定性低于小型企业，大型企业的营业利润占实现利润的比重为 80.9%，中型企业为 17.4%，小型企业为 85.1%。这个情况说明，从利润形成来源和增量构成看，工业企业的主营业务的获利能力和盈利比重都在下降。一旦这种下降成为长期趋势，就意味着企业的盈利结构由相对稳定向相对不稳定、不持久的偶发项目转移，企业盈利的风险增加。这种趋势若长期持续下去，对于改善企业的财务状况、提高经济效益、增加财政收入等都是不利的。

企业盈利结构的不合理性以及盈利风险的增大，也说明工业的结构性矛盾还比较突出。不过，随着市场经济特别是资本市场的发展，企业的对外投资行为会越来越经常化，数量会越来越多，相应的投资收益的数量也会持续增加，并且投资收益的稳定性也在增强。这时，即使企业的营业外收支净额不变，营业利润的比重也会不断下降。由于这个缘故造成的营业利润比重下降的现象，合理与否以及合理性的程度，要根据具体情况分析判断，不能一概而论。但是，由于营业外收支净额的变化所造成的营业利润比重的下降，不管在任何情况下都是不合理的，这部分比重越大，盈利结构就越不合理，盈利的不稳定性和风险就越大。

3. 净利润形成初步分析中应注意的问题

在分析净利润形成各步骤时应特别关注是否存在报表粉饰问题。报表粉饰的途径主要有：(1)提前确认收入；(2)延后确认收入；(3)制造收入事项；(4)不当的费用资本化；(5)递延当期费用；(6)潜亏挂账；(7)利用关联方交易操纵利润；(8)利用非经常性损益操纵利润；(9)变更折旧方法和折旧年限；(10)变更长期股权投资的核算方法；(11)改变合并报表的合并范围等。

为了发现报表粉饰的线索，分析时应注意以下几方面的资料：(1)注册会计师的审计报告；(2)公司管理当局对审计报告的解释性说明或保留意见的说明；(3)会计报表附注中关于会计政策和会计估计变更的披露、会计报表合并范围发生变动的披露、关联方交易的披露、非经常性损益项目的披露等。

4. 利润指标的局限性

在用净利润数字来衡量企业获利、目标的实现程度时，还必须充分注意净利润指标的缺陷或不足。净利润是根据收入和费用计算出来的，而收入和费用均是按照权责发生制原则核算的，如果在企业的收入中含有无效收入的话，则净利润中也或多或少地含有无效的成分，即所谓无效利润。

☞ **有问必答**

问：什么是“无效利润”？

答：例如，某企业2014年利润表上有收入1 000万元，各项成本费用600万元，所得税费用120万元，则净利润为280万元。如果1 000万元的货款收回或确保能够收回，则280万元的净利润就是有效利润；如果1 000万元货款最终成为坏账，则280万元的净利润就是无效利润。无效利润的数量再多，也不体现企业经营目标的实现程度。只有有效利润，才能反映出企业经营目标的实现程度。

二、利润表的趋势分析

企业利润在年度间的变化既可以考察企业基本业绩的历史变化趋势，还可以据此分析企业业绩的未来走势。对利润表进行趋势分析的方法与资产负债表分析类似，即用趋势分析法编制比较利润表和共同比利润表。

利润趋势分析方法是指通过对利润表所列各项目连续数期数额的并列比较，分析其中相同项目增减变动的金额及其幅度，说明企业财务状况和经营成果的变动趋势，预测未来的获利水平和分配结构的一种方法。利润趋势分析包括绝对额比较分析、百分率比较分析等。

利润趋势分析一般采用编制比较报表的方法进行。比较报表将两期或两期以上的利润表所提供的信息并行列示。通过相互比较，提示差距，寻找原因，进而预测损益的变化趋势。

比较报表分为短期比较报表和长期比较报表。比较报表仅取最近两期的数据进行比较，是一种短期比较报表。这种报表由于仅选取了前后两期的数据，因而工作量较小，而且最近两期的信息往往也是报表阅读者最为关心的信息。如果选取两期以上的利润表数据进行比较，这样编出的报表称为长期比较报表。长期比较报表可以提醒用户排除各年份非常或偶然事项的影响，将企业若干年的数据依时间序列加以分析，这样，可以更加准确地反映企业损益发展的总体趋势，更好地推断企业的发展前景。

运用损益趋势分析的各种比较分析方法，比较利润表各期有关项目的金额或相对数，可以了解经营成果增减变化的原因，提示利润构成项目的发展趋势。如各因素将呈何种发展状况，对未来的损益将产生多大程度的影响，对企业经营目标的实现能产生多大的作用，经营管理者应如何控制这些影响因素等，使之服务于经营决策。

在对利润趋势进行比较分析时，需注意以下几个问题：(1)注意基期的选择要有一定的代表性，尽可能避开企业经营大起大落的年份，而挑选发展平稳的时期。(2)在各期间进行趋势比较时，应考虑通货膨胀因素的影响，如条件允许，可以自行编制价格指数，以调整有关的损益项目。(3)应注意多种比较分析方法相互结合，尤其注意绝对数与相对数的结合运用，以便从不同角度进行较为全面的分析。

【例5—1】 表5—1是W公司的比较利润表。

表 5—1　　W公司比较利润表　　单位:元

项目＼年份	2011年	2012年	增减变动额	增减变动(%)
一、营业收入	97 015 010	127 509 310	30 494 300	31.43
减:营业成本	84 211 050	108 107 498	23 896 448	28.38
营业税金及附加	579 182	259 900	－319 282	－55.13
销售费用	10 335 406	14 142 603	3 807 197	36.84
管理费用	1 966 290	3 560 306	1 594 016	81.07
财务费用	－782 945	164 585	947 530	121.02
资产减值损失	489 030		－489 030	－100
加:公允价值变动收益				
投资收益	1 202 623	776 467	－426 156	－35.44
其中:对联营企业和合营企业的投资收益				
二、营业利润	1 419 620	2 050 885	631 265	44.47
加:营业外收入	122 861	38 809	－84 052	－68.41
减:营业外支出	426 405	23 364	－403 041	－94.52
其中:非流动资产处置损失				
三、利润总额	1 116 076	2 066 330	950 254	85.14
减:所得税费用	230 717	304 303	73 586	31.89
四、净利润	885 359	1 762 027	876 668	99.02
五、每股收益:				
(一)基本每股收益	0.04	0.08	0.04	100
(二)稀释每股收益	0.04	0.08	0.04	100

注:利润表中每股收益按总股本 21 642 114 股计算。

1. 绝对额比较分析

绝对额比较分析是以利润表中各项目金额的增减变动额作为分析对象,通过分析各期金额的增减变化及其趋向,来判断企业的发展前景。

从表 5—1 可以看出,就 2012 年与 2011 年相比,营业收入由 97 015 010 元增长到 127 509 310 元,增长了30 494 300元,同时由于企业比较注重成本控制,营业成本只增长了 23 896 448 元。由于这一主要原因,使企业的营业利润、利润总额和净利润都有了较大的增长,其中营业利润增长了 631 265 元,利润总额增长了 950 254 元,而净利润增长了 876 668 元。但比较中也可以看到一些问题,例如,伴随着营业收入的大幅度增长,公司 2012 年管理费用、财务费用的增长额较大,分别为 1 594 016 元、947 530 元,销售费用增长了3 807 197元,增长额也比较大。对此,应进行具体项目的分析。

2. 百分率比较分析

百分率比较分析是指通过对利润表中各项目的增减变动百分比进行的分析,能够揭示各损益项目变动对经营成果的影响,进而判断企业的发展前景。

从 W 公司的比较利润表(表 5—1)中可以看出,该公司营业收入 2012 年比 2011 年增长了 31.43%,营业成本增长了 28.38%,明显低于营业收入的增长速度,说明公司在成本控制方面有一定的成绩；营业利润增长了 44.47%，由于营业外支出的大幅度下降(94.52%)，使得利润总额和净利润都有较大的增幅，分别为 85.14%和 99.02%，净利润几乎翻了一番，增长幅度大大超过了营业收入的增幅，企业取得了较好的经营效益，说明企业的经营形势良好，获利能力有了较大的提高。

在看到利润大幅度增加的同时，需要注意的是，企业的销售费用、管理费用，特别是财务费用都有较大的增幅，其中，销售费用增长了 36.84%，管理费用增长了 81.07%，财务费用增长了 121.02%。另外，公司的投资收益 2012 年比 2011 年降低了 35.44%，对此应进一步进行具体的原因分析和合理性分析，以便于公司以后加强费用控制和成本管理，进一步提高公司的利润水平，取得更好的经济效益。

上述 W 公司的比较利润表分析只是对其 2011 年和 2012 年两个年度的利润表数据进行比较分析，在实际工作中，还可以通过对连续多年的利润表各项目的有关数据同基期的各项目数据进行分析比较，具体可采用环比百分率分析和定基比百分率分析，从而了解利润表各项目的变化趋势。只是在比较分析过程中，应注意基期选择的合理性。

任务 2　获利能力分析

一、企业获利能力分析概述

(一)获利能力分析的目的

获利能力通常是指企业在一定时期内赚取利润的能力。获利能力的大小是一个相对的概念，即利润相对于一定的资源投入、一定的收入而言。利润率越高，获利能力越强；利润率越低，获利能力越差。企业经营业绩的好坏最终可通过企业的获利能力来反映。

正如我们看足球一样，无论你踢得多么精彩，如果不能进球，你就不能取得胜利。企业经营也是一样，无论你的企业文化多么超前、领导多么高效、员工多么优秀，最后企业没有一点儿盈利，企业的经营很难说是成功的。只有盈利的企业，才会让投资者放心，让债权人安心。因而，无论是企业的经理人员、债权人，还是股东(投资人)，都非常关心企业的获利能力，并重视对利润率及其变动趋势的分析与预测。

1. 对于企业经理人员

从企业的角度来看，企业从事经营活动，其直接目的是最大限度地赚取利润并维持企业持续稳定地经营和发展。持续稳定地经营和发展是获取利润的基础，而最大限度地获取利润又是企业持续稳定发展的目标和保证。只有在不断地获取利润的基础上，企业才可能发展；同样，获利能力较强的企业比获利能力较弱的企业具有更大的活力和更好的发展前景。因此，获利能力是企业经理人员最重要的业绩衡量标准，也是其发现问题、改进企业管理的突破口。对企业经理人员来说，企业获利能力分析的目的具体表现在以下两个方面：

(1)利用获利能力的有关指标反映和衡量企业经营业绩。企业经理人员的根本任务，就是通过自己的努力使企业赚取更多的利润。各项收益数据反映着企业的获利能力，也反映了经理人员工作业绩的大小。用已达到的获利能力指标与标准、基期、同行业平均水平、其他企业相对比，则可以衡量经理人员工作业绩的优劣。

(2)通过获利能力分析发现经营管理中存在的问题。获利能力是企业各环节经营活动的具体表现，企业经营的好坏都会通过获利能力表现出来。通过对获利能力的深入分析，可以发现经营管理中的重大问题，进而采取措施解决问题，提高企业收益水平。

2. 对于债权人

对于债权人来讲，利润是企业偿债的重要来源，特别是对长期债务而言。获利能力的强弱直接影响企业的偿债能力。企业举债时，债权人势必审查企业的偿债能力，而偿债能力的强弱最终取决于企业的获利能力。因此，分析企业的获利能力对债权人也是非常重要的。

3. 对于股东(投资人)

对于股东(投资人)而言，企业获利能力的强弱更是至关重要的。在市场经济条件下，股东往往会认为企业的获利能力比财务状况、营运能力更重要。股东们的直接目的就是获得更多的利润，因为对于信用相同或相近的多个企业，人们总是将资金投向获利能力强的企业。股东们关心企业赚取利润的多少并重视对利润率的分析，是因为他们的股息与企业的获利能力是紧密相关的。此外，企业获利能力增加还会使股票价格上升，从而使股东们获得更多的资本收益。

(二)获利能力指标分析的意义

1. 短期债权人的分析意义

短期债权人在企业中的直接利益就是企业在短期内对短期债权的还本付息，否则短期债权人的利益就会受到损害。因此，短期债权人把分析的焦点集中在企业当期会计年度获利水平的高低上。只要是短期借款期间的获利水平高，短期债权人的利益就比较有保障。这也是通常短期债权人关心当期获利水平，而较少关心未来获利水平的稳定和持久性的原因。

此外，短期债权人有时不仅仅局限于企业获利能力的分析，而是深入到企业盈利内部，对支出和收入、现金的流出和流入进行分析。通过分析准确判断企业是否有足够的现金偿债能力。

2. 长期债权人的分析意义

长期债权人的直接利益是关注债务企业能在长期债务到期时，可以及时足额地还本付息。一般而言，长期债务比短期债务的偿还更需要以稳定和持久的获利能力为基础。这是基于以下两点考虑：其一，长期债务的利率较高，从理论上讲，利息部分是要靠高获利能力来保证及时足额支付的。长期负债的利息率，要在较长时期内支付，只有企业经营稳定和持续发展，从而获利能力高，才能真正地实现这种长期支付。短期负债利率低且短期支付，即使获利能力低下，或不稳定或不持久，企业也可以通过及时的资金筹措或暂时不用的货币资金来偿付短期负债本息。而长期负债的长期支付是不可能采取这种方式来付息的。其二，长期负债要在通过较长时期才能归还，在较长的时期内，企业面临的市场环境可能出现重大变化，企业的经营管理也可能发生巨大变化，而对它们的预测也因时期长而变得困难。短期负债则不会出现这种情况。既然长期负债的还本付息面临企业经营周期长的经营风险和市场风险，因此，一旦企业经营管理不善，或市场不景气，企业将面临破产的可能，导致长期负债得不到偿还。所以，长期债权人比短期债权人更加关心企业经营的长期稳定性和持续发展性，而这主要通过企业获利的整体分析才能把握。

3. 投资者(股东)的分析意义

投资者(股东)的直接利益是对所投资企业的资产或净资产的增值程度以及其投资的报酬的高低。可以说，投资者(股东)比任何财务报表使用者都更加关心企业的获利能力。因为，在市场经济条件下，投资者对所拥有的资本的投资去向，基本上是由投资报酬或利益决定的。不能想象投资者会放弃获利能力较高的项目，而把资本投向获利能力较低的项目。除非投资者有其他直接目的(如为取得控股权、避税等),而这些目的的取得间接或最终也是为了投资者在今后或其他方面能获得更高的投资收益。因此,对企业的所有者而言,获利能力的分析就有着十分重要的意义。

所有者不但在决定投资时十分关心企业的获利能力,而且在投资后仍是如此。首先,所有者一旦将资本投入企业后,所有者不仅成为产权主体,同时也成为破产主体,也就是说,所有者面临破产的风险一旦成为事实,所有者的利益将严重受损。因此,只有企业的盈利是持久的、稳定的,所有者才会对其资本的保全有充分的信心;企业获利能力越强,利润越稳定、越持久,资本保全就越有保障,故获利分析的意义体现得尤为明显。

(三)获利能力分析的内容

获利能力的分析是企业财务分析的重点,财务结构分析、偿债能力分析等的根本目的是通过分析及时发现问题,改善企业财务结构,提高企业偿债能力、经营能力,最终提高企业的获利能力,促进企业持续稳定地发展。对企业获利能力的分析主要指对利润率的分析。因为尽管利润额的分析可以说明企业财务成果的增减变动状况及其原因,为改善企业经营管理指明了方向,但是,由于利润额受企业规模或投入总量的影响较大,一方面使不同规模的企业之间不便于对比;另一方面也不能准确地反映企业的获利能力和获利水平。因此,仅进行利润额分析一般不能满足各方面对财务信息的要求,还必须对利润率进行分析。

利润率指标从不同角度或从不同的分析目的看,可有多种形式。在不同的所有制企业中,反映企业盈利能力的指标形式也不同。在这里,我们对企业获利能力的分析将从以下几方面进行:

(1)资本经营与资产经营盈利能力分析。资本经营盈利能力分析主要对净资产收益率指标进行分析与评价。资产经营盈利能力分析主要对总资产报酬率指标进行分析和评价。

(2)商品经营盈利能力分析,即利用损益表资料进行利润率分析,包括收入利润率分析和成本利润率分析两方面。

(3)收益质量分析,即利用现金流量表的数据对以资产负债表和利润表为基础计算的盈利能力指标进行补充,主要有净资产现金回收率、全部资产现金回收率、盈利现金比率、销售获现比率、现金分配率、每股经营现金流量等(详细内容见“项目七现金流量表的分析”)。

(4)市场价值比率分析,它是对上市公司进行分析评价的重要方法。是指通过由能够说明上市公司市场价值的财务比率与相应的参照标准进行比较,以此来揭示、分析上市公司的财务状况、经营业绩和市场价值及其变动趋势。

二、资本经营与资产经营盈利能力分析

(一)资本经营与资产经营的内涵

1. 资本经营

资本经营是与资本经营型的企业经营方式紧密相连的。所谓资本经营型,其特点是围绕资本保值增值进行经营管理,把资本收益作为管理的核心,资产经营和商品(产品)经营都服从于资本经营目标。资本经营型企业的管理目标是资本保值与增值或追求资本获利能力最大化。因此,资本经营的内涵是指企业以资本为基础,通过优化配置来提高资本经营效益的经营活动,包括资本流动、收购、重组、参股和控股等能实现资本增值的领域,从而使企业以一定的资本投入取得尽可能多的资本收益。

2. 资产经营

资产经营是与资产经营型的企业经营方式紧密相连的。资产经营型企业的基本特点是把资产作为企业资源投入,并围绕资产的配置、重组、使用等进行管理。在资产经营情况下,商品(产品)经营要以资产经营为基础,即围绕资产经营进行商品(产品)经营。资产经营型企业的管理目标是追求资产的增值和资产盈利能力的最大化。因此,资产经营的基本内涵是合理配置与使用资产,以一定的资产投入取得尽可能多的收益。

3. 资本经营与资产经营的关系

目前,人们在使用“资本经营”概念时往往与“资产经营”相混淆。这种混淆从表面看主要产生于对“资本”和“资产”概念的不同认识。

有问必答

问:“资本”与“资产”的区别是什么?

答:从经济学角度看,资本的内涵与我们通常所说的资产的内涵是基本相同的,它侧重于揭示企业所拥有的经济资源,而不考虑这些资源的来源特征。从这个角度看,资本经营实际上等同于资产经营。从会计学角度看,狭义的资本通常是指企业所有者的投入资本或自有资本或所有者权益,它与资产是不同的。广义的资本由狭义资本(自有资本)和负债(他人资本)构成。会计学上资本实质上在于揭示企业经济资源的来源及特征。资产是指由过去的交易或事项形成的,企业拥有或控制的,预期能给企业带来的经济利益的资源。

资产经营与资本经营之间的区别主要表现在:第一,经营内容不同。资产经营主要强调资产的配置、重组及有效使用,资本经营主要强调资本流动、收购、重组、参股和控股等。第二,经营出发点不同。资产经营从整个企业出发,强调全部资源的运营,而不考虑资源的产权问题;资本经营则在产权清晰基础上从企业所有者出发,强调资本(主要指自有资本)的运营,把资产经营看作资本经营的环节或组成部分。

资产经营与资本经营之间的联系主要表现在:首先,资本与资产的关系决定了两者之间相互依存、相互作用,资本经营要以资产经营为依托,资本经营不能离开资产经营而孤立存在;其次,资本经营是企业经营的最高层次,商品经营是对产品经营的进步,资产经营是对商品经营的进步,而资本经营是对资产经营的进步。

(二)资本经营获利能力分析

资本经营获利能力是指企业的所有者通过投入资本经营取得利润的能力。反映资本经营获利能力的基本指标是净资产收益率。

1. 净资产收益率的计算

净资产收益率,又称为股东权益报酬率、股东权益收益率或所有者权益收益率,即企业本期净利润与净资产的比率。其计算公式为:

$$\text{净资产收益率}=\frac{\text{净利润}}{\text{平均净资产}}\times 100\%$$

净利润是指企业当期税后利润。

净资产是指企业资产减去负债后的余额,包括实收资本、资本公积、盈余公积和未分配利润等,也就是资产负债表中的所有者权益部分。

平均净资产,一般为年初与年末净资产(股东权益)的平均数,但是,如果要通过该指标观察分配能力,则取年度末的净资产更为恰当。

【例 5-2】 F 公司 2014 年度税后净利润为 100 万元,年初所有者权益总额为 420 万元,年末所有者权益总额为580万元，则其净资产收益率为：

净资产收益率＝100 ÷[(420＋580)÷2]×100%＝20%

净资产收益率是反映获利能力的核心指标。因为企业的根本目标是所有者权益或股东价值最大化，而净资产收益率既可直接反映资本的增值能力，又影响着企业股东价值的大小。该指标越高，则获利能力越好。评价标准通常包括社会平均利润率、行业平均利润率或资本成本率等。

2. 净资产收益率指标分析应注意的问题

(1)净资产收益率反映的是投资者投资的回收率，因此要将该指标与银行存款利率相比较。

(2)净资产收益率的高低还要与利润分配率相比较。

(3)净资产收益率的高低要结合净利润的构成进行分析。

(三)资产经营获利能力分析

资产经营获利能力是指企业运营资产产生利润的能力。反映资产经营获利能力的指标是总资产报酬率。

1. 总资产报酬率的计算

总资产报酬率，即息税前利润与平均总资产之间的比率。运用资产负债表和利润表的资料，可计算总资产报酬率，其计算公式为：

$$总资产报酬率=\frac{(利润总额+利息支出)}{平均总资产}\times 100\%$$

$$平均总资产=(期初资产总额+期末资产总额)\div 2$$

有问必答

问：计算总资产报酬率指标为什么包括利息支出？

答：这是因为，既然采用全部资产，没有从利润中扣除自己资本的等价报酬——股利，那么，同样也不能扣除借入资本的等价报酬——利息。何况从企业对社会的贡献来看，利息同利润具有同样的经济意义。

【例5—3】 G公司2014年度税后净利润为50万元，年初资产总额为720万元，年末资产总额为880万元，利息支出为30万元，则其总资产报酬率为：

总资产报酬率＝(50＋30) ÷[(720＋880)÷2]×100%＝10%

把企业一定时期的利润与企业的资产相比较，表明企业资产运用的综合效果。总资产报酬率越高，说明企业资产的运用效率越好，也意味着企业的资产盈利能力强；反之，则盈利能力弱。

2. 总资产报酬率指标分析应注意的问题

总资产报酬率是一个综合指标，它的高低与企业的资产结构、经营管理水平有着密切关系。为了正确评价企业经济效益的高低、挖掘提高利润水平的潜力，可以用该指标与本企业前期的、同行业其他企业的这一比率等进行比较，并进一步找出影响该指标的不利因素，以利于企业加强经营管理。

3. 影响总资产报酬率高低的因素

(1)企业资产的结构。企业的资产有生产经营用资产、非生产经营用资产、不良资产、闲置资产，其结构直接影响该指标，因为只有生产经营用资产才与创利有关。企业应调整资产结构，提高资产使用效益。

(2)盈利能力。可通过对企业利润形成结构的分析,找出影响利润的因素,提高盈利能力,提高总资产报酬率。

三、商品经营获利能力分析

(一)商品经营的内涵

1. 商品经营

商品经营是与生产经营型的企业经营方式紧密相连的。生产经营型企业的基本特点是围绕产品生产进行经营管理,包括供应、生产和销售各环节的管理及相应的筹资与投资管理。生产经营型企业管理的目标是追求供产销的衔接及商品的赢利性。因此,商品经营的基本内涵是企业以市场为导向,组织供产销活动,以一定的人力、物力消耗生产与销售尽可能多的社会需要的商品。

2. 商品经营与资产经营的关系

资产经营与商品经营及产品经营既相互联系,又相互区别。第一,资产经营不能离开商品经营而独立存在,没有有效的商品经营是不能取得好的资产经营效果的。第二,资产经营是对商品经营的进一步发展,它不仅考虑商品本身的消耗与收益,而且将资产的投入与产出及周转速度作为经营的核心。第三,资产经营目标比商品经营目标更综合。商品经营目标是实现资产经营目标的基础,但不是全部。要实现资产经营目标,应在商品经营基础上,进一步搞好资产重组与有效使用,加快资产周转速度。

(二)商品经营获利能力指标分析

商品经营是相对资产经营和资本经营而言的。商品经营获利能力不考虑企业的筹资或投资问题,只研究利润与收入或成本之间的比率关系。

1. 销售净利润率

销售净利润率,指净利润与营业收入之间的比率。其计算公式是:

$$销售净利润率=\frac{净利润}{营业收入}\times 100\%$$

【例 5—4】 H 公司 2014 年度税后净利润为 50 万元,主营业务收入总额为 1 000 万元,则销售净利润率为:

销售净利润率=50÷1 000×100%= 5%

销售净利润率反映的是每百元的营业收入最终可以产生多少净利润。该指标是正指标,指标值越大,说明企业的获利能力越强。营业收入应是公司的主要利润来源,如果公司的主要业务产生的净利润偏低,说明公司可持续发展的前景不容乐观,公司未来的竞争能力可能会下降。分析时应根据分析目的与要求,确定适当的标准值,如行业平均值、全国平均值、企业目标值等。

2. 营业成本利润率

营业成本利润率,指营业利润与营业成本之间的比率。其计算公式是:

$$营业成本利润率=\frac{营业利润}{营业成本}\times 100\%$$

该指标反映了企业投入产出水平,即所得与所费的比率,体现了增加利润是以降低成本及费用为基础的。这些指标的数值越高,表明生产和销售产品的每一元成本及费用取得的利润越多,劳动耗费的效益越高;反之,则说明每耗费一元成本及费用实现的利润越少,劳动耗费的效益越低。所以,营业成本利润率是综合反映企业成本效益的重要指标。

营业成本利润率也是正指标,即指标值越高越好。分析评价时,可将各指标实际值与标准值进行对比。标准值可根据分析的目的与管理要求确定。

四、市场价值比率分析

(一)市场价值比率分析的内容与作用

1. 市场价值比率分析的内容

对上市公司的市场价值分析可以从定性和定量两个方面来进行。所谓定性分析就是借助上市公司公开披露的各种信息并结合其在市场竞争中的表现,来分析评估上市公司的生产经营能力和市场竞争能力,预测其未来的发展趋势,从而判断、确定上市公司的市场价值的一种分析方法。所谓定量分析就是通过计算反映上市公司市场价值的财务比率,从量的变化趋势上评估公司的财务状况和经营业绩,进一步分析公司股票价格在市场上表现,以便对上市公司的市场价值从数量上做出客观评价。

(1)市场价值的定性分析。

上市公司是公众公司,其股票要上市交易,就必须承担公开披露信息的义务。按照规定,上市公司信息披露的主要报告有四类:招股说明书、上市公告、定期报告和临时公告。这些报告包括许多财务与非财务信息资料,有助于投资者据此了解、分析上市公司的财务状况、经营成果、现金流量情况,了解和分析上市公司重大的投资、筹资和生产经营决策,筹集资金的运用,股利分配政策,重大债务担保,未决诉讼等,以及公司经营情况的回顾和展望、重大事件的说明、股权结构的变化等。

上市公司的报告和公告所披露的信息都会对上市公司的市场价值产生重大影响。因此,对上市公司市场价值进行定性分析,可以通过上市公司对外披露的信息,了解企业的财务状况和经营成果,判断上市公司股票价格的表现,掌握上市公司市场价值比率的变动情况,从而对其作出较为客观的评价。

(2)市场价值比率的定量分析。

上市公司公开披露的财务信息很多,报表使用者要想通过众多的信息正确把握上市公司的财务现状和未来,掌握上市公司的市场价值,没有其他任何工具可以比正确使用财务比率更重要。市场价值比率就是对上市公司的市场价值进行财务分析的一组重要财务比率,包括股票获利率、每股经营活动现金流量净额等。对于上市公司来说,反映其市场价值比率的最重要的财务指标是每股收益、每股净资产和净资产收益率。除此之外,还有市盈率、市净率、股利支付率、股利报酬率、普通股权益报酬率、每股股利、股利保障倍数、留存盈利比率等财务指标。市场价值比率的定量分析主要就是通过计算反映上市公司市场价值特有的财务指标来进行的,这些财务比率分别从不同的角度折射出上市公司价值的市场表现。

2. 市场价值比率分析的作用

市场价值比率分析是对上市公司进行分析评价的重要方法。它是指通过能够说明上市公司市场价值的财务比率与相应的参照标准进行比较,来揭示、分析上市公司的财务状况、经营业绩、市场价值及其变动趋势。当然,一个公司的市场价值是很复杂的,是在多种因素的共同作用下形成的,既有宏观的,也有微观的,其中公司本身的财务状况、经营成果、现金流量以及公司的盈利能力、营运能力、发展能力和品牌价值等对公司的市场价值高低影响最大。有时需要对一家上市公司的业绩等各方面进行连续数年考察,才能基本上确定其市场价值。当然分析资料的真实性很重要,如果资料虚假,财务报表“包装”得太厉害,可能会导致错误的结论。

通过对上市公司市场价值比率的分析,可以揭示和说明上市公司某一方面的财务状况和经营业绩；说明其公司股票市场价值的变动情况；或说明某一方面的能力，如盈利能力、营运能力、偿债能力等，这些表明企业能力的比率都可以从不同的角度反映出其对上市公司价值比率的影响，由于这些指标已在有关章节讲述，本章不再赘述。

(二)市场价值比率分析

市场价值比率分析是利用各种能够反映上市公司市场价值的财务比率对企业情况进行分析，下面仅就反映上市公司市场价值特有的指标进行介绍。

1. 每股收益

每股收益又称每股盈余，是指某时期股份有限公司实现的税后净利润减去应付优先股股利后的余额与该时期普通股股份总数的比值，是表明公司普通股每股盈利能力大小的重要指标。其一般计算公式为：

$$\text{每股收益}=\frac{\text{净利润}-\text{优先股股利}}{\text{该时期普通股股数}}$$

因为我国上市公司基本上没有优先股，所以每股收益的计算中可以不考虑优先股股利。由于据以计算每股收益的普通股股数所采用的计算方法不同，又可以分为基本每股收益和摊薄的每股收益两种。

(1)基本每股收益。

$$\text{基本每股收益}=\frac{\text{净利润}}{\text{普通股平均股数}}$$

在计算基本每股收益时，当期发行在外的普通股股数的加权平均数又有两种不同的算法：一种是以期初总股份与期末总股份之和的 1/2 简单计算；另一种是对本期内发行或回购的股份按发行在外的时间进行加权平均计算，即：

$$\text{当期发行在外的普通股股数的加权平均数}=\sum(\text{发行在外的普通股股数}\times\text{发行在外月份数})/12$$

(2)摊薄的每股收益(又称稀释的每股收益)。

因为公司当期实现的净利润应归属于当期期末在册的发行在外的全体普通股股东享有，而期末股东总数必定大于等于其加权平均数，所以按此计算出的每股收益被称为“摊薄的每股收益”。其计算公式为：

$$\text{摊薄的每股收益}=\frac{\text{净利润}}{\text{普通股平均股数}+\text{约当普通股股数}}$$

每股收益，是衡量上市公司盈利能力最常用的财务指标，它反映普通股的获利水平，也是衡量上市公司市场价值大小的重要指标。一般来说，每股收益越高，可用以分配给股东的每股红利也就越多，投资者从每股中取得的收益也就越多，股票价格就会随之上涨；反之，则股票价格会随之下跌。在分析时，可以进行公司间的比较，以评价该公司的相对盈利能力；可以进行不同时期的比较，了解该公司盈利能力的变化趋势；可以进行经营实绩和盈利预测的比较，评估该公司的盈利预测和管理能力。

【例 5—5】 某公司 2014 年初发行在外的普通股有 20 万股，2014 年 7 月 1 日又增发了 6 万股，并且该年内未发行其他股票，也没有退股的事项，则 2014 年度发行在外的加权平均股数＝20＋(6×6÷12)＝23(万股)。

【例 5—6】 假设 X 公司 2014 年 1 月 1 日发行 100 万份认股权证，行权价格为 3.5 元。2014 年度净利润为 200 万元，发行在外的普通股加权平均股数为 500 万股，普通股市场价格为 4 元。计算基本每股收益和稀释每股收益。

基本每股收益＝200÷500＝0.4(元/股)

调整后增加的股数＝100－100×3.5÷4＝12.5(万股)

稀释每股收益＝200÷(500＋12.5)＝0.39(元/股)

【例5－7】 假设Y公司2014年1月1日发行利率为4%的可转换债券，面值为800万元，每100元债券可转换为1元面值的普通股90股。2014年度净利润为4 500万元，2014年发行在外的加权平均股数为4 000万股，所得税税率为25%。计算基本每股收益与稀释每股收益。

基本每股收益＝4 500÷4 000＝1.125(元/股)

净利润的增加＝800×4%×(1－25%)＝24(万元)

普通股数增加数＝800÷100×90＝720(万股)

稀释每股收益＝(4 500＋24)÷(4 000＋720)≈0.96(元/股)

2. 每股净资产

每股净资产，是期末归属于普通股的净资产(即股东权益)与年度末普通股股份总数的比值，也称为每股账面价值或每股权益。其计算公式为：

$$\text{每股净资产}=\frac{\text{期末股东权益总额}-\text{优先股股利}}{\text{期末普通股股份总数}}$$

【例5－8】 W公司为上市公司，净资产为150 000万元，发行在外的普通股股数为10 000万股，则该企业的每股净资产为：

150 000÷10 000＝1.5(元)

该指标反映发行在外的每股普通股在公司财务报表上所享有的净资产价值，即账面权益。运用该指标进行横向和纵向的对比及结构分析，可以衡量公司的发展潜力，估计其上市股票或拟上市股票的合理价格，判断投资价值及投资风险的大小。一般情况下，在公司性质相同、股票市价相近的条件下，公司的每股净资产值越高，则公司发展的潜力与股票的投资价值越大，投资者所承受的风险越小。

在投资分析时，只能有限地使用这个指标，一方面因其是用历史成本计量的，既不反映净资产的变现价值，也不反映净资产的产出能力；另一方面其数值的高低会受到会计政策的不同选择或变更的影响。例如，某公司的资产只有一块几年前购买的土地，并且没有负债，公司的净资产是土地的原始成本。现在土地的价格比过去翻了几番，引起股票价格上升，而其账面价值不变。这个账面价值既不说明土地现在可以卖多少钱，也不说明公司使用该土地能获得什么。但是每股净资产，在理论上提供了股票的最低价值。如果公司的股票价格低于净资产的成本，成本又接近变现价值，说明公司价值或者被市场低估了；或者公司已无存在的价值，清算是股东最好的选择。

3. 市盈率

市盈率是指上市公司普通股每股市价为每股收益的倍数，它把每股收益作为衡量上市公司股票内在价值的标准，是反映上市公司盈利能力与股票市价状况之间关系的财务指标。其计算公式为：

$$\text{市盈率}=\frac{\text{普通股每股市价}}{\text{普通股每股收益}}$$

市盈率的基本含义是，为取得上市公司的单位收益，投资者需要付出多少倍的价格。它是将股票价格与当前公司盈利状况(以每股收益表示)联系在一起的一种直观的财务比率，可以较好地解释股票价格有无高估或低估。一般而言，市盈率较高，表明市场对公司的未来看好；如果太高，则可能存在股价高估的泡沫风险。在市价确定的情况下，每股收益越高，市盈率越低，投资风险越小；反之风险越大。在每股收益确定的情况下，市价越高，市盈率越高，风险越大；反之风险越小。使用市盈率指标时应注意几个方面的问题：一是该指标不能用于不同市场、不同行业公司的简单比较，充满扩展机会的新兴市场和新兴行业市盈率普遍较高，而成熟市场和成熟工业的市盈率普遍较低，这并不说明后者的股票没有投资价值。二是在每股收益很小或亏损时，因市价不会降至零，其很高的市盈率往往反映高估的泡沫风险。三是市盈率的高低受净利润的影响，而净利润受可选择的会计政策的影响，从而使得公司间比较受到限制。四是市盈率的高低受市价的影响，市价变动的影响因素很多，包括投机炒作等，因此观察市盈率的长期趋势很重要。期望报酬率一般为5%～20%，所以正常的市盈率为5～20。

4. 市净率

市净率又称净资产倍率，是指上市公司普通股每股市价为每股净资产的倍数，它把每股净资产与每股市价联系起来，可以反映市场对公司净资产质量的评价。其计算公式为：

$$市净率=\frac{普通股每股市价}{普通股每股净资产}$$

市净率的基本含义是，为得到该上市公司的单位净资产，需要支付多少倍的市场价格。应该看到，每股净资产是股票的账面价值，它是用历史成本计量的；每股市价是每股股票现在的市场价值，它是证券市场上交易的结果。在一般情况下，股票现在的市场价值应高于其历史的账面价值。因此两者之间往往存在显著的差异。市价高于账面价值，说明投资者认为企业资产的质量好，有发展潜力；反之，则认为其资产质量差，没有发展前景。在股票市场处于正常状态的情况下，优质股票的市价往往都超出每股净资产许多，一般来说市净率大，可以树立较好的公司形象。市价低于每股净资产的股票，即市净率低于1的股票，就像售价低于成本的商品一样，属于“处理品”。当然“处理品”也不是没有购买价值，问题在于该公司今后是否有转机。

5. 每股股利

每股股利是指普通股现金股利总额与期末普通股股数之比。其计算公式为：

$$每股股利=\frac{普通股现金股利总额}{期末普通股股数}$$

每股股利代表着普通股持有者每股股份所获得的股利收益，同时又是衡量股票质量的一项重要指标。高质量股票的标志之一，就是其每股股利正常稳定并逐年持续增长。

6. 股利发放(支付)率

股利发放率(也称股利支付率)，是指普通股每股收益中股利所占的比重，它反映公司的股利分配政策和支付股利的能力。其计算公式为：

$$股利发放率=\frac{普通股每股股利}{普通股每股收益}\times 100\%$$

股利发放率主要是用以衡量公司当期每股收益中，有多大的比例以股利形式支付给普通股股东。股利发放率并没有一个固定的标准，其高低取决于上市公司的股利分配政策。

7. 股利报酬率

股利报酬率，是指普通股每股股利与普通股每股市价的比率，亦称股票获利率或市价股利比率。其计算公式为：

$$股利报酬率=\frac{普通股每股股利}{普通股每股市价}\times 100\%$$

股利报酬率反映股利和股价的比例关系，因为股价是股东的投资成本，所以该指标可以反映股东在股利方面所获得的投资报酬率。当然，股东取得收益的来源有两个：其一是取得股利，其二是取得股价上涨的收益。只有投资人认为股价将上升，才会接受较低的股利报酬率。如果预期股价不能上升，股利报酬率就成了衡量股票投资价值的主要依据。

使用该指标的限制因素，在于公司采用非常稳健的股利政策，留存大量的净利润用以扩充。在这种情况下，股利报酬率仅仅是股票投资价值非常保守的估计，分析股价的未来趋势就成为评价股票投资价值的主要依据。

8. 普通股权益报酬率

普通股权益报酬率也称普通股利润率，是指税后净利润扣减应发放优先股股利后的余额与普通股权益之比。其计算公式为：

$$普通股权益报酬率=\frac{净利润-优先股股利}{普通股权益}\times 100\%$$

由于税后净利润在按规定支付优先股股利之后的余额才是普通股股东所得，如公司税后净利不足以发放优先股股利，则普通股股东权益就会受到削弱，因此该项比率与普通股股东的利害关系极大。该指标从普通股东的角度反映公司的盈利能力，指标值越高，说明盈利能力越强，普通股东可得收益也越多。普通股权益报酬率可作为独立指标对公司盈利能力、投资者收益水平进行分析；同时它也是影响每股收益的一项因素，它的变动会使每股收益发生相同方向的变动。因此，可以间接反映出上市公司的市场价值。

9. 股利保障倍数

股利保障倍数是股利发放率的倒数，倍数越大，支付股利的能力越强。其计算公式为：

$$股利保障倍数=\frac{1}{股利发放率}$$

股利保障倍数是一种安全性指标，能按目前水平支付股利。

10. 留存盈利比率

普通股每股收益减去普通股每股股利可以看出净利润减少到什么程度公司仍有留存盈利，在数量上是指净利润减去全部股利(包括优先股利和普通股利)的余额。当期留存盈利与当期净利润的比率，称为留存盈利比率。其计算公式为：

$$留存盈利比率=\frac{当期留存盈利}{当期净利润}$$

该指标的高低，可以反映公司的股利政策。如果公司认为有必要增加内部积累资金，以便扩大经营规模，经股东大会同意可以采用较高的留存盈利比率。如果公司不需要资金或者可以用其他方式筹集资金，为满足股东取得现金股利的要求可降低留存盈利的比率。显然，提高留存盈利比率必然降低股利发放率。

以上十项指标都可以从不同的角度反映出上市公司的市场价值，从而进一步说明上市公司的财务状况和经营成果。

任务3　资产运营效率分析

一、资产运用效率概述

(一)资产运用效率的含义和特点

资产运用效率指资产利用的有效性和充分性。严格说来，有效性与充分性是有区别的。

1. 有效性

有效性是指使用的后果，属于产出的概念，一般通过资产运用创造的收入来衡量。企业取得资产是为了运用它们赚取利润。在资产取得后其成本就已经确定，取得利润的关键是利用资产换取更多的收入。如果资产不能为企业增加收入作出贡献，则该资产存在的必要性将受到怀疑。资产对于企业收入的贡献方式分为直接和间接两种。有的资产对收入的贡献是直接的，如产成品出售可以换取收入；有的资产对收入的贡献是间接的，如固定资产被用于生产产品，产品出售后获得收入，固定资产对于取得收入是必不可少的，但并非通过出售固定资产直接换取收入。因此，资产的运用效率可以用它们直接或间接创造的收入来衡量，也就是用收入和资产的比例关系来衡量。这种衡量方法假设收入是资产的函数，单位资产创造的收入越多，资产运用的效率就越高。因此，最能反映资产利用水平的是资产所产生的收入。

2. 充分性

充分性是指使用的进行，属于投入的概念。从字面理解，就是企业的资产是不是被全部利用起来了，各类资产的功能是不是被充分发挥出来了。企业资产被利用得越充分，资产运用创造的收益就越多。当企业各类资产占用资金过多或出现有问题的资产时，就会使资产运用不充分、资金积压、企业盈利能力下降，则企业偿债能力就会相应地减弱。

(二)资产周转率

资产的运用效率评价的财务比率是资产周转率，其一般公式为：

$$资产周转率=\frac{周转额}{资产}$$

资产周转率可以分为总资产周转率、分类资产周转率(流动资产周转率和固定资产周转率)和单项资产周转率(应收账款周转率和存货周转率等)三类。总资产周转率和分类资产周转率只能使用“销售收入”作为周转额。单项资产周转率有两种计算方法，一种是以销售收入作为周转额，另一种是用该资产的“单项周转额”作为周转额。采用哪一种方法计算，视分析目的而定。资产运用效率既影响企业的收益能力也影响企业的偿债能力，在评价收益时资产周转率用销售收入作为分子，以考察其有效性；在评价偿债能力时，以单项资产周转额作为分子，以考察其流动性。

(三)资产运用效率分析的意义

资产运用效率的衡量与分析，对于不同报表使用人具有不同的重要意义。

1. 股东通过资产运用效率分析，有助于判断企业财务安全性及资产的收益能力，以进行相应的投资决策

(1)财务安全性与资产运用效率密切相关。一般说来，企业资产运用效率越高，资产的变现能力越强，企业遭遇现金拮据的窘境的可能性越小，企业的财务安全性就越高。

(2)资产运用效率直接影响着企业的收益。资产周转率越快，说明等额资产实现收益的能力越强。

2. 债权人通过资产运用效率分析，有助于判明其债权的物质保障程度或其安全性，从而进行相应的信用决策

一般而言，资产运用效率越高，资产的变现能力越强，债权人的物质保障程度越高，其债权的安全性相应越强。管理者通过资产运用效率的分析，可以发现闲置资产和利用不充分的资产，从而处理闲置资产以节约资金，或提高资产利用效率以改善经营业绩。

二、资产运用效率指标分析

资产运用效率分析又称营运能力分析，一般用资产周转率指标来反映资产的营运能力。

常用的指标有总资产周转率、分类资产周转率和单项资产周转率。

(一)总资产周转率

总资产周转率指企业一定时期的主营业务收入与资产总额的比率,说明企业的总资产在一定时期内(通常为一年)周转的次数。其计算公式如下:

$$\text{总资产周转率(次数)}=\frac{\text{主营业务收入}}{\text{平均资产总额}}$$

$$\text{平均资产总额}=\frac{\text{年初资产总额}+\text{年末资产总额}}{2}$$

公式的分子是本年的主营业务收入,其数额可以从利润表中找到;公式的分母是总资产的平均余额,其数额可以从资产负债表中找到。

> **有问必答**
>
> **问:**计算总资产周转率时,为什么分子只选择"主营业务收入",而分母是用平均数来计算?
>
> **答:**虽然企业的收入包括主营业务收入、其他业务收入、投资收入、营业外收入、补贴收入等多种类别,但是在计算总资产周转率时都使用主营业务收入净额。这是因为,主营业务收入代表了企业绝大部分的收入,体现了取得资产的目的,而其他类别的收入是次要的、附带的,或并非购置资产的主要目的;在利润表中其他业务收入和投资收入并未单独报告,而是以收支相抵以后的净额报告的,外部使用人无法取得这两项收入的数据;补贴收入和营业外收入与企业资产之间并无必然联系和稳定的比例关系。
>
> 分母使用平均数而不使用本期期末数,是为了减少年度中间资产变动的影响。如果使用分季度和分月的平均数,计算结果将更理想。

总资产周转率反映了企业的总资产在一定时期内实现的主营业务收入的多少,即企业对全部资产的运用效率。总资产周转率越高,周转次数越多,表明总资产运用效率越好,其结果必然会给企业带来更多的收益,使企业的盈利能力、偿债能力都得到提高。反之,则表明企业利用全部资产进行经营活动的能力差、效率低,最终还将影响企业的盈利能力。如果企业总资产周转率长期处于较低的状态,企业则应采取适当措施提高各项资产的利用程度,对那些确实无法提高利用率的多余、闲置资产及时进行处理,提高总资产周转率。

> **小思考**
>
> **问:**如何才能提高总资产的运用效率呢?
>
> **提示:**从指标的计算方法可知,要想提高总资产的运用效率有两条途径,一是增加收入,二是减少资产。怎样增加收入?这就要从影响收入的各项因素入手进行分析;减少资产,当然要减少的是企业不需要的、闲置的、质量差的资产。

总资产周转率也可用周转天数表示,计算公式如下:

$$\text{总资产周转天数}=\frac{\text{计算期天数}}{\text{总资产周转率(次数)}}$$

其中,计算期天数通常为一年,即360天。

该指标反映的是总资产每周转一次需要的时间(天数),指标数值越小,说明总资产的周转速度越快,资产运用的效率越好,因此,该指标是反映总资产运用效率的逆指标。

【例5—9】 B公司2014年度主营业务收入为400万元,年初资产总额为220万元,年末资产总额为180万元。则其总资产周转率为：

总资产周转次数=400÷[(220+180)÷2]=2(次)

总资产周转天数=360÷2=180(天)

运用总资产周转率指标分析时，应注意下面的问题：

如果企业的总资产周转率突然上升，而企业的销售收入与以往持平，则有可能是企业本期报废了大量固定资产造成的，并不能说明企业资产利用率提高，在进行总资产周转率分析时，也应以企业以前年度的实际水平、同行业平均水平作为参照进行对比分析，从中找出差距，挖掘企业潜力，提高资产利用效率。

小知识

总资产周转率的高低，取决于主营业务收入和资产两个因素。增加收入或减少资产都可以提高总资产周转率。为了寻找提高总资产周转率的途径，需要将其分解。由于主营业务收入是不能分解的，而资产可以分解为流动资产和固定资产等类别，并且可以进一步分解为应收账款和存货等单项资产，因此总资产周转率可以按资产项目分解成分类资产周转率和单项资产周转率。

(二)分类资产周转率

在资产负债表上，总资产分为流动资产、长期投资、固定资产、其他资产四类，分析时可以分别计算其分类资产周转率，以寻找总资产周转率变动的原因。主要包括：流动资产周转率、固定资产周转率、长期投资周转率、其他资产周转率。

1. 流动资产周转率

流动资产周转率是指企业一定时期的主营业务收入与流动资产平均余额的比率，即企业流动资产在一定时期内(通常为一年)周转的次数。流动资产周转率是反映企业流动资产运用效率的指标。其计算公式如下：

$$\text{流动资产周转率(次数)}=\frac{\text{主营业务收入}}{\text{流动资产平均余额}}$$

$$\text{流动资产平均余额}=\frac{\text{期初流动资产总额}+\text{期末流动资产总额}}{2}$$

该指标反映了企业对流动资产的使用效率，指标数值越大，说明企业流动资产的周转速度越快，资产运用效率越好。当然，要想提高流动资产的周转率，也需要从公式的分子、分母的构成项目中寻找解决办法。

同样，我们也可计算流动资产周转天数，它意味着流动资产周转一次所需费的时间，而也能更直观地说明流动资产的周转速度。其计算公式如下：

$$\text{流动资产周转天数}=\frac{\text{计算期天数}}{\text{流动资产周转次数}}$$

其中，计算期天数通常为一年，即360天。

相对而言，流动资产是流动性较强、风险较小的资产，资产质量好坏与其密切相关。总资产运用效率的高低，关键也取决于流动资产周转率的高低。流动资产周转率指标不仅反映流动资产运用效率，同时也影响着企业的盈利水平。企业流动资产周转率越快，周转次数越多，表明企业以相同的流动资产占用实现的主营业务收入越多，说明企业流动资产的运用效率越好，进而使企业的偿债能力和盈利能力均得以增强。反之，则表明企业利用流动资产进行经营活动的能力差，效率较低。

【例 5—10】 C 公司 2014 年度主营业务收入为 800 万元，年初流动资产总额为 900 万元，年末流动资产总额为 1 100 万元，则其流动资产周转率为：

流动资产周转次数＝800÷[(900＋1 100)÷ 2]＝0.8(次)

流动资产周转天数＝360÷0.8＝450(天)

运用流动资产周转率指标分析时，应注意下面的问题：

流动资产变现能力反映企业短期偿债能力的强弱，企业在进行流动资产周转率分析时，应以企业以前年度的实际水平、同行业平均水平作为参照进行对比分析，促使企业采取措施扩大销售，提高流动资产的综合使用效率。

2. 固定资产周转率

固定资产周转率是指企业一定时期的主营业务收入与固定资产平均净值的比率。它是反映企业固定资产周转状况，衡量固定资产运用效率的指标。其计算公式为：

$$固定资产周转率(次数)=\frac{主营业务收入}{固定资产平均净值}$$

$$固定资产平均余额=\frac{期初固定资产净值+期末固定资产净值}{2}$$

其中，固定资产净值是指固定资产原值减去累计折旧的数额。

$$固定资产周转天数=\frac{计算期天数}{固定资产周转次数}$$

其中，计算期天数通常为一年，即 360 天。

一般而言，固定资产周转率越高，表明企业固定资产利用越充分，企业固定资产投资得当，固定资产结构分布合理，能够较充分地发挥固定资产的使用效率，企业的经营活动越有效；反之，则表明固定资产使用效率不高，提供的生产经营成果不多，企业固定资产的营运能力较差。

【例 5—11】 C 公司 2014 年度主营业务收入为 800 万元，年初固定资产净值为 400 万元，年末固定资产净值为 600 万元，则其流动资产周转率为：

流动资产周转次数＝800÷[(400＋600)÷ 2]＝1.6(次)

流动资产周转天数＝360÷1.6＝225(天)

运用固定资产周转率指标分析时，应注意下面的问题：

(1)该比率的分母使用固定资产净值，这样，即使同样的固定资产，由于企业所采用的折旧方法和使用的折旧年限长短不同，也会导致不同的固定资产账面价值，从而影响固定资产周转率指标，造成该指标的人为差异。

(2)固定资产周转率没有绝对的判断标准，一般通过与企业历史水平相比较加以分析，努力提高固定资产周转速度。由于企业之间机器设备与厂房等主要固定资产在种类、数量、形成时间等方面均存在较大差异，因而较难找到外部可资借鉴的标准企业和标准比率，此指标的同业比较分析相对意义不大。

3. 长期投资周转率

长期投资周转率指主营业务收入与长期投资平均余额的比率。但实际中很少计算此指标，因为长期投资额与收入增加额之间的关系不明显或者不稳定，很难进行有效的分析。

4. 其他资产周转率

“其他资产”包括：无形资产、开办费、长期待摊费用、其他长期资产和递延税款等。“其他资产”与主营业务收入的关系不明显，所以实际工作中也很少计算其周转率。

(三)单项资产周转率

单项资产周转率是根据资产负债表中资产的分类计算的其中某项,或某几项资产的周转率。经常计算的是应收账款周转率和存货周转率。

1. 应收账款周转率

应收账款周转率指企业一定时期的商品赊销收入净额与应收账款平均余额的比值,其计算公式为:

$$应收账款周转率(次数)=\frac{赊销收入净额}{应收账款平均余额}$$

$$应收账款平均余额=\frac{期初应收账款+期末应收账款}{2}$$

由于赊销收入净额资料不易获得,所以在计算应收账款周转率时,常常用主营业务收入来代替,但是,用主营业务收入计算的应收账款周转率往往会夸大应收账款的周转状况。

应收账款周转率反映了企业应收账款收回速度快慢及其管理效率高低。一定期间内,企业的应收账款周转率越高,周转次数越多,表明:(1)企业应收账款回收速度越快,企业应收账款的管理效率越高;(2)资产流动性越强,短期偿债能力越强;(3)可有效地减少收款费用和坏账损失,从而相对增加企业流动资产的收益能力。反之,较低的应收账款周转率则表明企业应收账款的管理效率较低,企业需加强应收账款的管理和催收工作。根据应收账款周转率的具体分析,还可评价客户的信用程度及企业制定的信用政策的合理性。

应收账款周转率也可以用周转天数表示。应收账款周转天数表示应收账款周转一次所需要的天数,也称为应收账款平均收账期,即企业自商品或产品销售出去,直至应收账款收回为止所需的平均天数。其计算公式为:

$$应收账款周转天数=\frac{计算期天数}{应收账款周转率(次数)}$$

其中,"计算期天数"取决于主营业务收入所涵盖的时期长短。最常用的计算期为一年,会计上统一按 360 天计算。

相对于周转次数,应收账款周转天数更易于理解,也更有意义。通过应收账款周转天数的比较,可以更好地分析判断应收账款的收回速度快慢,或者说企业资金被外单位占用的时间长短。

【例 5－12】 D 公司 2014 年度主营业务收入为 300 万元,年初应收账款为 80 万元,年末应收账款为 120 万元,则其流动资产周转率为:

流动资产周转次数＝300÷[(80＋120)÷ 2]＝3(次)

流动资产周转天数＝360÷3＝120(天)

计算和分析应收账款周转率指标,应注意以下问题:

(1)从理论上讲,应收账款周转率越快越好,但实际中企业应收账款周转率多快为好,没有一个统一的标准。分析时可与本企业历史水平对比,或与同行业一般水平对比,从而对本期应收账款周转率作出判断。注意:有的时候过快的周转率可能会危及企业的销售增长,从而影响企业的盈利水平。

(2)影响应收账款周转率的因素很多,如企业的信用政策、客户故意拖延、客户财务困难等。企业应仔细分析应收账款周转率变动的原因,针对不同的原因采取相应的措施。

(3)计算应收账款平均余额时应尽可能采用详细的资料,如各月或各季平均数,这样可以使计算结果更接近实际值。

(4)通过对应收账款回收速度的分析,可以促使企业尽快回收账款,加速资金周转,使坏账损失降低到最低点。

2. 存货周转率

存货周转率是反映企业存货在一定时期内周转速度的指标,它表示企业存货在一定时期内(通常为一年)周转的次数。该指标的计算方法有两种:一是以成本为基础的存货周转率,即存货周转率是企业一定时期的主营业务成本与存货平均余额的比率,主要用于流动性分析。二是以收入为基础的存货周转率,即存货周转率是企业一定时期的主营业务收入与存货平均余额之比,主要用于盈利性分析。

$$\text{成本基础的存货周转率(次数)}=\frac{\text{主营业务成本}}{\text{存货平均余额}}$$

成本基础的存货周转率运用得较为普遍,因为与存货直接相关的是主营业务成本,两者之比可以更切合实际地表现存货的周转状况。

$$\text{收入基础的存货周转率(次数)}=\frac{\text{主营业务收入}}{\text{存货平均余额}}$$

$$\text{存货平均余额}=\frac{\text{期初存货}+\text{期末存货}}{2}$$

收入基础的存货周转率维护了资产运用效率比率各指标计算上的一致性。按收入计算存货周转率,作用主要是与应收账款周转率相对应,计算企业的营业周期。

小知识

营业周期是指从取得存货开始到销售存货并收回现金为止的这段时间。其计算公式为:

$$\text{营业周期}=\text{存货周转天数}+\text{应收账款周转天数}$$

营业周期越短,说明资金周转速度越快;营业周期越长,说明资金周转速度越慢。

一定时期内存货周转次数越多,说明存货的周转速度越快,存货占用水平越低,流动性越强,企业短期偿债能力越强,企业的获利能力越强,存货的使用效率越好;反之,存货的周转速度慢,存货储存过多,占用资金多,有积压现象,企业的盈利能力则较小。

存货运用效率还可用存货周转天数衡量。存货周转天数是指存货周转一次所需要的天数,其计算公式为:

$$\text{存货周转天数}=\frac{\text{计算期天数}}{\text{存货周转率(次数)}}$$

相对于周转次数,存货周转天数更易于理解,也更有意义,尤其是收入基础的存货周转天数。如上所述,我们可通过存货周转天数和应收账款周转天数近似计算企业的营业周期。而且,通过比较存货周转天数,可以更直观地分析判断存货的变现速度快慢。

【例 5-13】 E 公司 2014 年度主营业务成本为 360 万元,年初存货为 90 万元,年末存货为 110 万元,则其存货周转率为:

存货周转次数=360 ÷[(90+110)] ÷ 2=3.6(次)

存货周转天数=360 ÷ 3.6=100(天)

在计算分析存货周转率指标时,还应注意以下几个问题:

(1)存货管理是企业资产管理的重要内容之一,报表使用者在分析存货周转率指标时,应该尽可能地结合存货的批量因素、季节性变化因素等情况对指标加以理解,同时对存货的结构以及影响存货周转率的重要指标进行分析，通过进一步计算原材料周转率、在产品周转率或某种存货的周转率，从不同角度、环节上找出存货管理中的问题，在满足企业生产经营需要的同时，尽可能减少经营占用资金，提高企业存货管理水平。

(2)存货周转也非越快越好。一方面，存货周转较慢，是企业资产运用效率欠佳的表现。但另一方面，存货周转过快，有可能会因为存货储备不足而影响生产或销售业务的进一步发展，特别是那些供应较紧张的存货。

(3)存货周转率不但反映存货周转速度、存货占用水平，也在一定程度上反映了企业销售实现的快慢。

案例分析

莱得艾德公司少计存货减损

莱得艾德(Rite Aid)公司是美国第三大连锁药店，在30个州和哥伦比亚特区拥有超过3 600家的药店，2002财务年度的营业收入总额达到151.7亿美元。

在1999会计年度的盘点中，莱得艾德公司既没有确认880万美元的存货减损，又以来不及盘点为由确认其所属的2 000家药店约500万美元的应计存货减损费用。通过少计存货减损，莱得艾德公司夸大利润总额约1 380万美元。

∵请思考：

(1)发生存货减损应如何处理？莱得艾德公司对其存货减损的处理有何不当之处？

(2)存货的特点是什么？分析存货时应注意哪些问题？

∵分析思路：

(1)根据公认会计准则的规定，存货发生减损应当及时确认与减损有关的费用。如果盘点存货时药品的实际数量低于账面记录，应当调低存货账面价值。对于尚未盘点的存货，应估计存货减损量。这两种情况下都应当确认应计的存货减损费用。莱得艾德公司隐瞒存货减损，其直接后果是夸大了利润，有利润操纵的嫌疑。

(2)存货资产分为原材料、库存商品、低值易耗品、包装物、在产品和产成品等。存货的特点是变现速度慢，比如原材料、半成品存货要经过加工才能转变成产成品存货，产成品存货要出售后转为应收账款，然后才能收回现金，而能否出售是有风险的。

三、影响资产周转率的因素

资产周转率指标不仅综合了各项资产的运行效率和管理效果，而且对投资报酬率有着重要的影响：当销售利润率一定时，投资报酬率的高低直接取决于资产周转率的快慢。因此，分析资产运用效率，首先应弄清影响资产周转率的因素，以便更客观地评价资产运用效率，并有针对性地改善资产运用效率，加速资产周转。

一般而言，影响资产周转率的因素包括：企业所处行业及其经营背景，企业经营周期的长短，企业的资产构成及其质量，资产的管理力度，以及企业所采用的财务政策等。

(一)企业所处行业及其经营背景

不同的行业，有不同的资产占用：如制造业可能需要占用大量的原材料、在产品、产成品、机器、设备、厂房等，其资产占用量越大，资产周转相对越慢；而服务业，尤其是劳动密集型或知识型的服务业，企业除了人力资源，几乎少有其他资产。而按照当前的会计制度，人力资源未作资产处理，因此这类行业的总资产占用非常之少，其资产周转相对就较快。企业的经营背景不同，其资产周转也会呈现不同趋势：越是落后的、传统的经营和管理，其资产周转可能越慢；相反，在现代经营和管理背景下，各种先进的技术手段和理念的运用，比如 JIT 系统，可有效地提高资产运用效率，加速资产周转率。

(二)企业经营周期

所谓经营周期，亦即营业周期，是指从取得存货开始到销售存货并收回现金为止的时期。如上所述，营业周期的长短可以通过应收账款周转天数和存货周转天数近似地反映出来，因此，我们可由应收账款周转天数和存货周转天数之和简化计算营业周期。营业周期长短对企业资产周转率亦有重要影响：营业周期越短，资产的流动性相对越强，在同样时期内实现的销售次数越多，销售收入的累积额相对越大，资产周转相对越快，反之则越慢。

(三)企业资产的构成及其质量

我们知道，资产可按其变现速度及其价值转移形式不同，分为流动资产和非流动资产两大类：流动资产是指变现速度较快、价值一次性转移的资产；非流动资产则是指变现速度慢、价值分次或多次转移的资产。资产还可按其占用期限不同，分为短期资产和长期资产两大类：短期资产就是只在短期内占用或只在短期内保持其现有占用形态的资产，长期资产则是指需要在较长时期占用或需要在较长时期内保持其现有占用形态的资产。就理论上而言，流动资产通常属于短期资产，非流动资产通常属于长期资产。但在实务中，由于主观或客观的原因，某些流动资产长时间无法改变其占用形态，比如超龄应收账款、超储积压存货等，不再具有较强的流动性，则已转化为实质上的长期资产。企业在一定时点上的资产总量，是企业取得收入和利润的基础。然而，当企业的长期资产、固定资产占用过多或出现有问题资产、资产质量不高时，就会导致资金积压，资产流动性低下，以至营运资本不足；另一方面，流动资产的数量和质量通常决定着企业变现能力的强弱，而非流动资产的数量和质量则通常决定着企业的生产经营能力。非流动资产只有伴随着产品(或商品)的销售才能形成销售收入。在资产总量一定的情况下，非流动资产所占的比重越大，企业所实现的周转价值越小，资产的周转速度也就越慢，反之则越快。

(四)资产管理的力度和企业采用的财务政策

资产管理力度不同，会有较大的资产构成和资产质量差异，如上所述，它会导致很不相同的资产周转率。资产管理力度越大，拥有越合理的资产结构和越优良的资产质量，资产周转率越快，反之则越慢。企业所采用的财务政策决定着企业资产的账面占用总量，如折旧政策决定固定资产的账面净值，信用政策决定应收账款的占用量等，因此，它自然也会影响资产周转率。当企业的其他资产不变时，采用快速折旧政策可减少固定资产账面净值，从而提高资产周转率。信用政策的影响则是：越是宽松的信用政策，导致应收账款的占用越多，尤其是当它对销售的促进作用减弱时，资产的周转速度就越慢。

总之，资产周转率受诸多因素的影响。通过对这些因素的分析和了解，一方面告诉我们不同行业、不同经营性质和经营背景的企业，其资产周转率不能比较，或者说比较的意义很小。即使在同行业、同类型企业之间进行比较，也应注意它们在资产构成、财务政策等方面是否存在差异，如果有差异，则应将其影响剔除后方能得到较客观的比较结论。另一方面，我们也了解到：加大资产的管理力度、合理安排资产结构、提高资产的质量、选择有利的财务政策，可以提高资产管理效率、加速资产周转。

本章小结

本章介绍利润表的分析技能,从初步分析引申到获利能力分析。利润表是反映企业一定期间经营成果的财务报表。利润表的基本功能是计算企业一定期间内实现的利润或发生盈亏的形成原因。本章通过对利润表的结构、格式、作用和项目阅读与分析的介绍,使学习者能够运用基本的分析方法以不同的分析目的对各报表的数据进行加工,从而对企业的经营成果作出相应的评价。

获利能力的分析是企业财务分析的重点,财务结构分析、偿债能力分析等的根本目的是通过分析及时发现问题,改善企业财务结构,提高企业偿债能力、经营能力,最终提高企业的获利能力,促进企业持续稳定地发展。对企业获利能力的分析主要指对利润率的分析。利润率指标从不同角度或从不同的分析目的看,可有多种形式。在不同的所有制企业中,反映企业获利能力的指标形式也不同。本章对企业获利能力的分析将从以下几方面进行:(1)资本经营与资产经营盈利能力分析。资本经营盈利能力分析主要对净资产收益率指标进行分析与评价。资产经营盈利能力分析主要对总资产报酬率指标进行分析和评价。(2)商品经营盈利能力分析,即利用损益表资料进行利润率分析,包括收入利润率分析和成本利润率分析两方面。(3)市场价值比率分析,它是对上市公司进行分析评价的重要方法。是指通过由能够说明上市公司市场价值的财务比率与相应的参照标准进行比较,以此来揭示、分析上市公司的财务状况、经营业绩、市场价值及其变动趋势。

资产运用效率是资产管理效果的重要体现。资产管理效果越好,闲置、低效的资产越少,相应的资产周转速度会提高。因此,我们通常用资产周转率指标衡量资产运用效率的高低。

鉴于报表数据获取的可能性,也为了便于计算比较,各类资产周转率均采用主营业务收入与相关营运资产的平均余额之比。通过计算、分析应收账款周转率、存货周转率、流动资产周转率、固定资产周转率、总资产周转率,可以循序渐进地认识各类资产的运用效率。

一般而言,各类资产的周转率指标值越大,资产的运用效率越高,意味着资产管理效果越好;反之,则意味着资产的运用效率低下。

关键术语

利润表　净资产收益率　总资产报酬率　销售净利润率　营业成本利润率
市净率　每股收益　每股净资产　每股股利　股利发放(支付)率
股利报酬率　普通股权益报酬率　股利保障倍数　资产运用效率
总资产周转率　流动资产周转率　固定资产周转率　应收账款周转率
存货周转率

思考题

1. 利润表中“营业收入”项目对利润有何影响?
2. “营业成本”项目如何分析?
3. 获利能力分析应从哪些方面着手?
4. 资本经营与资产经营盈利能力分析中使用的指标有哪几个?如何分析?

5. 商品经营盈利能力分析中使用的指标有哪几个？如何分析？
6. 市场价值比率分析中使用的指标有哪几个？如何分析？
7. 资产运用效率指标分析有哪些？如何分析？
8. 资产运用效率高低受哪些因素的影响？如何动态地、横向地判断企业的资产运用效率高低？

练习题

一、单项选择题

1. 下列有关收益结构的分析，(　　)可以帮助了解哪些产品获利大、哪些产品应淘汰。

A. 收益的收支结构　　B. 收益的业务结构
C. 收益的主要项目结构　　D. 以上都不是

2. 下列属于企业收益的是(　　)。

A. 销售产品收到的货款　　B. 所有者出资额
C. 代扣代缴的税款　　D. 包装物押金

3. 在一般情况下市盈率越高，公司前景(　　)。

A. 越好　　B. 越差
C. 不受影响　　D. 难以确定

4. 下列财务比率中，投资者可能最关注的是(　　)。

A. 流动比率　　B. 现金比率
C. 存货比率　　D. 净资产收益率

5. 下列反映企业获利能力的指标是(　　)。

A. 产权比率　　B. 利息保障倍数
C. 资产增值率　　D. 销售净利率

6. 资产本质的一个重要特征是(　　)。

A. 有形性　　B. 有价值
C. 收益性　　D. 有用性

7. 资产收益转化为经营收益的关键环节是(　　)。

A. 产品出售　　B. 收回货款
C. 资金周转　　D. 资金运用

8. 利润表的趋势分析主要通过编制(　　)来进行。

A. 比较利润表　　B. 资产负债分析表
C. 比较资产负债表　　D. 期间费用分析表

9. 多步式结构利润表体现了收益的(　　)。

A. 主要项目的结构　　B. 收支结构
C. 业务结构　　D. 总体结构

10. 通过利润表各项目增减差异及差异百分比的分析，可以了解企业利润变化的(　　)。

A. 内部原因　　B. 外部原因
C. 深层原因　　D. 表层原因

二、多项选择题

1. 计算营业成本利润率指标的营业成本包括(　　)。

A. 制造费用　　B. 销售费用

C. 管理费用　　D. 财务费用

2. 影响企业主营业务利润的有(　　)。

A. 业务量　　B. 单位售价

C. 单位产品成本　　D. 产品销售费用

E. 产品销售税金

3. 反映企业获利能力的指标有(　　)。

A. 销售净利率　　B. 总资产利润率

C. 股东权益报酬率　　D. 总资产周转率

E. 产权比率

4. 引起企业经营及利润变化的外部原因有(　　)。

A. 国际环境变化　　B. 国家宏观政策调整

C. 规章制度不健全　　D. 市场机制不完善

E. 决策失误

5. 引起利润变化的表层原因有(　　)。

A. 销售成本上升　　B. 管理费用加大

C. 营业外损失增多　　D. 决策失误

E. 成本控制不力

6. 下列选项中,可以增加产品销售收入的有(　　)。

A. 扩大销售数量　　B. 提高单位售价

C. 改善品种结构　　D. 降低单位成本

E. 减少销售费用

三、判断题

1. 计算留存盈利比率指标时,留存盈利不是指每年累计下来的盈利,而是指当年利润中留存的部分。(　　)

2. 影响每股股利多少的因素,除了获利大小外,还取决于企业的股利发放政策。(　　)

3. 股利支付率的高低水平没有具体的衡量标准,而且企业与企业之间也没有可比性。(　　)

4. 每股市价是股票的账面价值,是根据成本计算的;每股净资产是这些资产的现在价值,它是证券市场上交易的结果。(　　)

5. 一般来说,市盈率指标越低,表明该股票的投资风险越大。(　　)

6. 每股收益越高,意味着股东可以从公司分得的股利越高。(　　)

四、实训题

1. 表5—2列示某公司三年损益表资料。

表 5—2　　某公司 2010～2012 年利润表　　单位：万元

项　目	2010 年	2011 年	2012 年
一、营业收入	280	370	415
减：营业成本	190	276	340
营业税金及附加			
销售费用	13	22	31
管理费用	34	34	50
财务费用	4.6	3.6	3.5
资产减值损失			
加：公允价值变动损益			
投资收益		0.5	1.1
其中：对联营企业和合营企业的投资收益			
二、营业利润	38.4	34.9	−8.4
加：营业外收入		0.09	0.3
减：营业外支出	0.9	1.9	0.1
其中：非流动资产处置损失			
三、利润总额	37.5	33.09	−8.2

要求：分析该公司利润总额增减变动的原因。

2. 某公司 2014 年销售收入为 144 万元，税后净利为 14.4 万元，资产总额为 90 万元，负债总额为 27 万元。

要求：计算净资产报酬率。

3. 某公司 2014 年度的净利润为 500 万元，流通在外的总股数为 105 万股，其中优先股为 5 万股，本年度公司分配股利 80 万元，其中优先股股利为 10 万元。

要求：

(1)计算该公司本年度的每股盈余。

(2)计算该公司本年度普通股每股股利。

4. 某公司 2014 年 12 月 31 日资产负债表如表 5—3 所示。

表 5—3　　资产负债表　　单位：元

资　产	金　额	负债及所有者权益	金　额
货币资金	5 000	应付账款	(1)
应收账款	(2)	应交税费	5 000
存货	(3)	长期负债	(4)

续表

资　产	金　额	负债及所有者权益	金　额
固定资产	50 000	实收资本	60 000
		未分配利润	(5)
总　计	85 000	总　计	(6)

又已知：年末流动比率为2，产权比率为0.6，以营业额和年末存货计算的存货周转率为16次，以销售成本和年末存货计算的存货周转率为10次。本年营业毛利60 000元。

要求：将资产负债表中空缺的项目填入数字(写出计算过程)。

项 目 六

现金流量表的编制

学习目标

◎ 掌握现金流量表的概念和作用；

◎ 掌握现金流量的相关概念；

◎ 掌握现金流量表的编制方法。

学习建议

在学习过程中，应注意并不是所有经济业务的发生都会引起现金流量的变化。

引导案例

2010 年 A 公司增加了1 000万元的现金。在公司的现金流量表中，反映公司的经营活动增加了 300 万元，投资活动增加了 300 万元，筹资活动增加了 400 万元，三项活动的总和是 1 000万元。公司的经营活动均表明，公司出售商品的回收款是 100 万元，公司上一年缴纳税费 50 万元，获得退税 20 万元。公司购买原材料 50 万元，支付职工工资 67 万元。因此，借助于现金流量表可以知道，现金曾经从何处来，曾经用到何处去，这是现金流量表最基本的作用，也是最基本的功能。

任务 1　现金流量表基础知识

一、现金流量表概述

现金流量表，是综合反映企业一定会计期间内有关现金和现金等价物的流入和流出信息的会计报表。该表通过对企业现金流入量、现金流出量和现金净流量的反映，具体说明企业现金项目从期初到期末的变动过程，以便于会计报表的使用者了解和评价企业获取现金和现金等价物的能力，并据以预测企业未来现金流量。因此，现金流量分析是财务分析的重要组成部分，对于投资人、债权人和企业的管理当局都具有重要意义。

(一)现金流量的概念

现金流量是指企业一定时期的现金和现金等价物的流入和流出的数量。理解现金流量的概念可以从以下两方面入手：

(1)现金流量表中的“现金”，是指企业的现金和现金等价物。其包含的内容如图 6—1 所示：

- 现金流量表的“现金”
  - 现金
    - 库存现金：企业持有可随时用于支付的现金限额。
    - 银行存款：企业存入银行和其他金融企业中的各种随时可用于支付的存款。不包括已被企业用于抵押、质押、担保等用途的和已被依法冻结的，企业不能用于支付的银行存款，也不包括不能随时提前支取的定期银行存款。
    - 其他货币资金存款：外埠存款、银行本票存款、银行汇票存款、信用卡存款、信用证保证金存款等。
  - 现金等价物——企业持有的期限短、流动性强、易于转换为已知金额的现金，价值变动风险很小的短期投资。

图 6—1　现金流量表的“现金”的具体内容

应注意的是，作为现金等价物的短期投资必须同时满足上述定义中的四项条件，缺一不可。

(2)现金流量本质上是一种增量，即企业在一定时期内增加的流入量和流出量，没有增量，就不会形成现金流量。有如下四种情形：①现金各种形式之间的转换不形成现金的增量，即现金没有流入或流出企业，只是内部现金的存放形式发生了变化。如企业从银行提取现金、将库存现金存入银行等。②现金和现金等价物之间的转换不产生增量现金，不形成现金流量。如企业用现金购买将于 3 个月内到期的国库券，并不改变企业的支付能力，因此不构成报告期的现金流量。③企业日常发生的经济业务，若仅涉及非现金各项目之间的增减变动，而不涉及现金收支，不会产生增量现金，所以也不形成现金流量。如计提坏账准备、提取固定资产折旧、摊销无形资产和长期待摊费用、预提利息、用存货和固定资产等非现金资产清偿债务或对外投资、计提各项资产减值准备或转销非现金资产的损失、分配职工工资、计提职工福利费等。④在同时涉及现金与非现金项目的经济业务中，会产生现金增量，形成现金流量。如销售商品、借入短期借款等。

(二)现金流量的分类

现金流量的分类是编制现金流量表的基础。现金流量的产生是由企业的各项业务活动引起的，销售商品、提供劳务、出售固定资产、向银行借款等取得现金，形成企业的现金流入；购买原材料、接受劳务、购建固定资产、对外投资、偿还债务等而支付现金等，形成企业的现金流出。又如企业对外投资引起现金的流出，收回投资引起现金的流入等。因此，按企业业务活动类型对现金流量进行分类是一种比较好的方法。《企业会计准则——现金流量表》将现金流量归结为三类：经营活动产生的现金流量、投资活动产生的现金流量和筹资活动产生的现金流量。

1. 经营活动产生的现金流量

经营活动是指直接进行产品生产、商品销售或劳务提供的活动，是企业取得净收益的主要交易和事项。

2. 投资活动产生的现金流量

投资活动是指长期资产的购建和不包括在现金等价物范围内的投资及其处置活动。

3. 筹资活动产生的现金流量

筹资活动是指导致企业资本及债务规模和构成发生变化的活动。资本包括实收资本(股本)、资本溢价(股本溢价),债务指企业所借入的款项。

现金流量表按照经营活动、投资活动和筹资活动进行分类报告,目的是便于报表使用人了解各项活动对企业财务状况的影响,以及估量未来的现金流量。

小知识

现金流量表中将各种活动引起的现金流量按结果不同,分为现金流入量、现金流出量和现金净流量。

现金流入量反映企业各种活动引起的现金流入总额。

现金流出量反映企业各种活动引起的现金流出总额。

现金流量表的各个项目一般按报告年度的现金流入或现金流出的总额反映,目的是全面揭示企业现金流量的方向、规模和结构。但对于一些周转快、金额大、期限短的项目要求按净额报告。

现金净流量是指现金流入与现金流出的差额。现金流量表中现金净流量可能是正数,也可能是负数。若为正数,表示现金净流入;若为负数,表示现金净流出。现金净流量反映了企业各类活动形成的现金流量的最终结果。

二、现金流量表的结构和格式

现金流量表分为两部分。第一部分为正表,根据企业业务活动的性质和现金流量的来源,现金流量表采用报告式的结构,将企业一定期间产生的现金流量分为三类:经营活动产生的现金流量、投资活动产生的现金流量和筹资活动产生的现金流量,最后汇总反映企业现金及现金等价物净增加额。在有外币现金流量及境外子公司的现金流量折算为人民币的企业,还应单设"汇率变动对现金及现金等价物的影响"项目。

一般企业现金流量表的格式如表 6-1 所示。

表 6-1 **现金流量表**

会企 03 表

编制单位: ______年度 单位:元

项　　目	本期金额	上期金额
一、经营活动产生的现金流量		
销售商品、提供劳务收到的现金		
收到的税费返还		
收到其他与经营活动有关的现金		
经营活动现金流入小计		
购买商品、接受劳务支付的现金		
支付给职工以及为职工支付的现金		
支付的各项税费		

续表

项　　目	本期金额	上期金额
支付其他与经营活动有关的现金		
经营活动现金流出小计		
经营活动产生的现金流量净额		
二、投资活动产生的现金流量		
收回投资收到的现金		
取得投资收益收到的现金		
处置固定资产、无形资产和其他长期资产收回的现金净额		
处置子公司及其他营业单位收到的现金净额		
收到其他与投资活动有关的现金		
投资活动现金流入小计		
购建固定资产、无形资产和其他长期资产支付的现金		
投资支付的现金		
取得子公司及其他营业单位支付的现金净额		
支付其他与投资活动有关的现金		
投资活动现金流出小计		
投资活动产生的现金流量净额		
三、筹资活动产生的现金流量		
吸收投资收到的现金		
取得借款收到的现金		
收到其他与筹资活动有关的现金		
筹资活动现金流入小计		
偿还债务支付的现金		
分配股利、利润或偿付利息支付的现金		
支付其他与筹资活动有关的现金		
筹资活动现金流出小计		
筹资活动产生的现金流量净额		
四、汇率变动对现金及现金等价物的影响		
五、现金及现金等价物净增加额		
加:期初现金及现金等价物余额		
六、期末现金及现金等价物余额		

第二部分为补充资料(如表6－2所示),是对正表内容的补充说明,主要包括三项内容:(1)将净利润调节为经营活动现金流量;(2)不涉及现金收支的投资和筹资活动;(3)现金及现

金等价物净增加情况。

补充资料不仅是对主表部分的补充说明，而且两者中的某些项目存在相一致的关系：

(1)主表中的第一项“经营活动产生的现金流量净额”必须与补充资料中的第一项，由净利润调节后得到的“经营活动产生的现金流量净额”相一致。

(2)主表中的第五项“现金及现金等价物净增加额”必须与补充资料中的第三项“现金及现金等价物净增加额”相一致。

表 6—2

补充资料	本期金额	上期金额
1. 将净利润调节为经营活动现金流量		
净利润		
加：资产减值准备		
固定资产折旧、油气资产折耗、生产性生物资产折旧		
无形资产摊销		
长期待摊费用摊销		
处置固定资产、无形资产和其他长期资产的损失(收益以“—”号填列)		
固定资产报废损失(收益以“—”号填列)		
公允价值变动损失(收益以“—”号填列)		
财务费用(收益以“—”号填列)		
投资损失(收益以“—”号填列)		
递延所得税资产减少(增加以“—”号填列)		
递延所得税负债增加(减少以“—”号填列)		
存货的减少(增加以“—”号填列)		
经营性应收项目的减少(增加以“—”号填列)		
经营性应付项目的增加(减少以“—”号填列)		
其他		
经营活动产生的现金流量净额		
2. 不涉及现金收支的重大投资和筹资活动		
债务转为资本		
一年内到期的可转换公司债券		
融资租入固定资产		
3. 现金及现金等价物净变动情况		
现金的期末余额		
减：现金的期初余额		
加：现金等价物的期末余额		
减：现金等价物的期初余额		
现金及现金等价物净增加额		

任务2 现金流量表编制实务

一、经营活动产生的现金流量

经营活动产生的现金流量采用直接法填列。直接法，是指通过现金收入和现金支出的主要类别列示经营活动的现金流量。

(一)“销售商品、提供劳务收到的现金”项目

该项目反映企业销售商品、提供劳务实际收到的现金(含销售收入和应向购买者收取的增值税额)，包括本期销售商品、提供劳务收到的现金，以及前期销售商品、前期提供劳务本期收到的现金和本期预收的账款，减去本期销售本期退回的商品和前期销售本期退回的商品支付的现金。企业销售材料和代购代销业务收到的现金，也在本项目反映。本项目可以根据“库存现金”“银行存款”“应收账款”“应收票据”“预收账款”“主营业务收入”“其他业务收入”等科目的记录分析填列。写成公式如下：

$$\text{销售商品、接受劳务收到的现金}=\text{当期销售商品、提供劳务收到的现金}+\text{当期收到前期的应收账款和应收票据}+\text{当期预收的账款}-\text{当期销售退回而支付的现金}+\text{当期收回前期核销的坏账损失}-\text{当期计提的坏账准备}$$

【例6—1】 某企业当月的销售业务如下：

①销售产品价款为100 000元，增值税销项税额为17 000元，货款及增值税已收到并存入银行；

②销售产品价款为200 000元，销项税额为34 000元，货款及增值税均未收到；

③收回上年的应收账款7 000元存入银行；

④收到商品的预收款5 000元存入银行；

⑤将未到期的应收票据向银行贴现，面值为292 500元，贴现利息20 000元，实际收到贴现收入272 500元存入银行账户；

⑥销售商品退回，企业以银行存款退回商品款12 000元。

销售商品、提供劳务收到的现金=①(100 000+17 000)+③7 000+④5 000+⑤272 500 −⑥12 000=389 500(元)

(二)“收到的税费返还”项目

该项目反映企业收到返还的各种税费，如收到的增值税、消费税、营业税、所得税、教育费附加返还等。本项目可以根据“库存现金”“银行存款”“营业外收入”“其他应收款”等科目的记录分析填列。

【例6—2】 甲企业前期出口商品一批，已缴纳增值税，按规定应退增值税50 000元，前期未退，本期收到并存入银行；本期收到的教育费附加返还款31 000元存入银行。

本期收到的税费返还=50 000+31 000=81 000(元)

(三)“收到的其他与经营活动有关的现金”项目

该项目反映企业除了上述各项目外，收到的其他与经营活动有关的现金流入，如罚款收入、流动资产损失中由个人赔偿的现金收入等。其他现金流入如价值较大的，应单列项目反映。本项目可以根据“库存现金”“银行存款”“营业外收入”等科目的记录分析填列。

(四)“购买商品、接受劳务支付的现金”项目

该项目反映企业购买材料、商品、接受劳务实际支付的现金,包括本期购入材料、商品、接受劳务支付的现金(包括增值税进项税额)以及本期支付前期购入商品、接受劳务的未付款项和本期预付款项。本期发生的购货退回收到的现金应从本项目内减去。企业代购代销业务支付的现金,也在该项目反映。本项目可以根据“库存现金”“银行存款”“应付账款”“应付票据”“预付账款”“主营业务成本”“其他业务成本”等科目的记录分析填列。写成公式如下:

$$\text{购买商品、接受劳务支付的现金}=\text{当期购买商品、接受劳务支付的现金}+\text{当期支付前期的应付账款和应付票据}+\text{当期预付的账款}-\text{当期因购货退回收到的现金}$$

【例 6—3】 某企业当月发生如下业务:

①购买材料价款为 20 000 元,进项税额为 3 400 元,以银行存款支付;

②购买材料价款为 30 000 元,进项税额为 5 100 元,货款与增值税尚未支付;

③用银行汇票支付材料价款及增值税,收到银行转来银行汇票多余款收账通知,退回余款 34 000元,材料价款100 000元,其相应的增值税为17 000元;

④以银行存款预付购材料货款 30 000 元;

⑤以银行存款支付到期的应付票据,到期值为 68 500 元;

⑥购买工程物资 150 000 元(含增值税),款项已用银行存款支付。

购买商品、接受劳务支付的现金=①(20 000+3 400)+③(100 000+17 000)+④30 000 +⑤68 500=238 900(元)

(五)“支付给职工以及为职工支付的现金”项目

该项目反映企业实际支付给职工以及为职工支付的现金,包括本期实际支付给职工的工资、奖金、各种津贴和补贴等,以及为职工支付的其他费用,不包括支付的离退休人员的各项费用和支付给在建工程人员的工资等。企业支付给离退休人员的各项费用,包括支付的统筹退休金以及未参加统筹的退休人员的费用,在“支付的其他与经营活动有关的现金”项目中反映;支付给在建工程人员的工资,在“购建固定资产、无形资产和其他长期资产所支付的现金”项目反映。本项目可以根据“应付职工薪酬”“库存现金”“银行存款”等科目的记录分析填列。

企业为职工支付的养老、失业等社会保险基金、补充养老保险、住房公积金、支付给职工的住房困难补助,以及支付给职工或为职工支付的其他福利费用等,应按职工的工作性质和服务对象,分别在本项目和“购建固定资产、无形资产和其他长期资产支付的现金”项目中反映。

【例 6—4】 某企业当月工资等业务如下:

①企业本年实际支付工资及各种奖金、津贴共 1 000 000 元,其中,在建工程人员工资 200 000元;

②支付离退休人员工资 400 000 元;

③支付在岗职工困难补助 100 000 元;

④支付职工养老保险 400 000 元。

支付给职工以及为职工支付的现金=①(1 000 000—200 000)+③100 000+④400 000 =1 300 000(元)

(六)“支付的各项税费”项目

该项目反映企业按规定支付的各种税费,包括本期发生并支付的税费,以及本期支付以前各期发生的税费和预交的税金,如支付的教育费附加、矿产资源补偿费、印花税、房产税、土地增值税、车船税、营业税、增值税、消费税等,不包括计入固定资产价值、实际支付的耕地占用税、契税等，也不包括本期退回的增值税、所得税，本期退回的增值税、所得税在“收到的税费返还”项目中反映。本项目可以根据“应交税费”“库存现金”“银行存款”等科目的记录分析填列。

（七）“支付其他与经营活动有关的现金”项目

该项目反映企业除上述各项目外所支付的其他与经营活动有关的现金流出，如罚款支出、支付的差旅费、业务招待费现金支出、支付的保险费等。其他现金流出如价值较大的，应单列项目反映。本项目可以根据“库存现金”“银行存款”“管理费用”“营业外支出”科目的记录分析填列。

二、投资活动产生的现金流量

（一）“收回投资收到的现金”项目

该项目反映企业出售、转让或到期收回除现金等价物以外的对其他企业的权益工具、债务工具和合营中的权益等投资收到的现金。收回债务工具实现的投资收益、处置子公司及其他营业单位收到的现金净额不包括在本项目内。本项目可以根据“持有至到期投资”“长期股权投资”“可供出售金融资产”“库存现金”“银行存款”等科目的记录分析填列。

【例6－5】 某企业当年的投资业务如下：

①企业出售股票，该股票的投资成本为25 000元，出售收入30 000元存入银行；

②企业出售一项长期股权投资，该投资本金为500 000元，转让收入为480 000元，已存入银行；

③企业出售某项债权投资，本金为300 000元，收回全部投资金额350 000元，其中，50 000元是债券利息。

收回投资收到的现金＝①30 000＋②480 000＋③300 000＝810 000（元）

（二）“取得投资收益收到的现金”项目

该项目反映企业除现金等价物以外对其他企业的权益工具、债务工具和合营中的权益投资分回的现金股利和利息，不包括股票股利。本项目可以根据“库存现金”“银行存款”“投资收益”等科目的记录分析填列。

【例6－6】 企业出售某项债权投资，本金300 000元，收回全部投资金额350 000元，其中，50 000元是债券利息；企业将持有长期股权投资期间实际分得的现金股利30 000元存入银行。

取得投资收益所收到的现金＝50 000＋30 000＝80 000（元）

（三）“处置固定资产、无形资产和其他长期资产收回的现金净额”项目

该项目反映企业出售、报废固定资产、无形资产和其他长期资产所取得的现金（包括因资产毁损收到的保险赔偿款），减去为处置这些资产而支付的有关费用后的净额。如所收回的现金净额为负数，则应作为投资活动现金流出项目反映，列在“支付的其他与投资活动有关的现金”项目中。本项目可以根据“固定资产清理”“库存现金”“银行存款”等科目的记录分析填列。

【例6－7】 公司出售一台不需用设备，收到价款30万元，设备原价40万元，已提折旧15万元，支付拆卸费用0.2万元，运输费用0.08万元。

处置固定资产、无形资产和其他长期资产收回的现金净额＝300 000－2 800

＝297 200（元）

（四）“处置子公司及其他营业单位收到的现金净额”项目

该项目反映企业处置子公司及其他营业单位所取得的现金，减去相关处置费用以及子公司及其他营业单位持有的现金和现金等价物后的净额。本项目可以根据“长期股权投资”“银行存款”“库存现金”等科目的记录分析填列。

(五)“收到其他与投资活动有关的现金”项目

该项目反映企业除了上述各项目以外，所收到的其他与投资活动有关的现金流入。比如，企业收回购买股票和债券时支付的已宣告但尚未领取的现金股利或已到付息期但尚未领取的债券利息。若其他与投资活动有关的现金流入金额较大，应单列项目反映。本项目可以根据“应收股利”“应收利息”“银行存款”“库存现金”等有关科目的记录分析填列。

(六)“购建固定资产、无形资产和其他长期资产支付的现金”项目

该项目反映企业本期购买、建造固定资产、取得无形资产和其他长期资产实际支付的现金，以及用现金支付的应由在建工程和无形资产负担的职工薪酬，不包括为购建固定资产而发生的借款利息资本化的部分，以及融资租入固定资产支付的租赁费；企业支付的借款利息和融资租入固定资产支付的租赁费，在筹资活动产生的现金流量中反映。本项目可根据“固定资产”“在建工程”“无形资产”“库存现金”“银行存款”等科目的记录分析填列。

【例 6—8】 某企业发生如下与固定资产有关的业务：

①购入不需安装设备，价款80 000元，增值税税额为13 600元，包装费及运费为1 000元，价税及包装费、运费均以银行存款支付，设备已交付使用；

②购入在建工程用材料一批，价款100 000元，增值税发票列明的增值税额为17 000元，已用支票支付；

③在建工程领用工程物资共 117 000 元；

④支付在建工程人员工资 23 000 元；

⑤计算工程应负担的长期借款利息 150 000 元，该项借款利息已用银行存款支付；

⑥工程完工并交付使用，固定资产价值总额 290 000 元。

购建固定资产、无形资产和其他长期资产支付的现金＝①(80 000＋13 600＋1 000)

＋②(100 000＋17 000)＋④23 000

＝234 600(元)

(七)“投资支付的现金”项目

该项目反映企业取得除现金等价物以外的对其他企业的权益工具、债务工具和合营中的权益投资所支付的现金，以及支付的佣金、手续费等交易费用，但取得子公司及其他营业单位支付的现金净额除外。本项目可以根据“可供出售金融资产”“持有至到期投资”“长期股权投资”“库存现金”“银行存款”等科目的记录分析填列。

(八)“取得子公司及其他营业单位支付的现金净额”项目

该项目反映企业购买子公司及其他营业单位购买出价中以现金支付的部分，减去子公司及其他营业单位持有的现金和现金等价物后的净额。本项目可以根据“长期股权投资”“库存现金”“银行存款”等科目的记录分析填列。

(九)“支付其他与投资活动有关的现金”项目

该项目反映企业除上述各项以外，所支付的其他与投资活动有关的现金流出，如企业购买股票和债券时，支付的已宣告但尚未领取的现金股利或已到付息期但尚未领取的债券利息等，若某项其他与投资活动有关的现金流出金额较大，应单列项目反映。本项目可以根据“应收股利”“应收利息”“银行存款”“库存现金”等科目的记录分析填列。

【例 6—9】 某企业发生如下业务：

①购入短期股票投资 100 000 元，以银行存款支付；

②企业购入准备长期持有的债券，票面金额为200 000元，票面利率为8%，企业实际支付的金额为240 000元；

③购入股票投资，实际支付买价254 000元，其中包括已宣告发放但尚未领取的现金股利4 000元，另支付手续费3 000元，上述款项均以银行存款支付。

投资所支付的现金＝①100 000＋②240 000＋③(254 000－4 000＋3 000)＝593 000(元)

支付的其他与投资活动有关的现金＝③4 000＝4 000(元)

三、筹资活动产生的现金流量

(一)“吸收投资收到的现金”项目

该项目反映企业以发行股票、债券等方式筹集资金实际收到的款项净额(发行收入减去支付的佣金、手续费、宣传费、咨询费、印刷费等发行费用后的净额)。本项目可以根据“实收资本(或股本)”“库存现金”“银行存款”等科目的记录分析填列。

(二)“取得借款收到的现金”项目

该项目反映企业举借各种长、短期借款实际收到的现金。本项目可根据“短期借款”“长期借款”“库存现金”“银行存款”等科目记录分析填列。

(三)“收到其他与筹资活动有关的现金”项目

该项目反映企业除上述各项目外，所收到的其他与筹资活动有关的现金流入，如接受现金捐赠等。若某项其他与筹资活动有关的现金流入金额较大，应单列项目反映。本项目可以根据“银行存款”“营业外收入”“库存现金”科目的记录分析填列。

(四)“偿还债务支付的现金”项目

该项目反映企业以现金偿还债务的本金，包括偿还金融企业的借款本金、偿还债券本金等。企业偿还的借款利息、债券利息，在“分配股利、利润或偿付利息支付的现金”项目反映，不包括在本项目内。本项目可以根据“短期借款”“长期借款”“应付债券”“库存现金”“银行存款”等科目的记录分析填列。

(五)“分配股利、利润或偿付利息支付的现金”项目

该项目反映企业实际支付的现金股利，支付给其他投资单位的利润以及用现金支付的借款利息、债券利息等。本项目可以根据“应付股利”“应付利息”“财务费用”“库存现金”“银行存款”等科目的记录分析填列。

(六)“支付其他与筹资活动有关的现金”项目

该项目反映企业除上述各项外所支付的其他与筹资活动有关的现金流出，如捐赠现金支出、融资租入固定资产支付的租赁费等。若某项其他与筹资活动有关的现金流出金额较大，应单列项目反映。本项目可以根据“银行存款”“营业外支出”“长期应付款”“库存现金”科目的记录分析填列。

【例6－10】 某企业发生如下业务：

①企业发行股票10 000万股，每股面值1元，发行价格每股1.2元，发行手续费按发行收入的2%支付，发行费共计240 000元，企业已取得发行净收入存入银行。

②企业发行长期债券，债券面值为200万元，实际发行价格220万元，证券公司按发行收入的3%计手续费66 000元，手续费直接从发行收入中扣除。由证券公司代为支付宣传费及印刷费共计8 000元，从发行收入中扣除。企业以银行存款直接支付审计费3 000元。企业已收到发行债券的款项净额。

③从银行取得短期借款 150 000 元，已划入企业账户。

④企业接受现金捐赠 100 000 元。

吸收投资收到的现金＝①(10 000 000×1.2－240 000)＋②(2 200 000－66 000－8 000)

＝13 886 000(元)

(提示：企业直接支付的费用 3 000 元不从本项目扣除，列入"支付的其他与筹资活动有关的现金"项目。)

借款收到的现金＝③150 000(元)

收到的其他与筹资活动有关的现金＝④100 000(元)

支付的其他与筹资活动有关的现金＝③3 000(元)

【例 6－11】 某企业发生如下业务：

①以银行存款支付在建工程负担的资本化利息150 000元；

②归还短期借款本金 250 000 元，利息 12 000 元；

③宣告分配并支付现金股利 70 000 元；

④公司发放股票股利 100 000 股，每股面值 1 元，市场价格 2 元；

⑤支付融资租入固定资产的租赁费 80 000 元。

偿还债务所支付的现金＝②250 000(元)

分配股利、利润或偿付利息所支付的现金＝①150 000＋②12 000＋③70 000

＝232 000(元)

支付其他与筹资活动有关的现金＝⑤80 000(元)

四、汇率变动对现金及现金等价物的影响

(一)对于业务较少的企业，可逐笔计算汇率变动对现金及现金等价物的影响金额

$$\text{汇率变动对现金及现金等价物的影响}=\left(\text{期末汇率}-\text{业务发生时的即期汇率}\right)\times\text{外币现金流入}-\left(\text{期末汇率}-\text{业务发生时的即期汇率}\right)\times\text{外币现金流出}$$

【例 6－12】 某企业当期出口商品一批，售价800 000美元，收汇当日汇率为 1∶7.20，当期进口货物一批，价值300 000美元，结汇当日汇率为 1∶7.25，资产负债表日汇率为 1∶7.30，假设企业当期没有其他外币业务发生。

汇率变动对现金的影响额＝800 000×(7.30－7.20)－300 000×(7.30－7.25)＝65 000(元)

(二)对于业务较多的企业，可倒挤出该项目的金额

$$\text{汇率变动对现金及现金等价物的影响}=\text{现金及现金等价物净增加额}-\text{经营活动产生的现金净额}-\text{投资活动产生的现金净额}-\text{筹资活动产生的现金净额}$$

五、现金流量表正表其他项目的填列方法

现金流量表正表其他项目的填列方法如表 6－3 所示。

表 6－3　现金流量表正表其他项目的填列方法

报表项目	填列方法
现金及现金等价物净增加额	(1)表中前四个项目求和： ＝经营活动、投资活动和筹资活动现金流量净额之和＋汇率变动影响 (2)若无现金等价物： ＝资产负债表"货币资金"项目期末数－该项目期初数

续表

报表项目	填列方法
期初现金及现金等价物余额	若企业无现金等价物： 　=资产负债表“货币资金”项目期初余额
期末现金及现金等价物余额	(1)以上两项求和 (2)若企业无现金等价物： 　=资产负债表“货币资金”项目期末余额

六、现金流量表补充资料的填列方法

补充资料中“将净利润调节为经营活动的现金流量”，实际上是以间接法编制的经营活动的现金流量。间接法是以净利润为出发点，通过对若干项目的调整，最终计算确定经营活动产生的现金流量。

(一)基本原理

经营活动产生的现金流量净额 = 净利润 + 不影响经营活动现金流量但减少净利润的项目 − 不影响经营活动现金流量但增加净利润的项目 + 与净利润无关但增加经营活动现金流量的项目 − 与净利润无关但减少经营活动现金流量的项目

对不影响经营活动现金流量但影响净利润的业务，一般应通过调整“损益类”账户的发生额确定，此类业务涉及的是“投资活动”和“筹资活动”两类业务。如无形资产摊销业务，应调整“管理费用——无形资产摊销”账户；对与净利润无关但影响经营活动现金流量的业务，应通过调整“经营性流动性类”账户本身的发生额确定。如收回客户前欠账款业务，应分析调整“应收账款”账户的发生额确定。

将净利润调整为经营活动现金净额，需进行四项调整：

1. 扣除非经营活动的损益

扣除非经营活动的损益即从净利润中扣除筹资和投资活动的损益，基本原则是由筹资和投资活动引起的损失应加回到净利润中，而由筹资和投资活动引起的收益应从净利润中减去，主要包括处置固定资产、无形资产、其他长期资产的损失，固定资产报废损失，财务费用，投资损失(减收益)，即：

净利润−非经营活动损益=经营活动净损益

2. 加上不支付经营资产的费用

这些费用已在计算利润时扣除，但没有在本期支付现金，所以计算经营活动现金流量时应将其加回，主要包括计提的减值准备、计提固定资产折旧、无形资产摊销、长期待摊费用摊销。

3. 加上非现金流动资产减少

存货和应收项目减少，可以使企业收回在流动资产上占用的资金，导致现金增加；反之，现金减少。这主要包括存货减少(减增加)、经营性应收项目减少(减增加)，如应收票据减少、应收账款减少、预付账款减少、其他应收款减少。

4. 加上经营性应付项目增加

经营性负债增加的原因有两种；一种是由现金流入，但未增加利润，如收到押金；另一种是已减少利润，但未支付现金，如应付工资计入费用，减少了损益，但没有付现。这主要包括经营性应付项目增加(减减少)，如应付票据增加、应付账款增加、其他应付款增加、应付工资增加、应付福利费增加、应交税金增加。

(二)具体项目填列方法

1. 计提的资产减值准备

资产减值准备项目包括坏账准备、存货跌价准备、短期投资跌价准备、长期投资减值准备、固定资产减值准备和无形资产减值准备等。本期资产计提减值准备时,记入当期的利润表中的“损益类”项目,但实际上并未影响经营活动现金流量,因此,应在净利润的基础上进行调整。当计提资产减值准备时,应将其加回到净利润中;若恢复以前年度计提的减值准备,应从净利润中将其扣除。

2. 固定资产折旧、油气资产折耗、生产性生物资产折旧

企业计提固定资产折旧时,有的计入管理费用等期间费用,有的计入制造费用。计入期间费用部分已列入了利润表,计入制造费用部分则可能通过销售成本列入利润表,也可能形成企业的存货。企业计提的固定资产折旧,并不影响经营活动现金流量,应在净利润的基础上将其全部加回。当计提的固定资产折旧费包含在存货中时,虽然未影响净利润,但是增加了存货,这里也将其加回,然后在“存货的减少(减:增加)”项目中在将其相同净额扣除,形成自动平衡。

3. 无形资产摊销和长期待摊费用摊销

无形资产摊销时,计入了管理费用,使本期净利润减少,应在净利润的基础上将其全部加回。长期待摊费用摊销时,计入了管理费用或制造费用等。本项目的确定原理与固定资产折旧项目相同,应在净利润的基础上将其全部加回。

4. 处置固定资产、无形资产和其他长期资产的损失(减:收益)

处置固定资产、无形资产和其他长期资产业务,不会影响经营活动产生现金流量的增减变化。若导致净利润和经营活动产生的现金流量净额不一致,一定是这种业务影响了净利润。因此,应在净利润的基础上加回或扣除。

5. 固定资产报废损失

固定资产报废损失计入了营业外支出,使净利润减少,但这部分损失并没有影响经营活动现金流量,所以应在调节净利润时加回。固定资产盘盈和盘亏的处置也会影响净利润,也应在净利润基础上加回。

6.“公允价值变动损失”项目(收益以“－”填列)

7. 财务费用

企业发生的财务费用可以分别归属于经营活动、投资活动和筹资活动。对属于经营活动产生的财务费用,若既影响净利润又影响经营活动现金流量的业务,则不需进行调整;若影响净利润但不影响经营活动现金流量的业务,应通过调整经营性项目本身完成,如应收票据贴现业务,计入“财务费用”的金额应通过调整“经营性应收项目的减少(减:增加)”项目完成。对属于投资活动和筹资活动产生的财务费用,只影响净利润,但不影响经营活动现金流量,应在净利润的基础上进行调整。也就是说,与投资活动和筹资活动有关的财务费用应全额考虑,与经营活动有关的财务费用不予考虑。

8. 投资损失(减:收益)

投资收益是投资活动所引起的,与经营活动无关。也就是说,该项目影响净利润的变化但不会影响经营活动现金流量。若为投资收益,调节净利润时应减去;若为投资损失,调节净利润时应加回。本项目不考虑投资计提减值准备影响的净利润。

9. 递延税款贷项(减:借项)

10. 存货的减少(减:增加)

存货的增减变动一般属于经营活动。存货增加,说明现金减少或经营性应付项目增加;存货减少,说明销售成本增加、净利润减少。所以在调节净利润时,应减去存货的增加数,或加上存货的减少数。在存在赊购的情况下,还应通过调整经营性应付项目的增减变动来反映赊购对现金流量的影响。若存货的增减变动不属于经营活动,则不能对其进行调整,如对外投资减少的存货,接受投资者投入的存货等业务。

11. 经营性应收项目的减少(减:增加)

经营性应收项目主要是指应收账款、应收票据和其他应收款中与经营活动有关的部分(包括应收的增值税销项税额)等。经营性应收项目的增减变动一般属于经营活动。经营性应收项目增加,说明收入增加、净利润增加;经营性应收项目减少,说明现金增加。所以在调节净利润时,应减去经营性应收项目的增加数,或加上经营性应收项目的减少数。若经营性应收项目的增减变动不属于经营活动,则不能对其进行调整,如收到客户以固定资产抵债而减少应收账款等业务。

12. 经营性应付项目的增加(减:减少)

经营性应付项目主要是指应付账款、应付票据、应付职工薪酬、应交税费、其他应付款中与经营活动有关的部分(包括应付的增值税进项税额)等。经营性应付项目的增减变动一般属于经营活动。经营性应付项目增加,说明存货增加,最终导致销售成本增加、净利润减少。经营性应付项目减少,说明现金减少。所以在调节净利润时,应加上经营性应付项目的增加数,或减去经营性应付项目的减少数,若经营性应付项目的增减变动不属于经营活动,则不能对其进行调整,如债务重组业务中以固定资产抵债减少的应付账款等业务。

小思考

问:现金流量表中相关项目间有什么勾稽关系?

提示:正表第一项经营活动产生的现金流量净额应等于补充资料第一项经营活动产生的现金流量净额,正表第五项现金及等价物净增加额应等于补充资料第三项中的现金及现金等价物净增加额。尽管它们的计算依据不同:正表的数字是流入与流出的差额,补充资料中的数字是期末数与期初数的差额。

【例 6—13】 根据【例 2—1】和【例 4—1】的相关资料,编制 A 公司现金流量表,如表 6—4 所示。

表 6—4 **现金流量表**

会企 03 表

编制单位: ______年度 单位:元

项目	本期金额	上期金额
一、经营活动产生的现金流量		
销售商品、提供劳务收到的现金	30 420	
收到的税费返还	0	
收到其他与经营活动有关的现金	0	

续表

项目	本期金额	上期金额
经营活动现金流入小计	30 420	
购买商品、接受劳务支付的现金	20 000	
支付给职工以及为职工支付的现金	0	
支付的各项税费	2 300	
支付其他与经营活动有关的现金	0	
经营活动现金流出小计	22 300	
经营活动产生的现金流量净额	8 120	
二、投资活动产生的现金流量		
收回投资收到的现金	0	
取得投资收益收到的现金	0	
处置固定资产、无形资产和其他长期资产收回的现金净额	180 000	
处置子公司及其他营业单位收到的现金净额	0	
收到其他与投资活动有关的现金	0	
投资活动现金流入小计	180 000	
购建固定资产、无形资产和其他长期资产支付的现金	0	
投资支付的现金	0	
取得子公司及其他营业单位支付的现金净额	0	
支付其他与投资活动有关的现金	0	
投资活动现金流出小计	0	
投资活动产生的现金流量净额	180 000	
三、筹资活动产生的现金流量		
吸收投资收到的现金	0	
取得借款收到的现金	0	
收到其他与筹资活动有关的现金	0	
筹资活动现金流入小计	0	
偿还债务支付的现金	0	
分配股利、利润或偿付利息支付的现金	0	
支付其他与筹资活动有关的现金	0	
筹资活动现金流出小计	0	
筹资活动产生的现金流量净额	0	
四、汇率变动对现金及现金等价物的影响	0	
五、现金及现金等价物净增加额	188 120	

续表

项　　目	本期金额	上期金额
加:期初现金及现金等价物余额	400 500	
六、期末现金及现金等价物余额	588 120	
补充资料	本期金额	上期金额
1. 将净利润调节为经营活动现金流量		
净利润	87 100	
加:资产减值准备	234	
固定资产折旧、油气资产折耗、生产性生物资产折旧	8 766	
无形资产摊销	1 000	
长期待摊费用摊销	0	
处置固定资产、无形资产和其他长期资产的损失(收益以“—”号填列)	−54 000	
固定资产报废损失(收益以“—”号填列)	0	
公允价值变动损失(收益以“—”号填列)	0	
财务费用(收益以“—”号填列)	0	
投资损失(收益以“—”号填列)	−70 000	
递延所得税资产减少(增加以“—”号填列)	0	
递延所得税负债增加(减少以“—”号填列)	0	
存货的减少(增加以“—”号填列)	−250 000	
经营性应收项目的减少(增加以“—”号填列)	−46 800	
经营性应付项目的增加(减少以“—”号填列)	331 820	
其他	0	
经营活动产生的现金流量净额	8 120	
2. 不涉及现金收支的重大投资和筹资活动	0	
债务转为资本	0	
一年内到期的可转换公司债券	0	
融资租入固定资产	0	
3. 现金及现金等价物净变动情况		
现金的期末余额	588 620	
减:现金的期初余额	400 500	
加:现金等价物的期末余额	0	
减:现金等价物的期初余额	0	
现金及现金等价物净增加额	188 120	

经营性应付项目的增加=应付票据的增加(381 000−50 000)+应交税费的增加(12 820−12 000)=338 120(元)

本章小结

资产负债表报告的是某一时点的价值存量，利润表反映的是两个时点之间存量变化的流量，现金流量表则反映了现金的变化过程。现金流量表中的“现金”包括现金和现金等价物两部分。

现金流量表分为两部分。第一部分为正表，根据企业业务活动的性质和现金流量的来源，现金流量表采用报告式的结构，将企业一定期间产生的现金流量分为三类：经营活动产生的现金流量、投资活动产生的现金流量和筹资活动产生的现金流量，最后汇总反映企业现金及现金等价物净增加额。在有外币现金流量及境外子公司的现金流量折算为人民币的企业，还单设“汇率变动对现金及现金等价物的影响”项目。第二部分为补充资料，是对正表内容的补充说明，主要包括三项内容：将净利润调节为经营活动现金流量、不涉及现金收支的投资和筹资活动、现金及现金等价物净增加情况。补充资料不仅是对正表部分的补充说明，而且两者中的某些项目存在相等一致的关系。

关键术语

现金流量表　现金流量　现金等价物　直接法　间接法
经营活动产生的现金流量　投资活动产生的现金流量　筹资活动产生的现金流量

思考题

1. 什么是现金流量表？
2. 简述现金流量表的结构。
3. 简述现金流量表的作用。
4. 如何编制现金流量表？

练习题

一、单项选择题

1.（　　）是指企业存放于财会部门，可随时用于支付的现金。

A. 库存现金　　B. 溢余现金
C. 现金流量　　D. 银行存款

2. 下列属于现金等价物的是（　　）。

A. 股票　　B. 一年期以上的债券
C. 自购买日起三个月内到期的债券投资　　D. 债券

3. 反映企业一定期间现金流入与流出情况的会计报表是（　　）。

A. 资产负债表　　B. 利润表
C. 现金流量表　　D. 利润分配表

4.“支付给职工以及为职工支付的现金”属于（　　）。

A. 经营活动产生的现金流量　　B. 投资活动产生的现金流量
C. 筹资活动产生的现金流量　　D. 生产成本支出

5.“取得借款收到的现金”项目属于(　　)。
A. 经营活动产生的现金流量　　B. 投资活动产生的现金流量
C. 筹资活动产生的现金流量　　D. 负债

二、多项选择题

1. 其他货币资金包括(　　)。
A. 外埠存款　　B. 银行汇票存款
C. 信用证保证金　　D. 信用卡存款

2. 一般企业现金流量表按照现金流量分类，分为(　　)。
A. 经营活动产生的现金流量　　B. 投资活动产生的现金流量
C. 筹资活动产生的现金流量　　D. 其他活动产生的现金流量

3. 经营活动的现金流入主要包括(　　)。
A. 销售商品收到的现金　　B. 提供劳务收到的现金
C. 收到税费返还等所收到的现金　　D. 利息收入

4. 经营活动的现金流出主要包括(　　)。
A. 购买商品所支出的现金　　B. 接受劳务所支出的现金
C. 支付职工工资所支出的现金　　D. 缴纳税款所支出的现金

5. 投资活动的现金流入主要包括(　　)。
A. 收回投资收到的现金
B. 分得股利、利润收到的现金
C. 取得债券利息收入所收到的现金
D. 处置固定资产、无形资产和其他长期资产所收到的现金

三、判断题

1. 经营活动产生的现金流量包括销售商品、接受劳务、分配利润等活动产生的现金流入流出。(　　)
2. 现金流量表的编制方法有直接法和间接法。(　　)
3. 建立现金流量表的理论依据是“现金流入－现金流出 ＝ 现金净增加额”。(　　)
4. 现金流量表是以现金和现金等价物为基础编制的。(　　)
5. 自购买日起半年内到期的债券投资属于现金等价物。(　　)

四、实训题

1. 某企业 2014 年度的有关资料如下：
(1)应收账款项目：年初数 100 万元，年末数 120 万元。
(2)应收票据项目：年初数 40 万元，年末数 20 万元。
(3)预收账款项目：年初数 80 万元，年末数 90 万元。
(4)主营业务收入 6 000 万元。
(5)应交税金——应交增值税(销项税额)1 037 万元。

(6)其他有关资料如下:本期计提坏账准备5万元(该企业采用备抵法核算坏账损失),本期发生坏账回收2万元,应收票据贴现使“财务费用”账户产生借方发生额3万元,工程项目领用本企业产品100万元产生增值税销项税额17万元,收到客户用11.7万元商品(货款10万元、增值税1.7万元)抵偿前欠账款12万元。

要求:根据上述资料,计算销售商品、提供劳务收到的现金。

2. 某企业2014年度的有关资料如下:

(1)应付账款项目:年初数100万元,年末数120万元。

(2)应付票据项目:年初数40万元,年末数20万元。

(3)预付账款项目:年初数80万元,年末数90万元。

(4)主营业务成本4 000万元。

(5)存货项目的年初数为100万元,年末数为80万元。

(6)应交税金——应交增值税(进项税额)600万元。

(7)其他有关资料如下:用固定资产偿还应付账款10万元,生产成本中直接工资项目含有本期发生的生产工人工资费用100万元,本期制造费用发生额为60万元(其中消耗的物料为5万元),工程项目领用本企业产品10万元。

要求:根据上述资料,计算购买商品、接受劳务支付的现金。

3. 2014年度H股份有限公司利润表有关项目的明细资料如下:

(1)管理费用的组成:职工薪酬17 100元,无形资产摊销60 000元,折旧费20 000元,支付其他费用60 000元。

(2)财务费用的组成:计提借款利息11 500元,支付应收票据(银行承兑汇票)贴现利息30 000元。

(3)资产减值损失的组成:计提坏账准备900元,计提固定资产减值准备30 000元。上年年末坏账准备余额为900元。

(4)投资收益的组成:收到股息收入30 000元,与本金一起收回的交易性股票投资收益500元,自公允价值变动损益结转投资收益1 000元。

(5)营业外收入的组成:处置固定资产净收益50 000元(其所处置固定资产原价为400 000元,累计折旧为150 000元。收到处置收入300 000元)。假定不考虑与固定资产处置有关的税费。

(6)营业外支出的组成:报废固定资产净损失19 700元(其所报废固定资产原价为200 000元,累计折旧为180 000元,支付清理费用500元,收到残值收入800元)。

(7)所得税费用的组成:当期所得税费用92 800元,递延所得税收益7 500元。

除上述项目外,利润表中的销售费用20 000元至期末已经支付。

H股份有限公司资产负债表有关项目的明细资料如下:

(1)本期收回交易性股票投资本金15 000元、公允价值变动1 000元,同时实现投资收益500元。

(2)存货中生产成本、制造费用的组成:职工薪酬324 900元,折旧费80 000元。

(3)应交税费的组成:本期增值税进项税额42 466元,增值税销项税额212 500元,已交增值税100 000元;应交所得税期末余额为20 097元,应交所得税期初余额为0;应交税费期末数中应由在建工程负担的部分为100 000元。

(4)应付职工薪酬的期初数无应付在建工程人员的部分，本期支付在建工程人员职工薪酬200 000元。应付职工薪酬的期末数中应付在建工程人员的部分为28 000元。

(5)应付利息均为短期借款利息，其中本期计提利息11 500元，支付利息12 500元。

(6)本期用现金购买固定资产 101 000 元，购买工程物资300 000元。

(7)本期用现金偿还短期借款 250 000 元，偿还一年内到期的长期借款1 000 000元，借入长期借款560 000元。

要求：根据以上资料，采用分析填列的方法，编制 H 股份有限公司 2014 年度的现金流量表。

项目七

现金流量表的分析

学习目标

◎ 掌握有关现金流量表分析的主要财务比率的计算和使用，以及现金流量分析与资产负债表和利润表分析的关系；

◎ 掌握现金流量表的趋势分析和结构分析方法。

学习建议

这部分内容需要在理解现金流量表的基础上展开，因此在分析前要熟悉现金流量表的相关内容，包括其作用、构成、编制以及与资产负债表和利润表的关系，做好必要的学前准备；

有关比率的计算相对简单，但各个公式之间差别细微，在具体应用时要仔细辨别；

现金流量的分析不能孤立地进行，而要将其与资产负债表的分析、利润表的分析相结合。

引导案例

张华：我在分析京华公司的报表，这家公司的净利润为正数且金额较大，而现金流量尤其是经营活动现金流量不多，那我该以哪方面为主呢？

李平：企业的现金流量与净利润反映的信息是不同的，净利润是按权责发生制确定的，而现金流量是按收付实现制确定的，只有现金流量才是企业实际可以支配的现金。

任务1　现金流量表的初步分析

一、现金流量表分析的作用

虽然资产负债表可以反映企业在某一会计期末的财务状况，但它却无法解释财务状况形成的原因，利润表能够解释财务状况形成的原因，但利润表上的利润并不表示企业全部收到了现金，实际上无法对现金的实际运用情况进行具体的描述。现金流量表正好弥补两表的不足。

通过对现金流量表的分析，我们可以获得以下几个方面的信息：

(一)客观评价企业当前的财务状况

现金流量表能够提供企业一定时期经营、投资、筹资活动的现金流入与流出信息，能够准确反映出企业从经营活动、投资活动和筹资活动中各自获得了多少现金以及获得的这些现金又支付了多少，剩余多少。它可以说明一个盈利企业为什么会出现现金短缺，而一个亏损企业却又为什么能够维持经营，并在经营活动中出现大量的资金流入。进行现金流量分析就是以现金流量表为主要依据，利用多种分析方法进一步揭示现金流量信息，并从现金流量角度对企业状况做出评价。

现金流量信息有利于报表使用者正确评价企业收益的质量，也有助于解释为什么有的企业获利丰厚却没有足够的资金来偿债和支付。

(二)预测分析企业未来获取现金的能力

现金流量表分别反映经营活动、投资活动和筹资活动对现金的影响。现金流量表中反映的经营活动所产生的现金流量，代表企业运用其经济资源创造现金流量的能力(在“正表”体现)，便于报表使用者分析一定期间内产生的净利润与经营活动产生现金流量的差异(在“补充资料”体现)；投资活动产生的现金流量，代表企业运用资金产生现金流量的能力；筹资活动产生的现金流量，代表企业筹资活动获取现金的能力。通过现金流量表中的数据资料及其他信息，可以分析企业未来获取或支付现金的能力。例如，企业通过银行借款筹得的资金，在本期现金流量表中表现为现金流入，但意味着企业在未来偿还借款时需流出现金。又如，本期应收未收的款项，在本期现金流量表中虽然没有表现为现金流入，但意味着未来会有现金流入。

此外，现金流量表还可以弥补权责发生制的不足，提高会计信息的可比性，有助于防止企业弄虚作假、粉饰财务状况、操纵经营成果现象的发生。

二、现金流量表项目的初步分析

(一)经营活动产生的现金流量项目分析

经营活动现金流量项目的初步分析一般需经过以下步骤：

1. 阅读

通过阅读报表数据获得对企业经营活动现金流动的总体印象，包括现金的取得来源、支出去向以及两者的差额。

2. 比较

将本期现金流量数据与上期比较，可以了解企业现金流量发展变化的情况。

3. 解释

对比较的结果做出说明。说明现金流入或流出变化的主要原因，以及说明某项现金流入增加或现金流出增加的原因。说明某项现金流入或流出的变动原因，需要结合利润表和有关财务报告附注的数据进行解释。

4. 调整

为了进行更进一步分析，现金流量表中的某些数据须进行必要的调整。如“税费返还”的数额如果比较大，应将其删除。因为，此项不具有持续性，不能代表企业获取现金的正常能力。

案例分析

安然公司伪造经营活动产生的现金流量

1999年12月的最后一个星期，安然公司与花旗银行策划了一起制造现金流量的阴谋。由花旗银行向一个与安然公司没有任何关系，投入资本只有1 500万美元的SPE贷款4.85亿美元，再由这个SPE购买5亿美元的政府债券投资到安然公司控制的一个子公司。作为回报，安然公司承诺按50%的利率给这个SPE支付利息。安然公司随即将这家公司持有的5亿美元政府债券出售变现，并在1999年度会计记录结账后的两个星期内将这5亿美元连同利息约1 400万美元偿还给该SPE，再由它偿还花旗银行的贷款。尽管安然公司为此付出了高昂的代价，但其1999年度经营活动产生的现金流量由原来的7亿美元增至12亿美元。

∵请思考：

(1)经营活动产生的现金流量具体包括哪些内容？

(2)安然公司为何要以高昂的代价伪造经营活动产生的现金流量？

∵分析思路：

(1)经营活动产生的现金流量主要包括：销售商品、提供劳务、收到或购买商品、接受劳务支付的现金；收到税费返还或支付的各项税费；支付给职工以及为职工支付的现金；收到或支付的其他与经营活动有关的现金等。

(2)在企业的全部活动中，经营活动是最基本和最主要的活动，是企业取得净收益的主要交易和事项。与此相应，经营活动产生的现金流量就是企业现金流量的主要来源。显然，安然公司伪造经营活动产生的现金流量的目的也就在于提高其现金流动质量，吸引投资者。

经营活动产生的现金流量是现金流量的一项重要指标，它说明企业在不动用外部筹资的情况下，通过经营活动产生的现金流量是否足以偿还债务、支付股利和对外投资。

经营活动现金净流量为经营活动现金流入减去经营活动现金流出的数额。如果经营活动现金流量净额为负数，说明企业通过正常的商品购销活动所带来的现金流入量不足以支付因经营活动而引起的货币流出，需要采用筹资或拖延债务支付、收回投资等方式来解决经营所需的现金流出。如果经营活动现金流量净额等于零，说明企业通过正常的商品购销活动所带来的现金流入量，恰好能够支付因上述经营活动而引起的货币流出，企业经营活动现金流量处于“收支平衡”的状态。因此，企业正常的经营活动不需要额外补充流动资金，也不需要通过投资活动及筹资活动来贡献现金。如果经营活动现金流量净额为正数，说明企业通过正常的商品购销活动所带来的现金流入量不但能够支付因经营活动而引起的货币流出，而且还能为企业的投资等活动提供现金流量的支持，表明企业生产的产品产销对路，销售回款能力较强，成本费用控制在较适宜的水平上。企业经营活动产生的现金流量良好，表明企业经营活动健康稳定，对企业规模的扩大起到重要的支持作用。

小知识

企业正常经营活动的现金支付，可通过按照以下顺序解决：首先，消耗企业现存的货币积累；其次，当现存的货币积累不足时，则会挤占本来可以用于投资活动的现金，从而推迟投资活动的进行；再次，在不能挤占本来可以用于投资活动的现金的条件下，需要进行额外贷款融资，以满足经营活动的现金需要；最后，在没有贷款融资的条件下，只能采用拖延债务支付或加大经营活动引起的负债规模来解决。

应当注意的是，在企业不同的发展阶段，对于经营活动现金流量的质量的要求也不同。在企业开始从事经营活动的初期，由于经营生产的各个环节处于“磨合”状态，设备与人力资源的利用率相对较低，材料消耗量相对较高，导致企业在这一时期的经营活动表现为现金流量“入不敷出”的状态，这是企业在发展过程中出现的不可避免的正常状态。但是，如果企业在正常生产经营期间仍然出现这种状态，说明企业通过经营活动创造现金流量的能力下降，企业经营活动现金流量的质量不高。

(二)投资活动产生的现金流量项目分析

投资活动是企业现金流动的主要形式之一。对投资活动现金流量的分析，主要应关注投资活动的现金流出量与企业发展战略之间的吻合程度。

如果投资活动产生的现金流量为负数，意味着企业在购建固定资产、无形资产和其他长期资产、权益性投资以及债权性投资等方面所支付的现金之和大于企业收回投资，分得股利或利润，取得债券利息收入，处置固定资产、无形资产和其他长期资产而收到的现金净额之和。表明企业扩大再生产的能力较强，参与资本市场运作、实施股权及债权投资能力较强。如果投资活动产生的现金流量为正数，意味着企业可能是由于企业在经营活动与筹资活动方面急需资金而不得不处理手中的长期资产以求变现等原因而引起的；也可能是因为投资回收活动的规模大于投资支出的规模，表明企业投资收效显著，投资回报及变现能力较强。

(三)筹资活动产生的现金流量项目分析

对筹资活动产生的现金流量进行分析，主要应关注筹资活动的现金流量与经营活动、投资活动现金流量之间的适应程度。在企业经营活动、投资活动需要现金支持时，企业应通过筹资活动及时、足额地筹到相应的资金；在企业经营活动、投资活动产生大量现金时，企业应及时清偿相应的贷款，避免不必要的利息支出。

如果筹资活动产生的现金流量为正数，意味着企业筹资活动产生的现金流入大于筹资活动产生的现金流出，表明企业通过银行及资本市场筹资的能力较强。同时，应密切关注资金的使用效果，防止企业未来无法支付到期的债务本息而陷入债务危机。如果筹资活动产生的现金流量为负数，意味着企业筹资活动产生的现金流入小于筹资活动产生的现金流出，这种情况可能是由于企业在本会计期间集中发生偿还债务、支付筹资费用、分配股利或利润、偿付利息等业务而产生的，也可能是因为企业经营活动与投资活动在现金流量方面运转较好，有能力完成各项支付而产生的。但是，企业筹资活动产生的现金流量为负数，也可能是企业在投资和企业扩张方面没有更多作为的一种表现。分析企业筹资活动产生的现金流量，应关注企业的筹资活动与企业的未来发展规划的关联度，企业的筹资活动是企业管理层为扩大投资和经营活动而采取的主动筹资行为，还是企业因投资活动和经营活动的现金流出失控而采取的不得已的筹资行为。

应注意的是，上述各项活动对现金流量的影响分析还应结合企业收入的实现情况进行，以分析评价企业收入质量的高低。

任务2　现金流量表的财务比率分析

与资产负债表和利润表分析一样，现金流量表分析也有若干财务比率指标，通过这些财务比率指标可以反映和考察企业现金流量满足生产经营、投资与偿债需要的程度。现金流量表分析所涉及的财务比率指标有以下几方面。

一、现金流动性分析

现金流动性分析目的：考察企业经营活动产生的现金流量与债务之间的关系。

(一)现金流动负债比

现金流动负债比，指年度经营活动产生的现金净流量与流动负债的比值。反映企业经营活动产生的现金流量对当期流动负债偿还的满足程度。其计算公式为：

$$现金流动负债比=\frac{经营活动现金净流量}{流动负债}\times 100\%$$

指标数值越大，表明企业对当期债务清偿的保障越强，表明流动资产的流动性越好。

(二)债务保障率

债务保障率，又称现金负债总额比，指年度经营活动产生的现金净流量与全部债务的比值。反映企业本期经营活动产生的现金流量对当期全部债务偿还的满足程度。其计算公式为：

$$债务保障率=\frac{经营活动现金净流量}{流动负债+长期负债}\times 100\%$$

它同前一个指标的差别在于，现金流动负债比可能为短期债权人所重视，而现金债务总额比更为长期债权人所关注。该指标数值越高，表明企业承担债务总额的能力越强。

【例7—1】 假定某企业的经营活动现金净流量为36万元，债务总额为300万元，则：

现金负债总额比＝36÷300×100％ ＝12％

该数据表明，该企业最大的付息能力是12％，即利息高达12％时该企业仍能按时付息。只要能按时付息，就能借新债偿还旧债，维持债务规模。如果市场利率是9％，那么A企业最大的负债能力是400万元(36÷9％)。仅从付息能力看，该企业还可借债100万元(400—300)，可见该企业的举债能力是不错的。

二、获取现金能力分析

获取现金能力分析，主要反映企业经营活动获取现金的能力。指标包括：

(一)每元销售现金净流入

每元销售现金将流入，指经营活动现金净流量与主营业务销售收入的比值，反映企业通过销售获取现金的能力。其计算公式为：

$$每元销售现金净流入=\frac{经营活动现金净流量}{主营业务收入}$$

该指标数值越高，表明企业经营活动获取现金的能力越强。将该指标与同行业的水平相比，可以评价企业经营活动获取现金的能力强弱，与历史水平相比，可以评价获取现金的能力的变化趋势。

(二)每股经营现金流量

每股经营现金流量是经营活动现金净流量与发行在外的普通股股数的比值。该指标反映企业每一普通股获取的现金流入量。其计算公式为:

$$每股经营现金流量=\frac{经营活动现金净流量-优先股股利}{发行在外的普通股股数}$$

该指标数值越高,表明企业经营活动获取现金的能力越强。

(三)全部资产现金回收率

全部资产现金回收率是经营活动现金净流量与全部资产的比值,反映企业运用全部资产获取经营活动产生的现金的能力,说明企业的资产运用效率。其计算公式为:

$$全部资产现金回收率=\frac{经营活动现金净流量}{全部资产}\times 100\%$$

该指标数值越高,也表明企业经营活动获取现金的能力越强。

三、财务弹性

小知识

财务弹性是指企业自身产生的现金与现金需求之间的适合程度。若企业自身产生的现金大大少于现金需求,则只能从外部筹资。一个企业的债务越大,还债压力就越大,再筹资就越困难。因此,财务弹性小的企业,由于筹资困难往往会失去盈利机会。

反映企业财务弹性的指标包括:现金流量适合比率、现金再投资比率、现金股利保障倍数。

(一)现金流量适合比率

现金流量适合比率,指经营活动现金净流量与同期资本支出、存货购置及发放现金股利的比值。反映经营活动现金满足主要现金需求的程度。其计算公式为:

$$现金流量适合比率=\frac{一定时期经营活动产生的现金净流量}{同期资本支出+同期存货净投资额+同期现金股利}\times 100\%$$

计算结果如果该指标等于1,说明企业经营活动所形成的现金流量恰好能够满足企业日常基本需要;如果该指标小于1,说明企业经营活动产生的现金流量不能满足需要,应当采取筹资措施;如果该指标大于1,说明企业经营活动产生的现金流量大于日常需要,企业可以考虑偿还债务以减轻利息负担,扩大生产经营规模或增加长期投资等。

(二)现金再投资比率

现金再投资比率是经营活动现金净流量减去现金股利和利息支出后的余额与总投资的比值。反映企业有多少现金留下来并投入企业用于资产更新和企业发展。其计算公式为:

$$现金再投资比率=\frac{经营活动现金净流量-现金股利-利息支出}{固定资产+对外投资+其他资产+营运资金}\times 100\%$$

该比率的行业比较有重要意义。现金再投资比率通常应在7%~10%之间,但各行业有区别,同一企业的不同年份也有区别。一般来讲,在企业高速扩张的年份,现金再投资比率低一些;稳定发展的年份高一些。

(三)现金股利保障倍数

现金股利保障倍数,指经营活动净现金流量与现金股利支付额之比。反映企业用年经营活动净现金流量支付现金股利的能力。其计算公式为:

$$现金股利保障倍数=\frac{经营活动净现金流量}{现金股利支付额}\times 100\%$$

指标数值越大，说明企业现金股利占经营活动现金流量的比重越小，企业支付现金股利的能力越强。

四、收益质量分析

收益质量是指收益和公司业绩评价之间的相关性。如果企业的收益能如实反映公司业绩，则认为其收益质量高；如果收益不能很好地反映公司的业绩，则认为其收益质量低。通常，收益质量高的企业具有以下特点：(1)持续的、稳健的会计政策，且该政策对公司财务状况和净收益的计量是谨慎的；(2)公司的盈利是由经常性的与公司基本业务相关的交易所带来的，而不是一次性的，并且公司所依赖的业务具有较好的发展前景；(3)会计上所反映的利润能迅速转化为现金；(4)公司的债务水平相当；(5)盈利趋势是稳定的、可预测的；(6)资产的运转状况良好等。收益质量低的公司情况则相反。

评价收益质量的财务比率是现金营运指数，它是经营活动现金净流入与经营所得现金的比值。反映企业营运管理的水平和收益的质量。其计算公式为：

$$\text{现金营运指数}=\frac{\text{经营活动现金净流量}}{\text{经营所得现金}}\times 100\%$$

其中，经营所得现金＝净收益－非经营净收益＋非付现费用。

若营运指数等于1，说明经营所得现金全部实现；若营运指数小于1，说明一部分收益尚没有取得现金，停留在实物或债权形态，未收现的收益质量低于已收现的收益；若营运指数大于1，说明一部分营运资金被收回，返回现金状态。

【例7－2】 假定A公司列示在现金流量表的“补充资料”(部分)见表7－1。

表7－1 收益质量分析 单位：元

<table>
<tr><th>补充资料</th><th>本期金额</th><th>收益质量分析</th></tr>
<tr><td>净利润</td><td>2 379 010</td><td></td></tr>
<tr><td>加：资产减值准备</td><td>9 000</td><td rowspan="4">没有支付现金的费用即非付现费用共1 609 000元，如果少提取这类费用，增加收益却不增加现金流入，会使收益质量下降</td></tr>
<tr><td>固定资产折旧、油气资产折耗、生产性生物资产折旧</td><td>1 000 000</td></tr>
<tr><td>无形资产摊销</td><td>600 000</td></tr>
<tr><td>长期待摊费用摊销</td><td>0</td></tr>
<tr><td>处置固定资产、无形资产和其他长期资产的损失(收益以“－”号填列)</td><td>－500 000</td><td rowspan="8">非经营净收益403 000元，不代表正常的收益能力</td></tr>
<tr><td>固定资产报废损失(收益以“－”号填列)</td><td>197 000</td></tr>
<tr><td>公允价值变动损失(收益以“－”号填列)</td><td>0</td></tr>
<tr><td>财务费用(收益以“－”号填列)</td><td>21 500</td></tr>
<tr><td>投资损失(收益以“－”号填列)</td><td>－31 500</td></tr>
<tr><td>递延所得税资产减少(增加以“－”号填列)</td><td>0</td></tr>
<tr><td>递延所得税负债增加(减少以“－”号填列)</td><td>0</td></tr>
</table>

续表

补充资料	本期金额	收益质量分析
存货的减少(增加以“—”号填列)	53 000	经营资产净增加947 000元,现金流入没有增加,收益质量在下降
经营性应收项目的减少(增加以“—”号填列)	—100 000	
经营性应付项目的增加(减少以“—”号填列)	173 440	经营负债增加173 440元,收益不变,现金增加
其他	0	
经营活动产生的现金流量净额	2 811 450	

经营所得现金=2 379 010—403 000+1 609 000=3 585 010(元)

现金营运指数=2 811 450÷3 585 010=0.78

该企业每1元的经营活动现金收益只有0.78元,另外的0.22元到哪里去了?它们被投入营运资金了。应收项目增加、存货增加等使实际得到的经营现金减少。这种情况不是一个好兆头。现金营运指数小于1,说明一部分收益尚没有取得现金,停留在实物或债权形态,而实物或债权资产的风险大于现金,应收账款能否足额变现是有疑问的,存货也有贬值的风险,所以未收现的收益质量低于已收现的收益。

☞ **有问必答**

问:为什么非经营收益越多,收益质量越差呢?

答:与经营收益相比,非经营收益的可持续性低。非经营收益的来源主要是资产处置和证券交易。资产处置不是企业的主要业务,不反映企业的核心能力。有些企业正是利用“资产置换”达到操纵利润的目的的。通过短期证券交易获利是靠运气,而长期对外投资的主要目的是控制子企业,通过控制权取得额外的好处,而不是直接获利。因此,非经营收益虽然也是“收益”,但不能代表企业的收益“能力”。

任务3　现金流量表的结构分析和趋势分析

企业当期取得的现金来自哪些方面,用往哪些方面,其现金余额是如何构成的,这就是现金流量的结构分析。通过现金流量的结构分析,报表使用者可以进一步了解企业财务状况的形成过程、变动过程及其变动原因。

企业的现金收入、现金支出及其余额发生了怎样的变动,其变动趋势如何,这种趋势对企业有利还是不利,这就是现金流量的趋势分析。现金流量的趋势分析可以帮助报表使用者了解企业财务状况的变动趋势,了解企业财务状况变动的原因,在此基础上预测企业未来的财务状况,从而为决策提供依据。

一、现金流量的结构分析

(一)现金流量结构分析的内容

现金流量结构是指各种现金流入量、各种现金流出量及净现金流量与企业总的现金流入量、总的现金流出量及全部净现金流量的比例关系。在进行现金流量结构分析时,可把现金流量分为现金流入结构、现金流出结构与净现金流量结构。

1. 现金流入结构分析

它反映企业全部现金流入量中，经营活动、投资活动和筹资活动分别所占的比例，以及在这三种活动中，不同渠道流入的现金在该类别现金流入量和总现金流入量中所占的比例。总体而言，每一个企业的现金流入量总额中，经营活动流入的现金应当占有大部分比例，特别是其主营业务活动流入的现金应明显高于其他经营活动流入的现金。但是对于经营活动差异较大的企业来说，这个比例也会存在较大的不同，因而需要区别对待。

2. 现金流出结构分析

它反映企业各项现金流出中，经营活动、投资活动和筹资活动分别所占的比例，以及在这三种活动中，不同渠道流出的现金在该类别现金流出量和总现金流出量中所占的比例。在一个企业的现金流出中，其经营活动的现金流出，如购买商品、接受劳务等活动支出的现金往往要占到较大的比重，投资活动和筹资活动的现金流出则因公司的财务政策不同而存在很大的差异。一般来说，在企业正常的经营活动中，其经营活动的现金流出具有一定的稳定性，各期变化幅度不会太大，但投资和筹资活动的现金流出稳定性较差，甚至具有偶发性，随着交付投资款、偿还到期债务、支付股利等活动的发生，当期该类活动的现金流出便会剧增。因此，分析企业现金流出结构在不同期间难以采用统一的标准，应当结合具体情况具体分析。

3. 净现金流量结构分析

该结构反映公司经营活动、投资活动及筹资活动的现金净流量占公司全部净现金流量的比例。也就是企业本年度创造的现金及现金等价物净增加额中，以上三类活动的贡献程度。通过分析，可以明确反映出本期的现金净流量主要为哪类活动所产生，以此说明现金净流量形成的原因是否合理。

（二）现金流量结构分析应注意的问题

在分析现金流量的流入流出结构时，应注意以下问题：

1. 对潜在的、可及时变现的现金流入适当关注

潜在的、可及时变现的现金流入，主要是指那些变现能力较强的有价证券，如股票、债券等。这些资产的变现能力很强，其中债券的变现损失的风险又比较小。而一些安全度较高的应收账款也具有较好的流动性。

2. 不能忽视潜在的现金流出

或有事项中有许多情况可能会导致巨额现金流出，会严重地破坏正常的现金流量。如为别的企业借款进行担保、未结的某些重大的经济赔偿等。这一切都表明，企业整个报表体系的附注说明也是对企业现金流量真实状况的很好注解。

（三）现金流量结构分析方法

现金流量结构分析方法主要采用比率分析法，通过判断比例的合理性程度来反映企业现金流量的水平。现金流量结构分析所依据的基础资料是现金流量表，通常采用垂直分析法进行分析。

【例 7—3】 以 B 公司的现金流量表为基础，经过处理，可得出现金流入流出结构情况，如表 7—2 所示。

表 7—2　　现金流入流出结构垂直分析表

编制单位:B公司

项　目	现金流入量(万元)	现金流入结构(%)	现金流出量(万元)	现金流出结构(%)	净现金流量(万元)	净现金流量结构(%)
一、经营活动的现金流入总量	122 513	76.72				
其中:						
销售商品提供劳务收到的现金	120 743	75.61				
收到的税费返还	600	0.38				
收到的其他与经营活动有关的现金	1 170	0.73				
二、经营活动的现金流出总量			114 305	72.79		
其中:						
购买商品接受劳务支付的现金			91 063	57.99		
支付给职工以及为职工支付的现金			3 631	2.31		
支付的各项税费			5 542	3.53		
支付的其他与经营活动有关的现金			14 069	8.96		
三、经营活动的净现金流量					8 208	309.74
四、投资活动的现金流入总量	295	0.19				
其中:						
收回投资所收到的现金	285	0.18				
处理固定资产而收到的现金净额	10	0.01				
五、投资活动的现金流出总量			6 304	4.01		
其中:						
购建固定资产所支付的现金			6 294	4		
权益性投资所支付的现金			10	0.01		
六、投资活动的净现金流量					−6 009	−226.75
七、筹资活动的现金流入总量	36 875	23.09				
其中:						
吸收权益性投资所收到的现金	399	0.25				
借款所收到的现金	36 476	22.84				
八、筹资活动的现金流出总量			36 424	23.20		
其中:						
偿还债务所支付的现金			33 622	21.41		
分配股利或利润所支付的现金			2 792	1.78		
偿还利息所支付的现金			0	0		
支付的其他与筹资活动有关的现金			10	0.01		
九、筹资活动的净现金流量					451	17.02
现金流量总额	159 683	100	157 033	100	2 650	100

通过表 7—2 的计算分析结果可以看出:

(1)公司现金流入总量为 159 683 万元,现金流出总量为 157 033 万元,现金净流入量为 2 650万元,表明 B 公司在 2007 年较 2006 年实现了现金资产的净增加。一般而言,一定期间内现金及现金等价物的净增加是好的财务现象,表明企业拥有了更多可支配的现金资源。但这样的结论还只是一种表面现象，因为它没有表明是怎样的业务活动导致了现金的净增加，这些业务活动会对企业未来经营形成怎样的影响。因此，还必须从动态角度按现金净增加额的形成过程展开分析，以判断对企业的影响是好还是坏。

(2)从现金流入结构看，经营活动现金流入量占76.72%，而其中销售商品提供劳务收到的现金占全部现金流入量的75.61%。投资活动现金流入量占全部现金流入量的0.19%，而其中收回投资所收到的现金占全部现金流入量的0.18%，这表明该公司投资带来的现金流入基本上全部是收回投资而非获利，这也与该企业当年利润表上反映的投资效益是吻合的。筹资活动现金流入量占23.09%，而其中借款所收到的现金占全部现金流入量的22.84%，表明该企业自身有着较充足的现金资源可供支配。

(3)从现金流出结构看，经营活动现金流出量占72.79%，其中购买商品接受劳务支付的现金占到全部现金流出量的57.99%，表明付现支出与现金流入具有较强的配比性；而支付的其他与经营活动有关的现金占8.96%，比重较大，应是下一步财务分析的重点。投资活动现金流出量占总流出量的4.01%，表明企业投资活动有所缩减。筹资活动现金流出量占总流出量的23.2%；而其中偿还债务所支付的现金占21.41%，占有绝对比重，表明企业现金流出总量中偿还债务占很大比重，这样企业的负债水平会相应减少，有利于企业优化资本结构。

(4)根据净现金流量结构，通过投资活动、筹资活动现金净流量与经营活动现金净流量的比较，还可以清楚反映出企业的发展阶段。因为不同行业或处于不同发展阶段的企业，其现金流量也呈现出不同的特点。当企业处于壮大期、产品销售稳定的情况下，经营活动的现金流量也随之稳步增长，此时企业可能对外投资，于是产生投资活动的现金净流出，如果同时又开始偿还以前期的贷款，并向投资者分配股利或利润，则会影响筹资活动的现金净流量。B公司经营活动净现金流量占309.74%，投资活动净现金流量占226.75%，筹资活动净现金流量占17.02%。基本上表明B公司正处于业务大发展阶段，所有现金流基本围绕企业经营活动展开，但投资活动有所萎缩，加强企业的资本运作水平是当务之急。

(5)现金流入流出比例分析。经营活动中，现金流入量为122 513万元，现金流出量为114 305万元，该公司经营活动现金流入流出比为1.07，表明1元的现金流出可以换回1.07元的现金流入。投资活动中，现金流入量为295万元，现金流出量为6 304万元，该公司的投资活动现金流入流出比为0.047，公司投资活动引起的现金流出较大，表明了公司一定的扩张政策。一般而言，处于发展时期的公司该比值比较小，而衰退或缺少投资机会时该比值较大。筹资活动中，现金流入量为36 875万元，现金流出量为36 424万元，筹资活动现金流入流出比为1.01，表明企业还款与借款基本相等，由于该企业筹资活动中现金流入基本上是举债取得，说明该公司在较大程度上存在借新债还旧债的现象。

一般而言，对于一个健康的、正在成长的公司来说，经营活动现金流量应该是正数，投资活动的现金流量应该为负数，筹资活动的现金流量应该是正负相间的，B公司的现金流量基本体现了这种成长性公司的状况。如果企业的现金净增额是个负数，即现金流量净减少，这一般是一个不好的信号，因为至少企业的短期偿债能力会受到影响。但正像B公司那样，经营活动净现金流量是正数且金额较大，而企业投资现金净流量为负数且主要是由于企业进行设备更新或扩大生产能力而购建固定资产、无形资产或其他长期资产引起的，那么现金流量净减少则并不意味着企业经营能力不佳，而是意味着企业未来可能有更大的现金流入。而若企业现金流量净减少是由于偿还债务及利息引起的，这就意味着企业未来用于满足偿付需要的现金可能减少，企业财务风险变小，只要企业营销状况正常，企业不一定会走向衰退。当然，一个较短时期内过多的现金用于偿债,可能会引起企业资金周转困难。

二、现金流量的趋势分析

趋势分析法是通过观察连续数期的财务报表,比较各期的有关项目金额,分析某些指标的增减变动情况,在此基础上判断其发展趋势,从而对未来可能出现的结果做出预测的一种分析方法。运用趋势分析法,报表使用者可以了解有关项目变动的基本趋势,判断这种变动趋势是有利或者不利,并对企业的未来发展做出预测。运用趋势分析法通常要计算趋势百分比,它包括定比指数法和环比指数法两种类型。

1. 定比指数法

定比指数法又称定基增长速度,是将各年现金流量的累计增减额与某一固定时期的现金流量水平进行对比,反映企业各期现金流量与固定时期对比的总增长变化情况。

2. 环比指数法

环比指数法又称环比增长速度,是将各年现金流量的逐期增加额与其前一年的现金流量水平进行对比,反映企业各期现金流量比其前一期增长变化的情况。

两种方法相比,定比指数主要用于说明企业现金流量在一个比较长时期内总的发展变化的情况,环比指数主要用于说明企业现金流量各期发展变化的情况。

小知识

趋势分析通常采用编制历年财务报表的方法,即将连续多年的报表,至少是最近二三年,甚至5年、10年的财务报表并列在一起加以分析,以观察变化趋势。观察连续数期的财务报表,比单看一个报告期的财务报表,能了解到更多的情况和信息,并有利于分析变化的趋势。

现金流量的趋势分析主要关注以下几个方面:

1. 经营活动现金流量趋势

经营活动现金流量是企业最重要的现金来源,如果经营活动的现金流量长期处于紧张状态,往往说明企业经营存在较大的隐患,尤其是账面有盈余但经营活动现金流量长期紧张的公司。分析经营活动现金流量趋势,一是要与企业净利润的增长趋势相联系;二是要分别分析各经营活动现金流入项目与现金流出项目的增长趋势,以找出经营活动现金流量净额变动的主要原因。

2. 投资活动现金流量趋势

投资活动现金流量趋势分析的重点,一是考察企业投资活动的现金流向,比如,是主要用于企业内部生产能力的扩张还是用于对外投资扩张;二是要考察企业投资活动所需现金的主要来源。同时要注意结合筹资活动现金流量趋势和经营活动现金流量趋势分析。

【例7—4】 根据B公司2010～2012年现金流量表上的数据,可以编制出该公司2010～2012年汇总现金流量表,如表7—3所示。

表 7—3 **B公司现金流量汇总表** 单位:万元

项　　目	2010 年	2011 年	2012 年
现金流入	134 176	140 374	159 683
其中:经营活动现金流入	94 524	117 219	122 513
投资活动现金流入	245	260	295
筹资活动现金流入	39 407	22 895	36 875
现金流出	98 881	132 471	157 033
其中:经营活动现金流出	76 377	101 573	114 305
投资活动现金流出	4 251	5 766	6 304
筹资活动现金流出	18 253	25 132	36 424

根据B公司2010～2012年现金流量汇总表,可以计算出以2010年为基期的定比(如表7—4所示)和以上一年为基期的环比(如表7—5所示)。

表 7—4 **B公司现金流量定比趋势分析表**

(以2010年为基期) 单位:%

项　　目	2010 年	2011 年	2012 年
现金流入	100	104.62	119.01
其中:经营活动现金流入	100	124.01	129.61
投资活动现金流入	100	106.12	120.41
筹资活动现金流入	100	58.10	93.57
现金流出	100	133.97	158.81
其中:经营活动现金流出	100	132.99	149.66
投资活动现金流出	100	135.64	148.29
筹资活动现金流出	100	137.69	199.55

表 7—5 **B公司现金流量环比趋势分析表**

(以2010年为基期) 单位:%

项　　目	2010 年	2011 年	2012 年
现金流入	100	104.62	113.76
其中:经营活动现金流入	100	124.01	104.52
投资活动现金流入	100	106.12	113.46
筹资活动现金流入	100	58.10	161.06
现金流出	100	133.97	118.54
其中:经营活动现金流出	100	132.99	112.53
投资活动现金流出	100	135.64	109.33
筹资活动现金流出	100	137.69	144.93

从表7—4中可以看出:(1)B公司的现金收入在不断增加,2012年与2010年相比增长了19.01%,其中,经营活动现金流入增长快于总的现金流入,达29.61%;投资活动现金流入也

增长较快，达 20.41%，说明以前的投资逐渐得到回报，从而使投资活动现金流入增加；筹资活动现金流入不仅没有增长，反而比 2010 年下降了 6.43%，说明企业对筹资的依赖性有所降低。(2)现金流出也在不断增加。2012 年比 2010 年增长了 58.81%，其中，经营活动现金流出增长了 49.66%，稍慢于总的增长速度，但快于经营活动现金流入的增长速度，说明企业效益有一定程度的下滑；投资活动现金支出增长了 48.30%，说明 2012 年用于对内投资和对外投资的现金流出比 2010 年增加了一倍，企业加大了投资力度；筹资活动现金流出也增加了较大幅度，达到 99.55%，说明企业大量借款到期，用于还款的现金流出比 2010 年增加了许多，或者企业以更多的现金用于发放股利或分配利润以回报投资者。

从表 7—5 中可以看出，企业的现金流入不仅在不断增长，而且增长速度在递增，其中经营活动和投资活动的现金流入的增长速度基本上是递增的，但筹资活动的现金流入呈负增长，其负增长速度不是很有规律。企业的现金流出也在不断增长，其速度基本比较平稳，其中经营活动和投资活动的现金流出的增长速度 2012 年比 2011 年都有所降低，筹资活动的现金流出不仅在不断增长，而且 2012 年筹资活动的现金流出增长幅度较它们都高。

继续深入分析造成这种变化趋势的原因，可以归纳为以下几个方面：第一，企业主营业务的竞争力不断增强，业务活动所引发的现金流入与现金流出呈现正常态势，这表明企业产品经营取得了不错的成绩。第二，从总体上看，B 公司的投资水平应该说尚待提高，但从 2010 年至 2012 年投资活动变化趋势来看，其投资水平已经有了一定的进步。第三，企业的筹资活动现金流出基本上是偿还借款所为，另一方面，企业筹资活动现金流入也有较大部分是借款而取得的现金流入，这表明该企业存在一定程度的借新债还旧债的情况。

本章小结

资产负债表报告的是某一时点的价值存量，利润表反映的是两个时点之间存量变化的流量，现金流量表则反映了现金的变化过程。现金流量表中的"现金"包括现金和现金等价物两部分。

本章通过对现金流量表的结构、格式和作用，以及对初步分析、比率分析和结构分析、趋势分析的介绍，使学习者能够运用基本的分析方法以不同的分析目的对现金流量表的数据进行加工，从而对企业的现金流量做出相应的评价。

关键术语

现金流动负债比　债务保障率　每元销售现金净流入　每股经营现金流量
全部资产现金回收率　现金流量适合比率　现金再投资比率
现金股利保障倍数　收益质量　现金营运指数　现金流量表的结构分析
现金流量表趋势分析

思考题

1. 如何从营运指数的计算结果判断现金流量的收益质量？
2. 如何理解现金流量分析可以补充对资产负债表和利润表的分析？

3. 现金等价物的判断标准是什么？
4. 如何运用财务比率对现金流量表进行分析？
5. 如何进行现金流量表的结构分析？
6. 如何进行现金流量表的趋势分析？

练习题

一、单项选择题

1. 反映企业一定期间现金流入与流出情况的会计报表是（　　）。
A. 资产负债表　　B. 利润表
C. 现金流量表　　D. 利润分配表
2.（　　）是评价收益质量的财务比率。
A. 债务保障率　　B. 现金营运指数
C. 全部资产现金回收率　　D. 现金流动负债比
3.（　　）是经营活动现金净流量与主营业务销售收入的比值，反映企业通过销售获取现金的能力。
A. 每股经营现金流量　　B. 债务保障率
C. 每元销售现金流入　　D. 全部资产现金回收率
4. 下列对现金流动负债比指标评价正确的是（　　）。
A. 该指标数值越高越好　　B. 该指标数值越低越好
C. 该指标数值为1最好　　D. 该指标数值为2最好
5. 定比指数法是将各年现金流量的增减额与（　　）的现金流量水平进行对比。
A. 某一固定时刻　　B. 某一固定时期
C. 前一年　　D. 未来某一年

二、多项选择题

1. 通过分析现金流量表，可以获得（　　）。
A. 企业一定时期的经营成果
B. 企业一定时期的现金流入与流出信息
C. 企业未来获取现金的能力
D. 企业某一时点的财务状况
2. 分析经营活动的现金流量，应选择（　　）。
A. 销售商品收到的现金　　B. 接受劳务所支出的现金
C. 取得债券利息收入所收到的现金　　D. 缴纳税款所支出的现金
3. 分析投资活动的现金流量，应选择（　　）。
A. 购买商品所支出的现金　　B. 分得股利、利润收到的现金
C. 收到税费返还等所收到的现金　　D. 利息收入
4. 分析筹资活动的现金流量，应选择（　　）。
A. 吸收权益性投资收到的现金　　B. 发行债券收到的现金

C. 收回投资收到的现金　　D. 支付职工工资所支出的现金

5. 下列用于分析现金流量表的财务比率有(　　)。

A. 债务保障率　　B. 全部资产现金回收率

C. 速动比率　　D. 现金营运指数

三、判断题

1. 通过资产负债表提供的信息,可以评价企业获取现金的能力。(　　)

2. 现金流量表中经营活动现金流量净额与利润表的净利润是相同的。(　　)

3. 利润表按权责发生制列示了公司一定时期实现的净利润,同时也揭示了其与现金流量的关系。(　　)

4. 现金流动负债比是衡量企业短期债务偿还能力的一个重要指标。(　　)

5. 每股现金流量是反映每股股票所平均占有的现金流量,该指标越高越好。(　　)

四、实训题

分析D公司2014年现金流量表(如表7—6所示)。

该公司1994年1月正式创立,并于1994年2月在某市工商行政管理局注册登记。现已成为该行业重点生产厂家。其主要产品有电网监控自动化系列产品、计算机键盘系列产品、以程控交换机为主的通信设备系列产品、开关稳压电源与DC/DC隔离变换器系列产品、渔业通信导航设备及以电量变送器为主的计量仪表系列产品等6个门类180多种产品,主要产品质量处于国内领先水平。

公司产品遍及全国29个省、自治区和直辖市,并逐步在海外建立起了分支机构和销售网,目前已成为一个集科研开发,生产经营和国际贸易为一体的大型企业。

2014年公司依然面临着较为激烈的市场竞争环境。公司加大了市场、研发等方面的投入,完善了价格管理体系、薪酬体系和组织体系,建立了客户信用档案,调动了营销人员的积极性。通过加大自主创新的投入,公司取得13项软件著作权,开发了17项软件产品。有3项科研成果列入"国家火炬计划",两项产品获技术创新优秀成果一等奖。

2014年加强应收账款管理和清欠力度,全年收回历史欠款2 011万元,应收账款总额比上年下降529%。公司面对激烈的市场竞争环境,加大了市场和研发投入,致使各项费用有不同程度的增加,导致公司盈利水平有较大幅度的下降。报告期内,公司实现销售收入73 705.41万元,增长11.25%,主营业务利润20 205.13万元,同比增长5.86%,净利润111.50万元,同比下降92.44%。

表7—6　　D公司2013、2014年现金流量表　　单位:万元

指标名称	2014年	2013年
销售商品、提供劳务收到的现金	75 556	68 748
收到的税费返还	1 845	1 394
收到的其他与经营活动有关的现金	1 302	971
(经营活动)现金流入小计	78 703	71 113
购买商品、接收劳务支出的现金	51 479	44 747

续表

指标名称	2014 年	2013 年
支付给职工以及为职工支付的现金	8 287	7 327
支付的各项税费	4 566	4 321
支付的其他与经营活动有关的现金	12 733	11 213
(经营活动)现金流出小计	77 065	67 608
经营活动产生的现金流量净额	1 638	3 505
收回投资所收到的现金		1 802
处置固定资产、无形资产和其他长期资产收回的现金净额	83	582
收到的其他与投资活动有关的现金	1 077	
(投资活动)现金流入小计	1 160	2 384
构建固定资产、无形资产和其他长期资产所支付的现金	838	2 291
投资所支付的现金		989
(投资活动)现金流出小计	838	3 280
投资活动产生的现金流量净额	322	−896
吸收权益性投资所收到的现金	23	392
借款所收到的现金	3 130	2 890
(筹资活动)现金流入小计	3 153	3 282
偿还债务所支付的现金	2 990	3 140
分配股利或利润所支付的现金	447	328
支付的其他与筹资活动有关的现金	507	1 000
(筹资活动)现金流出小计	3 944	4 468
筹资活动产生的现金流量净额	−791	−1 186
汇率变动对现金的影响	−20	−4
现金及现金等价物净增加值	1 149	1 419

要求:根据表 7—6 完成下列对 D 公司 2014 年现金流量表的分析。

(1)现金流量表的结构分析。判断其现金的主要来源是什么。

(2)现金流量表的主要项目分析。查阅该公司经营状况,对销售商品、提供劳务收到的现金及购买商品、接受劳务支出的现金项目进行重点分析。

(3)现金流量表的指标分析。D 公司 2014 年基本财务数据如表 7—7 所示,计算现金流量表的相关指标并进行简单评价。

表 7—7　　D 公司基本财务数据表　　单位:万元

项　目	金　额
流动负债	20 366
负债总额	21 170

续表

项　目	金　额
资产总额	153 092
股本总额	97 816
主营业务收入	73 705
每股现金股利	不分配

(4)现金流量表的趋势分析。依据表 7—7 编制趋势分析表,简要评述其发展变化的趋势。

项目八

所有者权益变动表的编制与分析

学习目标

◎ 熟悉所有者权益变动表每一项目数据的含义及填列方法；
◎ 掌握所有者权益变动表横向和纵向各项目的分析方法；
◎ 掌握所有者权益变动表的结构分析方法。

学习建议

由于所有者权益变动表中的相关内容与资产负债表、利润表中的信息关系密切，因而在学习本章的内容时，应关注相关项目的增减变化对所有者权益变动表分析的影响。

引导案例

市场经济竞争的结果是优胜劣汰，投资资本的雄厚程度是企业财务实力强弱的重要体现，从资产负债表中可以知晓企业在某一期末所拥有的所有者权益总额及其各组成部分的金额，至于这一权益总额的各个组成部分是如何形成的，却无从得知。报表信息使用者可以通过阅读所有者权益变动表回答这一问题。

任务1　所有者权益变动表基础知识

一、所有者权益变动表的概念

所有者权益变动表是反映企业一定时期构成所有者权益各组成部分当期增减变动情况的报表。所有者权益变动表不仅反映所有者权益总量的增减变动，还反映所有者权益增减变动的重要结构性信息，特别是要列示无法在利润表中反映的直接计入所有者权益的利得和损失，让报表使用者准确理解所有者权益增减变动的根源。在所有者权益变动表中，净利润、直接计入所有者权益的利得和损失均单列项目反映，体现了企业综合收益的构成。

小知识

综合收益是指企业在某一期间与所有者之外的其他方进行交易或其他事项所引起的净资产的变动，包括净利润和直接计入所有者权益的利得及损失。

二、所有者权益变动表的结构

为了清楚地表明构成所有者权益的各组成部分当期的增减变动情况，所有者权益变动表应当以矩阵的形式列示：一方面，列示导致所有者权益变动的交易或事项，改变了以往仅仅按照所有者权益的各组成部分反映所有者权益变动情况，而是从所有者权益变动的来源对一定时期所有者权益变动情况进行全面反映；另一方面，按照所有者权益各组成部分（包括实收资本、资本公积、盈余公积、未分配利润和库存股）及其总额列示交易或事项对所有者权益的影响。此外，企业还需要提供比较所有者权益变动表，分为“本年金额”和“上年金额”两栏，分别反映当年和上年所有者权益增减变动以及年初、年末情况。其格式如表8－1所示。

表8－1　　所有者权益变动表　　企04表

编制单位：　　＿＿＿＿年度　　单位：元

项目	本年金额							上年金额						
	实收资本（或股本）	资本公积	减：库存股	其他综合收益	盈余公积	未分配利润	所有者权益合计	实收资本（或股本）	资本公积	减：库存股	其他综合收益	盈余公积	未分配利润	所有者权益合计
一、上年年末余额														
加：会计政策变更														
前期差错更正														
二、本年年初余额														
三、本年增减变动金额（减少以“－”号填列）														
（一）综合收益总额														
（二）所有者投入和减少资本														
1. 所有者投入资本														
2. 股份支付计入所有者权益的金额														
3. 其他														
（三）利润分配														
1. 提取盈余公积														
2. 对所有者（或股东）的分配														
3. 其他														
（四）所有者权益内部结转														
1. 资本公积转增资本（或股本）														
2. 盈余公积转增资本（或股本）														
3. 盈余公积弥补亏损														
4. 其他														
5. 本年年末余额														

三、所有者权益变动表的填列方法

（一）所有者权益变动表各项目的列报说明

1.“上年年末余额”项目，反映企业上年资产负债表中实收资本（或股本）、资本公积、库存股、其他综合收益、盈余公积、未分配利润的年末余额。

2."会计政策变更"和"前期差错更正"项目,分别反映企业采用追溯调整法处理的会计政策变更的累积影响金额和采用追溯重述法处理的会计差错更正的累积影响金额。

3."本年增减变动额"项目分别反映如下内容:

(1)"综合收益总额"项目,反映净利润和其他综合收益扣除所得税影响后的净额相加后的合计金额。

(2)"所有者投入和减少资本"项目,反映企业当年所有者投入的资本和减少的资本。其中:"所有者投入资本"项目,反映企业接受投资者投入形成的实收资本(或股本)和资本溢价或股本溢价,并对应列在"实收资本"和"资本公积"栏。"股份支付计入所有者权益的金额"项目,反映企业处于等待期中的权益结算的股份支付当年计入资本公积的金额,并对应列在"资本公积"栏。

(3)"利润分配"项目下的各项目,反映当年对所有者(或股东)分配的利润(或股利)金额和按照规定提取的盈余公积金额,并对应列在"未分配利润"和"盈余公积"栏。

(4)"所有者权益内部结转" 项目下的各项目,反映不影响当年所有者权益总额的所有者权益各组成部分之间当年的增减变动,包括资本公积转增资本(或股本)、盈余公积转增资本(或股本)、盈余公积弥补亏损等项金额。

(二)上年金额和本年金额栏的填列方法

所有者权益变动表"上年金额"栏内各项数字,应根据上年度所有者权益变动表"本年金额"栏内所列数字填列。如果上年度所有者权益变动表规定的各个项目的名称和内容同本年度不相一致,应对上年度所有者权益变动表各项目的名称和数字按本年度的规定进行调整,填入所有者权益变动表"上年金额"栏内。

"本年金额"栏内各项数字一般应根据"实收资本(或股本)""资本公积""其他综合收益""盈余公积""利润分配""库存股""以前年度损益调整"科目的发生额分析填列。

企业的净利润及其分配情况作为所有者权益变动的组成部分,不需要单独编制利润分配表列示。

四、所有者权益变动表的作用

所有者权益变动表提供了各项交易和事项导致的所有者权益增减变动,以及所有者权益各组成部分增减变动的结构性信息。其作用主要体现在以下几个方面:

(1)反映企业抵御财务风险的能力,为报表使用者提供企业获利能力方面的信息。所有者权益是企业的自有资本,也是企业生产经营、承担债务责任、抵御财务风险的物质基础。所有者权益的增减变动直接反映着企业经济实力的强弱变化,即企业承担债务责任、抵御财务风险的能力变化。而所有者权益的增减主要来源于企业利润的增长,所以所有者权益变动表也间接地反映出企业的获利能力,从而为报表使用者提供企业获利能力方面的信息。

(2)反映企业自有资本的质量,揭示所有者权益变动的原因,为报表使用者正确评价企业经营管理工作提供信息。所有者权益的增减变动有多种原因,该表全面地记录了影响所有者权益变动的各个因素的年初余额和年末余额。通过每个项目年末和年初余额的对比,以及各项目构成比例的变化,揭示所有者权益变动的原因及过程,从而为报表使用者判断企业自有资本的质量、正确评价企业的经营管理工作提供信息。

(3)反映企业股利分配政策及现金支付能力,为投资者投资决策提供全面信息。所有者权益变动表中提供的所有者结构变动信息与资产负债表中和利润表中的部分信息相辅相成，提供了所有者权益变动的详细信息。所有者权益变动表既有资产负债表的内容(所有者权益)，又有利润表中的项目内容(净利润)，还包括利润分配的内容。同时，企业向股东支付股利取决于公司的股利分配政策和现金支付能力。现金支付能力的信息又来源于现金流量表。因此，该表通过反映利润分配情况，不仅向投资者或潜在投资者提供了有关股利分配政策和现金支付能力方面的信息，而且通过这一过程将四个会计主表有机地联系在一起，为报表使用者全面评价企业的财务状况、经营成果和企业发展能力提供了全面的信息。

任务2　所有者权益变动表的项目分析

一、所有者权益变动表的分析概述

所有者权益变动表分析，是通过所有者权益的来源及其变动情况，了解会计期间内影响所有者权益增减变动的具体原因，判断构成所有者权益各个项目变动的合法性与合理性，为报表使用者提供较为真实的所有者权益总额及其变动信息。

1. 所有者权益变动表分析目的

(1)通过所有者权益变动表的分析，可以清晰体现会计期间构成所有者权益各个项目的变动规模与结构，了解其变动趋势，反映公司净资产的实力，提供保值增值的重要信息。

(2)通过所有者权益变动表的分析，可以进一步从全面收益角度报告更全面、更有用的财务业绩信息，以满足报表使用者投资、信贷及其他经济决策的需要。

(3)通过所有者权益变动表的分析，可以反映会计政策变更的合理性以及会计差错更正的幅度，具体报告由于会计政策变更和会计差错更正对所有者权益的影响数额。

(4)通过所有者权益变动表的分析，可以反映由于股权分置、股东分配政策、再筹资方案等财务政策对所有者权益的影响。

2. 所有者权益变动表的分析内容

(1)会计政策变更和差错更正的累积影响金额；

(2)净利润；

(3)直接计入所有者权益的利得和损失项目及其总额；

(4)所有者投入资本和向所有者分配利润等；

(5)按照规定提取的盈余公积；

(6)实收资本(或股本)、资本公积、盈余公积、未分配利润的期初余额和期末余额及其调节情况。

二、所有者权益变动表的纵向项目分析

所有者权益变动表的纵向项目分析，是将组成所有者权益的主要项目进行具体剖析对比，分析其变动成因、合理合法性、有无人为操控的迹象等事项的过程。所有者权益变动表纵向主要项目的分析具体如下：

(一)上年年末余额与本年年初余额项目

一般情况下，本年的年初余额等于上年年末余额。但是，如果企业年度内发生会计政策变更和会计差错更正等事项，需要对上年所有者权益进行调整的，企业在上年年末余额的基础

上，将会计政策变更和会计差错更正的影响金额，在本表中单独列示，将上年年末余额调整为本年年初余额。即：

上年年末余额＋会计政策变更＋前期差错更正＝本年年初余额

1. 会计政策变更项目

会计政策变更将直接影响期初盈余公积和未分配利润，从而使所有者权益出现变动。变更的影响额在本项目中反映。同时，会计政策变更涉及相关的资产、负债项目的调整，将导致资产负债结构发生变化，这些变化相应调整了相关项目的数额。

小知识

会计政策是指企业在会计核算过程中所采用的原则、基础和会计处理方法。

会计政策变更是指企业对相同的交易或事项由原来采用的会计政策改为另一会计政策的行为，也就是说在不同的会计期间企业执行了不同的会计政策。为了保证会计信息的可比性，使财务报告使用者在比较企业一个以上期间的财务报表时，能够正确判断企业的财务状况、经营成果和现金流量的趋势。一般情况下，企业在不同的会计期间应采用相同的会计政策，不应也不能随意变更会计政策，否则将削弱会计信息的可比性，使会计信息使用者在比较经营成果时发生困难。

会计政策变更并不意味着以前期间的会计政策是错误的，只是由于情况发生了变化，或者企业掌握了新的信息，积累了更多的经验，使得变更的会计政策能够更好地反映企业的财务状况、经营成果和现金流量。企业变更会计政策必须符合下列条件之一：

(1)法律、行政法规或国家统一的会计制度等要求变更。

(2)变更的会计政策能够为企业提供更可靠、更相关的会计信息。

2. 前期差错更正项目

前期差错是指由于没有运用或错误运用下列两种信息：(1)编报前期财务报表时，预期能够取得并加以考虑的可靠信息；(2)前期财务报告批准报出时能够取得的可靠信息——从而对前期财务报表造成省略或错报。

小知识

《企业会计准则》规定，会计差错更正是指对企业在会计核算中，由于计量、确认、记录等方面出现的错误进行的纠正。会计差错包括非重大会计差错和重大会计差错。非重大会计差错是指不足以影响会计报表使用者对企业财务状况、经营成果和现金流量作出正确判断的会计差错；而重大会计差错是指企业发现的使公布的会计报表不再具有可靠性的会计差错。重大会计差错一般是指金额比较大、性质比较严重的差错。通常某项交易或事项的金额占该类交易或事项的金额的10%及以上则认为金额比较大，以及企业为了调节利润滥用会计政策、会计估计及其变更。如某企业提前确认未实现的营业收入占全部营业收入的10%以上，以及企业为了调节利润本应按应收账款余额6%计提坏账准备的改按20%计提，则认为是重大差错。

常见的会计差错主要有以下几个方面：

(1)采用法律或会计准则等行政法规、规章所不允许的会计政策。例如，按照我国会计制度规定，为购建固定资产而发生的借款利息费用，在固定资产尚未交付使用前发生的，应予以资本化,计入所购建固定资产的成本;在固定资产交付使用后发生的,计入当期损益。如果企业固定资产已交付使用后发生的借款费用也计入该项固定资产的价值,予以资本化,则属于企业采用法律或会计准则等行政法规、规章所不允许的会计政策。

(2)对事实的忽视和误用。例如,企业对某项建造合同应按建造合同规定的方法确认营业收入,但该企业按确认商品收入的原则确认收入。

(3)账户分类以及计算错误。例如,企业购入的5年期国债,意图为长期持有,但在记账时记入了交易性金融资产,导致账户分类上的错误,并导致资产负债表上的流动资产和长期投资的分类也有错误。

(4)会计估计错误。例如,企业在估计某项固定资产的预计使用年限时,多估计或少估计预计使用年限,而造成会计估计错误。

(5)划分收益性支出与资本性支出出现差错。例如,工业企业发生的管理人员的工资一般作为收益性支出,直接计入当期损益,而发生的工程人员的工资一般作为资本性支出。如果企业将发生的工程人员的工资计入了当期损益,则属于资本性支出与收益性支出的划分错误。

(6)漏记已完成的交易。例如,企业销售一批商品,商品已发出,并开出增值税专用发票,商品销售收入确认的条件均已满足,但企业在期末未将已实现的销售收入入账。

(7)提前确认未实现的收入。例如,在采用委托代销销售方式下,企业应在收到代销单位的代销清单时,确认其营业收入的实现,如企业在发出委托代销商品时即确认收入,则为提前确认尚未实现的收入。

对于由上述各种原因造成的会计差错,企业如不加以调整,可能会使公布的会计报表所反映的信息不可靠,并有可能误导投资者、债权人及其他会计报表阅读者。因此,企业应当根据差错的性质及时纠正,调整期初的留存收益金额,以保证会计资料的真实、合法和完整,从而保证会计信息的可靠。

对于发生了重大会计差错调整的情况,作为报表使用者,应关注两方面的内容:

(1)上市公司在年度的财务报告中,会就企业有关重大会计差错处理的原因做出解释和说明。如企业解释不具有合理性,应考虑该公司财务状况与经营状况的真实性。

(2)企业在重大会计差错的会计期间内担任年度财务报告审计的会计师事务所的变化情况。如果在重大会计差错的会计期间内担任年度财务报告审计的会计师事务所没有变化,那么这就在很大程度上意味着企业对重大会计差错的处理是同一家会计师事务所"自己纠正自己"的"重大差错";如果在重大会计差错的会计期间内担任年度财务报告审计的会计师事务所发生了变化,则在很大程度上意味着企业对重大会计差错的处理是继任会计师事务所"纠正"前任会计师事务所的"重大差错"。就审计意见而言,如果以前各期审计意见对本期重大会计差错涉及的问题有所提及,则本期对重大会计差错的处理并不一定是对以前各期审计质量的否定;反之,如果以前各期审计意见对本期重大会计差错的问题根本没有提及,而且本期对重大会计差错的处理最终证明是正确的,则本期的处理在很大程度上意味着对以前各期审计质量的否定。

将上年年末余额加上或减去会计政策变更与前期差错更正影响的盈余公积和未分配利润即为本年年初各相关项目的余额。

(二)综合收益总额项目分析

该项目反映净利润和其他综合收益扣除所得税影响后的净额相加后的合计金额。(净利润相关项目分析详见项目五利润表的分析。)其他综合收益是指企业根据其他会计准则规定未在当期损益中确认的各项利得和损失，应当根据其他相关会计准则的规定分为下列两类列报：

(1)以后会计期间不能重分类进损益的其他综合收益项目，主要包括重新计量设定受益计划净负债或净资产导致的变动、按照权益法核算的在被投资单位以后会计期间不能重分类进损益的其他综合收益中所享有的份额等；

(2)以后会计期间在满足规定条件时将重分类进损益的其他综合收益项目，主要包括按照权益法核算的在被投资单位以后会计期间在满足规定条件时将重分类进损益的其他综合收益中所享有的份额、可供出售金融资产公允价值变动形成的利得或损失、持有至到期投资重分类为可供出售金融资产形成的利得或损失、现金流量套期工具产生的利得或损失中属于有效套期的部分、外币财务报表折算差额等。

(三)所有者投入和减少资本项目分析

1. 所有者投入资本项目

所有者投入资本通常采用以下形式：(1)投资者追加投入的资本；(2)分配股票股利，在办理增资手续后增加的股本；(3)公司发行的可转换公司债券按规定转为股本等。这些形式会引起企业实收资本或股本的增加。

2. 股份支付计入所有者权益金额项目

股份支付计入所有者权益金额，反映企业处于等待期中的权益结算的股份支付当年计入资本公积的金额。

(四)利润分配项目分析

1. 提取盈余公积项目

该项目反映企业按规定提取的盈余公积，包括提取的法定盈余公积和任意盈余公积。

2. 对所有者(或股东)的分配项目

该项目反映经股东大会或类似权力机构决议后对所有者(或股东)分配的利润、现金股利和股票股利的金额。

(五)所有者权益内部结转项目分析

1. 资本公积转增资本(或股本)项目

资本公积转增资本(或股本)，反映企业资本公积转增资本或股本的金额。

资本公积是企业的一种储备形式资本，常常被称为企业的“准资本”。根据我国《公司法》等法律的规定，资本公积的用途主要是用来转增资本(或股本)。资本公积转增资本，既没有改变企业的投入资本总额，更没有改变企业的所有者权益(净资产)总额，更不会增加企业的价值。

> ? **小思考**
>
> **问：**将资本公积转增资本有何意义呢？
>
> **提示：**资本公积转增资本可以改变企业投入资本的结构，体现企业稳健、持续发展的潜力。对于股份公司而言，它会增加投资者持有的股份，从而增加公司股票的流通量，进而可以激活股价，提高股票的交易量和资本的流动性。上市公司资本公积数额越大，转增资本的可能性就越大。

2. 盈余公积转增资本(或股本)项目

盈余公积转增资本(或股本)，反映企业盈余公积转增资本或股本的金额。

分析时应特别关注法定盈余公积的增减变动信息。如果法定盈余公积金已超过股本的

50%，在公司盈利持续增长的情况下，利用盈余公积转增资本的送股方案的可能性较大。上市公司如不实行盈余公积转增方案，也可能实施资本公积转增股本，或者直接采用未分配利润送红股的方案。不论是资本公积转增还是直接送红股，这些措施都将增大上市公司的股本规模。股本规模扩大后，法定盈余公积金就不会超过股本的50%。

3. 盈余公积弥补亏损项目

盈余公积弥补亏损，反映企业以盈余公积弥补亏损的金额。

未分配利润是上市公司送红股和派发现金股利的资金来源。巨额的未分配利润也许能为企业送红股提供充足的理由，然而企业是否执行派发现金股利的方案，则主要取决于公司现金净流量和投资需求状况。当公司面临良好的投资机会或扩张契机时，为利于投资，会尽量少派发现金股利，多送红股或转增资本。根据股东权益在资产总额中所占比重的大小，可以分析判断被投资企业竞争实力的强弱。企业盈利多，并不代表企业分红就一定多。获得丰厚的投资回报是投资者投资的主要目的之一。投资者如能在上市公司对外公布分红方案之前，对公司相关数据进行分析，推测出上市公司的分红方案，并做出投资买卖决策，是投资者获得丰厚收益的有效途径。

(六)本年年末余额项目分析

本年年初余额+本年增减变动金额=本年年末余额

三、所有者权益变动表的横向项目分析

所有者权益主要分为实收资本、资本公积、库存股、盈余公积和未分配利润。其中：实收资本和资本公积属于投资者投入资本，库存股是企业收购、转让或注销的本公司股份金额，盈余公积和未分配利润属于企业生产经营过程中形成的留存收益。

(一)实收资本项目分析

小知识

实收资本是指投资者按照企业章程、合同或协议的约定投入到企业中的各种资产的价值，是企业实际收到的投资者投入的资本。除非企业出现增资、减资等情况，实收资本在企业正常经营期间一般不发生变动。实收资本的变动将会影响企业原有投资者对企业的所有权和控制权，而且对企业的偿债能力、获利能力等都会产生重大的影响。

实收资本具有无固定利率和期限长的特点。无固定利率是指投资者投入企业的资本，只有盈利时才能分配利润，没有盈利或盈利较少时可以不分配利润；期限长是指投资者实收企业的资本，对于企业来说是永久性资本，可以长期占用，无须到期还本。

对于实收资本项目的分析，应从以下方面进行：

1. 实收资本增加的分析

实收资本增加的途径有资本公积转入、盈余公积转入、利润分配转入和发行新股等。其中，前三种途径增加的实收资本是以其他所有者权益项目的减少为前提的，也就是说，实收资本的增加是所有者权益项目的内部结转所带来的。而发行新股(企业投资者增加投入资本)，不仅能增加注册资本和股东权益，而且可以增加公司的现金资产，表明投资者对公司的发展充满信心，是对公司发展最有利的增资方式。

实收资本的增加既能为公司发展积累物质基础，也可能带来一些新的问题。因此，对实收资本变动的分析要综合进行。对资本公积转入、盈余公积转入、利润分配转入所增加的实收资

本，主要应关注其转增和分配的合理性。对投资者追加投入资本（或发行新股），应着重分析公司的业务范围、资金的使用效率及其盈利能力，是否形成新的利润增长点，为公司的持续发展和利润的稳定增长奠定基础。在分析实收资本增加的同时，应分析营业收入和净利润是否相应增加，从而保持或提高每股收益。

【例 8—1】 A 股份有限公司 2014 年年报所有者权益变动表披露，实收资本 2012 年期末数为 3 353.76 万元，2013 年期末数为 7 207.52 万元，2014 年期末数为 14 415.04 万元。该公司实收资本连续增长的原因是：2013 年增加实收资本 3 853.76 万元（7 207.52 万元—3 353.76 万元），是由于所有者投入资本 250 万元和资本公积转入 3 603.76 万元两项所致；而 2014 年末增加7 207.52万元（14 415.04 万元—7 207.52 万元）的原因是资本公积转入 7 207.52万元。

【例 8—2】 根据 W 公司 2011 年和 2012 年比较资产负债表（见表 3—1）和 2012 年所有者权益变动表（见表 8—2），分析该公司的实收资本。

如表 8—2 所示，W 公司实收资本上年年末余额和本年年末余额相同，都是 21 642 114 元，表 3—1 和表 8—2 都显示，该公司 2011 和 2012 年实收资本相同，没有变化。

2. 分析实收资本结构的合理性

通过分析实收资本占所有者权益的比重，分析其结构的合理性。

【例 8—3】 如表 8—2 所示，W 公司 2012 年年末实收资本为 21 642 114 元，所有者权益合计为 129 367 693 元，实收资本占所有者权益总额为 16.73%（21 642 114 元÷129 367 693 元），显然，该比例偏低。

3. 分析实收资本的变动趋势

从实收资本的趋势变动，分析其所有者权益资本的增长速度和变化趋势。

【例 8—4】 如表 3—1 和表 8—2 所示，W.公司 2011 年实收资本占所有者权益总额的比重为 16.97%（21 642 114 元÷127 521 969 元），2012 年实收资本占所有者权益总额的比重为 16.73%（21 642 114 元÷129 367 693 元）。显然，两年实收资本结构基本没有变动，说明该公司不仅两年实收资本相同，实收资本没有增长，收益也没有明显增长。

（二）资本公积项目分析

小知识

资本公积不同于实收资本，实收资本是来自于投资者对公司的原始投入，而资本公积是由特定来源形成的，除了资本溢价（股本溢价）是企业投资者出资额超出其在注册资本或股本中所占份额的部分以外，还包括直接计入所有者权益的利得和损失。

资本公积具体包括资本溢价（股本溢价）、接受捐赠非现金资产准备、股权投资准备、外币资本折算差额、关联交易差价和其他资本公积等内容。其中，其他资本公积包括现金捐赠、债务重组、资本公积准备转入等内容。

表 8-2

所有者权益变动表

会企 04 表

2012 年度

编制单位：　　　　　　　　　　　　　　　　　　　　单位：元

项目	本年金额							上年金额						
	实收资本（或股本）	资本公积	减:库存股	其他综合收益	盈余公积	未分配利润	所有者权益合计	实收资本（或股本）	资本公积	减:库存股	其他综合收益	盈余公积	未分配利润	所有者权益合计
一、上年年末余额	21 642 114	40 760 437			48 296 843	16 822 575	127 521 969	21 642 114	40 676 417			48 988 476	20 470 776	131 777 783
加:会计政策变更		152 365			—13 734	—54 934	83 697		84 020			—858 177	—4 367 016	—5 141 173
前期差错更正														
二、本年年初余额	21 642 114	40 912 802			48 283 109	16 767 641	127 605 666	21 642 114	40 760 437			48 130 299	16 103 760	126 636 610
三、本年增减变动金额（减少以“—”号填列）														
(一)综合收益总额					1 762 027								885 359	
(二)所有者投入和减少资本														
1. 所有者投入资本														
2. 股份支付计入所有者权益的金额														
3. 其他														
(三)利润分配														
1. 提取盈余公积					317 370	—317 370						166 544	—166 544	
2. 对所有者（或股东）的分配														
3. 其他														
(四)所有者权益内部结转														
1. 资本公积转增资本（或股本）														
2. 盈余公积转增资本（或股本）														
3. 盈余公积弥补亏损														
4. 其他														
5. 本年年末余额	21 642 114	40 912 802			48 600 479	18 212 298	129 367 693	21 642 114	40 760 437			48 296 843	16 822 575	127 521 969

从性质上讲，资本公积属于股东权益，有特定的使用流向，是一种“准资本”。资本公积是企业在非经营业务中产生的增值，在未按规定转增资本之前，既无期限又无利息。

根据资本公积的性质和内容，在分析时应注意了解资本公积的形成过程，关注其使用流向，进而分析公司权益资本的质量。资本公积增加的原因包括资本溢价和其他资本公积。新准则引入公允价值概念后，会出现大量的公允价值与账面价值的差额，这个差额体现在资本公积项下的“其他资本公积”里。

资本公积减少的原因主要是转增资本（股本）。资本公积转增资本是公司内部权益资本结构的调整，即增加股本、减少资本公积。它既不是投入资本的实质性增加，也不属于利润分配。分析时应注意转增资本额度的确定，转增股本后的股数和新的股权比例情况，以及转增资本以后对未来收益的影响等。具体可通过转增股本前后的股本收益率、每股净资产等指标进一步加以分析。

【例 8—5】 根据 W 公司 2011 年和 2012 年比较资产负债表（见表 3—1）和 2012 年所有者权益变动表（见表 8—2），分析该公司的资本公积增减情况。

从表 3—1 和表 8—2 中可知，W 公司资本公积连续增加，增加的原因也很明确。2011 年度为 40 760 437 元，增长的 84 020 元系会计政策变更所致；2012 年度为 40 912 802 元，比上年增加 152 365 元，也是由于会计政策变更所导致的。

可见，W 公司的资本公积在近两年中没有被用来转增资本，只是由于会计政策的变更带来相应的增加。报表分析人员应结合该公司会计报表附注的相关说明，分析其会计政策的变更理由和变更事项，从而分析其资本公积增加的合理性。

（三）“库存股”项目分析

小知识

库存股也称库藏股，是指由股份公司购回而没有注销的，并由该公司持有的已发行股份。换句话说，就是公司将已经发行出去的股票从市场中买回，存放于公司，而尚未再出售或是注销。可见，库存股往往产生于上市公司的股份回购之时，回购后并不注销，而由公司自己持有，在适当的时机再向市场出售或用于对员工的激励。库存股的特性和未发行的股票类似，没有投票权或是分配股利的权利，在公司解散时也不能变现。股份公司对于回购的股份，往往作为资本运作的一种方式，而库存股制度的建立对股份公司的股权结构调整和激励机制的安排有很大作用。

虽然我国在一定程度上建立了库存股制度，但与其他国家和地区相比，我国的库存股无论在时间上还是用途上都存在很大限制。库存股的分析因回购的目的不同而有所不同，具体可以根据我国《公司法》第 143 条所规定的公司可以回购本公司股份的几种情形来展开。

1. 减少注册资本

为减少公司注册资本目的回购的，公司应当自收购之日起十日内注销所回购股份。分析时应关注公司的回购日与注销日之间的时间间隔，尤其是公司回购的股份是否已按《公司法》规定注销。也就是说，为了减少公司注册资本而回购的股份不应形成库存股。

2. 股权激励计划

基于公司股权激励计划回购的本公司股份，不得超过本公司已发行股份总额的 5%；用于收购的资金应当从公司的税后利润中支出；所收购的股份应当在一年内转让给职工。即对回购股份的比例、所用资金以及转让给职工的时间都有明确的规定。

3. 与其他持股公司合并

因为与持有本公司股份的其他公司合并，或者股东因对股东大会作出的公司合并、分立决议持异议，要求公司收购其股份的，公司应当在6个月内转让或者注销该股份。

分析时应特别注意的是，公司在进行股票回购时有无操纵市场的嫌疑，公司的董事有无利用股份购回及再出售机制来操控公司股价，或当公司出于正当目的进行重大库存股运作前，公司董事个人或其他内幕人员可能通过事先采取行动而从中获利。公司是否通过缩小股本规模而提高每股收益或其他业绩比率，营造其业绩较好的表象，使报表使用者以为其股份有价值等。

(四)盈余公积项目分析

小知识

盈余公积是指企业按照规定从净利润中提取的各种积累资金。盈余公积具体又分为法定盈余公积、任意盈余公积。公司制企业按照税后利润的10%提取法定盈余公积，当法定盈余公积累计额已达注册资本的50%时可以不再提取；任意盈余公积主要是公司制企业按照股东大会的决议提取。

盈余公积具有以下特点：(1)无须支付利息；(2)期限长。如果不用来弥补亏损，则可以永久性使用，无须到期还本。企业的盈余公积可用于弥补亏损或转增资本。转增股本后留存的盈余公积金不得少于注册资本的25%。股份公司还可以在亏损的年份，在不超过面值的6%的范围内用盈余公积发放股利，以维护其股票在市场上的信誉，避免股票价格发生大幅度的波动。

对于企业来说，在所有的资本来源中，盈余公积最为稳定，既无期限又无利息，因此，在盈利后除分配利润外，应尽可能多提盈余公积。

盈余公积的提取实际上是企业当期实现的净利润向投资者分配利润的一种限制。提取盈余公积本身就属于利润分配的一部分，提取盈余公积相对应的资金，一经提取形成盈余公积后，在一般情况下不得用于向投资者分配利润或股利。盈余公积的用途，并不是指其实际占用形态，提取盈余公积也并不是单独将这部分资金从企业资金周转过程中抽出。企业提取的盈余公积，无论是用于弥补亏损，还是用于转增资本，只不过是在企业所有者权益内部结构的转换，如企业以盈余公积弥补亏损时，实际是减少盈余公积留存的数额，以此抵补未弥补亏损的数额，并不引起企业所有者权益总额的变动；企业以盈余公积转增资本时，也只是减少盈余公积结存的数额，但同时增加企业实收资本或股本的数额，也并不引起所有者权益总额的变动。至于企业盈余公积的结存数，实际只表现企业所有者权益的组成部分，表明企业生产经营资金的一个来源而已，其形成的资金可能表现为一定的货币资金，也可能表现为一定的实物资产，如存货和固定资产等，随同企业的其他来源所形成的资金进行循环周转。

对于盈余公积项目的分析，应从以下方面进行：

1. 分析盈余公积形成是否合法

因为盈余公积是从企业税后利润中提取的积累资金，所以要注意分析公司是否按照有关规定提取盈余公积，包括法定盈余公积、任意盈余公积。注意提取的基数是否准确、比例如何确定、任意盈余公积的提取是否依据股东大会的决议等。

2. 分析盈余公积使用是否符合规定

盈余公积属于企业留存收益中指定专门用途的积累资金。所谓专门用途是指这部分净利润不能再直接分配给投资者，而是要用于法律、公司章程或股东会议指定的方面。各种不同形式的盈余公积，在其使用上有着各自不同的规定。

（1）分析用盈余公积弥补亏损时，应注意是否由董事会提议，并经股东大会批准。

（2）分析盈余公积转增资本（股本）时，应注意转增资本是否经股东大会作出决议，是否办理了增资手续，如到工商行政管理部门申请办理注册资金变更等手续。用法定盈余公积派送新股时，按股票面值和派送新股总数计算的金额如有差额，是否计入"资本公积—股本溢价"账户。

（3）公司用盈余公积分派股利的分析，应注意是否经股份有限公司股东大会作出决议；用法定盈余公积分派股票股利增加的股本是否办理了增资手续；分派股票股利的每股面值与派送价格之差是否计入"资本公积—股本溢价"账户。

【例 8－6】 根据 W 公司 2011 年和 2012 年比较资产负债表（见表 3－1）和 2012 年所有者权益变动表（见表 8－2），分析该公司的盈余公积变动情况。

根据 W 公司报表资料，我们看到，该公司 2011 年和 2012 年每年均按照一定比例提取了盈余公积。其中，2011 年提取金额为 166 544 元，提取比例为 18.81%（166 544 元÷885 359 元）；2012 年提取金额为 317 370 元，提取比例为 18.01%（317 370 元÷1 762 027 元）。说明该公司为了积累发展所需资金，正常地提取盈余公积，符合公司实际。

再来看一下盈余公积的结存数：2011 年末为 48 296 843 元，2012 年末为48 600 479元，分别占注册资本的 226.36%、223.16%、224.56%。数据表明 W 公司盈余公积结存额较大，已经达到注册资本的 220%以上，但是公司未用盈余公积转增资本或发放股利，说明公司的资金积累比较充足。

（五）未分配利润项目分析

小知识

未分配利润是指企业留待以后年度分配的结存利润，也是企业所有者权益的组成部分。从数量上来说，是期初未分配利润加上本期实现的净利润，减去提取的盈余公积和分出利润后的余额。

未分配利润的多寡可以用来衡量公司的储备和获利能力，它在所有者权益中的比例越高，说明企业获利能力越强。未分配利润是公司留存收益的一部分。留存收益的增减变化及变动金额的多少，取决于企业的盈亏状况和企业的利润分配政策。一般说来，企业当年盈利，会增加未分配利润；反之，如果企业当年亏损，则未分配利润会减少。此外，未分配利润的增减数额，还取决于企业的利润分配政策。如果企业留多分少，保持较高的留存收益比率，则未分配利润增加数就较多；反之，如果是留少分多，留存收益比率较低，则未分配利润增加的数额就少。未分配利润是公司利润分配的最终结果，既可以用于生产经营，又可以用于公司开展新的业务领域，还可以留待以后年度进行股利分配。

对未分配利润的分析主要应注意了解未分配利润的增减变动总额、变动原因和变动趋势，尤其是分析由于净利润的变动对未分配利润的影响，同时应分析公司的利润分配政策对未分配利润的影响。

任务3 所有者权益变动表的结构分析

所有者权益结构分析是指所有者权益的各项目金额占所有者权益总额的比重，它反映了企业所有者各项目的分布情况，揭示了企业的经济实力和风险承担能力。此外，由于所有者权益中的盈余公积和未分配利润属留存收益，是企业税后利润分配的结果。因此，所有者权益结构分析也能反映出企业的内部积累能力，间接反映企业的经营状况。

一、影响所有者权益结构的因素

(一)所有者权益规模

所有者权益的变化，往往会由于其规模或总量的变动而相应地变动。如在其他条件相对稳定时，投资者追加投资或法定收回投资或者盈余公积转增资本、送配股等，都会引起所有者权益总量或其中某个项目总量的变动，进而引起所有者权益结构的变动。

(二)利润分配政策

企业投入资本和留存收益的结构直接受制于企业的利润分配政策，若企业某期采取高利分配政策，而盈余公积、公益金又按照法定比例提取，则未分配利润减少，必然引起留存收益的比重降低；反之，采取低利润分配或暂缓分配政策，留存收益的比重必然会因此提高。

(三)企业控制权

企业的控制权掌握在控股股东或持有一定股份的大股东手中，如果企业决定接受其他投资者的投资，就会稀释股权，分散企业的控制权。若企业现有的投资者(股东)愿意接受这种筹资方式，其结果必然引起所有者权益结构的变化。如果所有者不愿分散对企业的控制权，就会采取负债筹资的方式，这样不会影响所有者权益结构。

(四)权益资本成本

企业的权益资本成本往往要高于负债资本成本，因为所有者承担的风险要大于债权人承担的风险，所以其要求的回报也要高一些。在所有者权益的内部，投入资本的资本成本往往要高于留存收益的资本成本。因此，要降低筹资成本，应尽量利用留存收益，加大其比重，这样综合资本成本率则会相对降低。

(五)外部因素

企业在选择筹资渠道时，往往不因企业的意志而定，还受到经济环境、金融政策、资本市场状况等因素的制约，这些因素影响企业的筹资方式，也必然影响所有者权益结构。

二、所有者权益的结构分析

引起所有者权益增减变动的主要原因有增加或减少注册资本、资本公积发生增减变化、留存收益的增加减少等。通过对所有者权益构成及增减变动分析，可以进一步了解企业对负债偿还的保证程度和企业自身积累资金的能力与潜力。

【例8—7】 根据W公司2011年和2012年比较资产负债表(见表3—1)和2012年所有者权益变动表(见表8—2)，对该公司的所有者权益进行结构分析。

根据表3—1和表8—2揭示的W公司2011年和2012年的所有者权益构成情况，编制所有者权益结构及增减变动分析表，见表8—3。

从表8—3中可以看到，W公司所有者权益2012年比2011年增加了1 845 724元，其中资本公积增加了 152 365 元，盈余公积增加了 303 623 元，未分配利润增加了 1 389 723 元。说明 W 公司除了实收资本项目以外，其他所有者权益项目都有所增加，特别是未分配利润增长额度较大；其次是盈余公积金的增长，资本公积项目虽然也有所增加，但需进一步分析。这意味着公司的自有资金增加，投资和债权的保证程度提高，公司偿债能力和获利能力都提高了。

表 8—3　　所有者权益结构及增减变动分析表

项　目	2011 年		2012 年		差　异	
	金额(元)	比重(%)	金额(元)	比重(%)	金额(元)	比重(%)
实收资本	21 642 114	16.97	21 642 114	16.73	0	−0.24
资本公积	40 760 437	31.96	40 912 802	31.63	152 365	−0.33
盈余公积	48 296 843	37.88	48 600 479	37.57	303 636	−0.31
未分配利润	16 822 575	13.19	18 212 298	14.07	1 389 723	0.88
所有者权益合计	127 521 969	100	12 9367 693	100	1 845 724	0

本章小结

所有者权益变动表是反映构成所有者权益的各组成部分当期增减变动情况的报表。所有者权益变动表全面地反映企业一定时期所有者权益变动的情况，不仅包括所有者权益总量的增减变动，还包括所有者权益增减变动的重要结构信息，特别是反映直接计入所有者权益的利得和损失，能够使报表使用者准确理解所有者权益增减变动的根源。所有者权益变动表是企业对外报送的主要报表之一，是连接资产负债表与利润表的纽带，体现了企业的综合收益。所有者权益变动表的分析主要从所有者权益变动表的项目和结构两方面进行分析。

关键术语

所有者权益变动表　会计政策变更　前期差错更正　实收资本　资本公积
盈余公积　未分配利润　库存股　直接计入所有者权益的利得和损失

思考题

1. 什么是所有者权益变动表？其作用是什么？
2. 所有者权益变动表的内容有哪些？格式是怎样的？如何列报？
3. 实收资本的分析应从哪几方面进行？
4. 如何分析资本公积的变动情况？
5. 盈余公积与未分配利润的分析应注意哪些问题？
6. 什么是所有者权益结构？怎样对所有者权益结构进行分析？

练习题

一、单项选择题

1. 所有者权益变动表中的“本年金额”栏应根据实收资本等科目的(　　)分析填列。

A. 期末余额　　B. 发生额

C. 期初余额　　D. 本期增加额

2. 新准则引入公允价值概念后,会出现大量的公允价值与账面价值的差额,这个差额体现在资本公积项下的(　　)。

A. 资本溢价　　B. 接受捐赠

C. 其他资本公积　　D. 股本溢价

3. 为了清楚地反映构成所有者权益的各组成部分的增减变动情况,所有者权益变动表采用(　　)的格式。

A. 账户式　　B. 报告式

C. 单步式　　D. 矩阵式

4. 所有者权益结构是指所有者权益各项目金额占(　　)的比重,揭示了企业的经济实力和风险承担能力。

A. 所有者权益总额　　B. 资产总额

C. 负债及所有者权益总额　　D. 负债总额

5. 综合收益是指企业在某一期间与所有者之外的其他方进行交易或其他事项所引起的(　　)的变动。

A. 净利润　　B. 营业收入

C. 营业外收入　　D. 净资产

二、多项选择题

1. 企业综合收益的构成内容包括(　　)。

A. 营业收入　　B. 营业外收入

C. 净利润　　D. 直接计入所有者权益的利得和损失

2. 下列项目中应在所有者权益变动表中列示的有(　　)。

A. 利润总额　　B. 直接计入所有者权益的利得和损失

C. 净利润　　D. 会计差错更正的影响数

3. 下列所有者权益项目中属于投资者投入资本的是(　　)。

A. 盈余公积　　B. 未分配利润

C. 资本公积　　D. 实收资本

4. 企业实施利润分配以后的留存收益包括(　　)。

A. 利润总额　　B. 未分配利润

C. 资本公积　　D. 盈余公积

5. 盈余公积属于企业留存收益中指定专门用途的积累资金,其主要用途有(　　)。

A. 弥补亏损　　B. 转增资本

C. 分派股利　　D. 对外捐赠

6. 下列项目属于所有者权益内部结转的有(　　)。

A. 资本公积转增资本　　B. 盈余公积转增资本

C. 盈余公积弥补亏损　　D. 企业获得净利润

7. 企业实收资本增加的途径有(　　)。

A. 资本公积转入　　B. 盈余公积转入

C. 利润分配转入　　D. 发行新股

三、判断题

1. 直接计入所有者权益的利得和损失是企业已实现但根据会计准则的规定已确认的收益。(　　)

2. 企业的综合收益是其净利润加上直接计入所有者权益的利得和损失。(　　)

3. 所有者权益变动表列示了所有者权益项目的比较信息。(　　)

4. 企业的资本公积、盈余公积和未分配利润，属于企业生产经营过程中形成的留存收益。(　　)

5. 企业资本公积减少的主要原因是转增资本和弥补亏损。(　　)

项目九

财务报表表外资料分析

学习目标

◎ 熟悉财务报表附注的含义及内容；
◎ 掌握财务报表附注的分析方法；
◎ 熟悉注册会计师审计报告的类型；
◎ 掌握注册会计师审计报告的分析。

学习建议

财务报表附注的内容较多，其中对一些重点财务报表附注的项目的分析，如会计政策、会计估计变更和差错更正、资产负债表日后事项等，需要对相关知识较为熟悉。

引导案例

企业的财务报表是否反映了全部的信息？在报表之外是否还有有用的资料？

恰恰报表之外的这些资料是在阅读财务报表时容易忽略的信息，在许多情况下，这些资料所反映的信息对报表信息使用者对于财务报表的分析有着重要意义。

任务1 财务报表附注分析

一、财务报表的局限性

财务报表是由会计工作者对已发生的经济事项进行分类、加工、处理后提出的用以说明企业财务状况和经营成果的书面文件，它反映了企业资金的投入及运用、利润的取得、资金的筹集与分配等有关企业在一定时期的经营成果或某一时点的财务状况。

财务报表编制的目的是为企业现在和潜在的投资者、债权人、管理者和其他信息使用者提供各种有用的信息，以便帮助他们作出合理的决策。但财务报表自身的局限性，也会对报表阅读者造成各种误导。其局限性主要有以下内容。

(一)货币反映的局限性和货币单位的不稳定性

财务报表提供的数据必须都能用货币计量,其反映的信息都是能用货币量化的,但企业的许多重要信息很难通过货币简单计量。因此,财务报表很难或根本不能涉及企业员工年龄、经验等人力资源要素,也不包括企业市场拓展情况、生产流程组织、机器设备生产效率和企业计划制定情况等方面的信息。因此,报表阅读者在阅读报表时,很难获取这些难以用货币计量的各种信息,而只能尽可能地通过其他信息渠道来弥补财务报表自身的局限性。

财务报表仅仅只能列示能用货币计量的经济项目,但由于货币自身的价值会随着时间或其他因素的影响而上下波动,所以货币单位难以保持自己"标准价值单位"的质量特征。尤其是在通货膨胀下,货币迅速贬值,物价持续上涨,此时,即使企业不从事任何业务,也会由于货币本身价值变化形成企业的损益。因而,由于财务报表是以币值稳定假设和历史成本原则作为基础而编制的,如果仅仅将报表内的数据简单加减,据以进行决策,则会导致决策者严重的失误。

(二)财务报表数据信息的有限性

企业的经济活动是复杂多样的,如果事无轻重全部堆砌在财务报表中,不仅不利于财务报表阅读者把握重点,而且不符合最基本的成本—效益原则。因此,财务报表在反映多样化的经济活动时,通过归类、整理、汇总,将日常工作中数量繁多、分散的会计资料按统一的会计制度要求、规定的格式和编制方法系统地简化成一整套完整的指标体系。正是因为必须对经济活动进行高度概括,所以财务报表无法提供报表使用者所需要的一切信息。作为报表使用者,只能根据企业的财务报表和来自其他渠道的信息共同推测出企业的真实状况和发展趋势。

(三)财务报表信息的滞后性

财务报表的数据是企业过去经济活动的结果,是作为对企业过去经营活动的总结,具有较强的时效性,但如果用来作为企业预测未来的依据,就只能作为动态预测的参考。而且,当报表使用者取得各种报表时,可能离报表编制日已过去多时,反映的情况也可能已经今非昔比了。

(四)会计分期的局限性

财务报表反映的是企业整个经营期限内某一会计期间的经营活动及其结果。在每一会计期间确定企业财务状况和经营成果时,经常要对相关经济业务进行预先估计,特别是对经营成果的认定,由于有关收入、费用的发生可能会跨越几个会计期间,这样预估的成分就越多。预估成分越大,财务报表中包含的信息不确定性也就越大。例如,对固定资产使用年限和残值的估计,对坏账准备的预估,对长期合同的完工程度和相应成本的预估等。而且,预估的期限越长,其信息的不确定性也越大。

(五)历史成本反映的局限性

在我国,企业财务报表是按照历史成本原则编制的,因而要求企业的资产按取得成本计价,负债按发生时交易的资产或劳务的价格或约定的金额计量,而且一经入账,就不再考虑市价的变动。历史成本的优点是以事实为依据,便于验证,且"有据可查"。在币值基本稳定的情况下,所提供的会计信息无疑是客观、可靠和有用的,但当物价不断上涨、货币持续贬值时,历史成本所揭示的会计信息就难以符合现实情况,从而损失财务报表的有用性。

二、财务报表附注的作用

财务报表附注是财务报表的补充,是对资产负债表、利润表、现金流量表和所有者权益变动表等报表中列示项目的文字描述或明细资料,以及对未能在这些报表中列示项目的补充注释。报表附注是财务报表的重要组成部分，是企业报表使用者全面、客观、准确地解读企业信息必须参照的重要内容。财务报表附注主要有以下作用。

(一)提高财务报表信息的可比性

在可比性原则下，对于同样的经济业务，要求企业采用同样的会计处理方法和程序。由于会计法规发生变化或者为了更加公允地反映企业的实际情况，企业有可能改变报表中某些项目的会计政策。由于不同时期财务报表中的同一项目采用了不同的会计政策，影响不同期间财务报表的可比性，为了帮助报表使用者掌握会计政策的变化，也需要在报表附注中做出说明。因此，通过报表附注来说明企业所采用的会计处理方法及变更情况，有助于提高财务报表的可比性。

(二)提高财务报表信息的可理解性

财务报表附注对表中数据进行了解释，将抽象的数据分解成若干具体的项目，并说明各项目的会计处理方法，不但能够使具有一定会计知识的报表使用者深刻理解财务报表披露的信息，而且更有助于缺乏会计专业知识的报表使用者看懂报表信息，从而增强财务报表的可理解性。

(三)突出报表信息的重要性

企业公布的财务报表中包含的信息量很多，内容复杂，报表使用者可能抓不住重点，对其中的重要信息了解得不够全面与详细。而财务报表附注正是对财务报表的重要数据所作的进一步的解释说明，它能帮助报表使用者了解哪些信息是重要的、应当引起注意的，进而促使报表使用者获得正确的引导，做出正确的评价。

三、财务报表附注披露的主要内容

财务报表附注应当按照如下顺序披露有关内容。

(一)企业的基本情况

(1)企业注册地、组织形式和总部地址；

(2)企业的业务性质和主要经营活动；

(3)母公司以及集团最终母公司的名称；

(4)财务报告的批准报出者和财务报告批准报出日。

(二)财务报表的编制基础

包括会计年度、记账本位币、会计计量所运用的计量基础、现金和现金等价物的构成内容。

(三)遵循《企业会计准则》的声明

企业应当明确说明编制的财务报表符合企业会计准则的要求，真实、公允地反映了企业的财务状况、经营成果和现金流量等有关信息，以此明确企业编制财务报表所依据的制度基础。如果企业编制的财务报表只是部分地遵循了企业会计准则，附注中不得作出这种表述。

(四)重要会计政策和会计估计

企业应当披露采用的重要会计政策和会计估计，不重要的会计政策和会计估计可以不披露。在披露重要会计政策时，应当披露重要会计政策的确定依据和财务报表项目的计量基础；在披露会计估计时，应当披露会计估计中所采用的关键假设和不确定因素。

(五)会计政策和会计估计变更以及差错更正的说明

企业应当按照《企业会计准则第 28 号——会计政策、会计估计变更和差错更正》及其应用指南的规定，披露会计政策和会计估计变更以及差错更正的有关情况。

(六)报表重要项目的说明

企业应当以文字和数字描述相结合,尽可能以列表形式披露重要报表项目的构成或当期增减变动情况,并与报表项目相互参照。在披露顺序上,一般应当按照资产负债表、利润表、现金流量表、所有者权益变动表的顺序以及报表项目列示的顺序披露。

通过财务报表无法了解各项目的明细构成情况。在附注中,根据会计的重要性原则,对重要的报表项目应当说明其明细构成情况。重要项目通常包括以下内容:交易性金融资产、应收款项、存货、长期股权投资、固定资产、职工薪酬、应付账款、应交税费、短期借款和长期借款、股本和营业收入。

(七)重要事项说明

由于财务报表本身具有局限性,一些对财务报表使用者的决策有重大影响的事项无法在表内进行反映,如果忽略这些事项,就不能全面了解企业的财务状况和财务风险,这样可能使报表阅读者产生误解或使决策发生重大偏差。这些事项主要包括以下内容:或有事项、关联方关系及其交易、资产负债表日后事项及现金流量表附注等。

四、财务报表附注重点项目分析

在分析的过程中,需要将财务报表和财务报表附注相结合,加深对财务报表上数字信息的了解,辨别财务报表的真实程度。虽然财务报表附注内容较多,但可以通过对几个重点项目的分析,提供财务报表附注分析的思路。

(一)会计政策变更、会计估计变更和会计差错更正的分析

1. 会计政策变更的分析

会计政策变更的分析应从变更理由、会计处理方法和披露三个方面进行。

(1)分析会计政策变更的理由是否充分。为了保证会计信息的可比性,使会计报表使用者在比较分析会计报表时,能够正确判断企业的财务状况、经营成果和现金流量的变化趋势,一般情况下,企业采用的会计政策,在每一会计期间和前后各期应当保持一致,不得随意变更。但是,满足下列条件之一的,可以变更会计政策:①法律、行政法规或者国家统一的会计制度等要求变更。②会计政策变更能够提供更可靠、更相关的会计信息。

对于法律、行政法规或者国家统一的会计制度等要求变更的,重点分析其是否符合法律、法规和制度的要求,会计处理是否合法;对于会计政策变更能够提供更可靠、更相关的会计信息的,重点分析会计政策变更是否能真实、公允地反映企业的财务状况、经营成果和现金流量,是否是企业利用会计政策变更粉饰会计报表。

小知识

会计政策变更的会计处理方法有追溯调整法和未来适用法。

追溯调整法是指对某项交易或事项变更会计政策,视同该项交易或事项初次发生时即采用变更后的会计政策,并以此对财务报表相关项目进行调整的方法。会计政策变更能够提供更可靠、更相关的会计信息的,应当采用追溯调整法进行处理。

未来适用法是指将变更后的会计政策应用于变更日以后发生的交易或者事项,或者在会计估计变更当期和未来期间确认会计估计变更影响数的方法。在当期期初确定会计政策变更对以前各期累积影响数不能合理地确定,应当采用未来适用法进行处理。

(2)分析会计政策变更的会计处理方法是否正确。对于法律、行政法规或者国家统一的会计制度等要求变更,应该按照有关规定执行;对于企业自愿变更会计政策的,一般要求采用追溯调整法,若会计政策变更的累计影响数不能合理地确定,则应采取未来适用法。

(3)分析会计政策变更披露的内容是否完整。企业应当在附注中披露会计政策变更的性质、内容和原因,当期和各个列报前期财务报表中受影响的项目名称和调整金额,无法进行追溯调整的,说明该事实和原因以及开始应用变更后的会计政策的时点、具体应用情况。

【例 9—1】 M上市公司,在 2014 年年度会计报表附注中披露,该公司以公允价值计量且其变动计入当期损益的金融资产以及可供出售的金融资产,2014 年披露数为—1 680 万元,2013 年披露数 2 947 万元,差异数总计为—4 627万元(—1 680—2 947),并且对这一影响数字进行了追溯调整。

2. 会计估计变更的分析

会计估计变更分析通常从变更的合理性、会计处理的正确性和变更披露的正确性三个方面进行。

小知识

会计估计变更是指由于资产和负债的当前状况及预期未来经济利益和义务发生了变化,从而对资产或负债的账面价值或者资产的定期消耗金额进行的重估和调整。例如,固定资产折旧方法、固定资产预计使用年限和预计净残值(率)、坏账准备估计比例等,企业赖以进行估计的基础发生了变化,或者由于取得新信息、积累更多经验以及后来的发展变化。

(1)分析会计估计变更的合理性。在对会计估计变更进行分析时,应重点分析会计估计变更的依据是否真实、可靠,主要通过与同行业类似企业的对比来分析判断,以证实真实的变更目的。

(2)分析会计估计变更会计处理方法的正确性。对会计政策要求会计估计变更的会计处理主要采用未来适用法,不调整以前年度会计报表。

会计估计变更仅影响变更当期的,其影响数应当在变更当期予以确认;既影响变更当期又影响未来期间的,其影响数应当在变更当期和未来期间予以确认。企业难以区分会计政策变更和会计估计变更的,应当将其作为会计估计变更进行处理。

(3)分析会计估计变更披露的正确性。企业应当在附注中披露会计估计变更的内容和原因、变更对当期和未来期间的影响数以及会计估计变更的影响数不能确定的,披露这一事实和原因。

【例 9—2】 N上市公司在 2014 年年度会计报表附注中披露,公司根据企业会计准则和应用指南通过了根据本公司具体情况制定的会计政策和会计估计,自 2014 年 1 月 1 日起实施。根据本公司以前年度的历史经验数据和现时情况更改了应收款项的坏账准备估计比例。

2013 年及以前年度,应收款项坏账损失采用备抵法核算。对个别出现明显回收困难的应收款项,根据款项的具体情况采用个别认定法计提。对于一般的应收款项,按账龄分析法计提坏账准备。从 2014 年 1 月 1 日起,本公司应收款项的减值,按照《企业会计准则第 22 号——金融工具的确认和计量》的规定执行。对于未单独计提坏账准备或未进行单独减值测试的应收款项的坏账估计比例,其账龄分析法计提坏账准备坏账提取比例的变更差异见表 9—1,其会计估计变更对如 2014 年报表项目的影响见表 9—2。

N上市公司将应收款项分为三大类。第一类是单项金额重大的应收款项,这一类又分为已计提坏账准备的应收款项和未计提坏账准备的应收款项;第二类是单项金额不重大但按信用风险特征组合后风险较大的应收款项,这一类又分账龄在1年以内、1～2年、2～3年、3～4年、4～5年、5年以上六类,此类为信用风险特征组;第三类是其他不重大应收款项。

表9—2是会计估计变更对2014年报表项目的影响数,由于坏账计提比例增加,坏账准备增加,应收账款减少致使资产减少92 223 386.27元,此项会计估计变更体现了公司采取谨慎的会计处理原则,如实反映了公司的财务状况。

表9—1　　账龄分析法计提坏账准备坏账提取比例的变更差异表

信用风险特征组	变更前估计坏账比例(%)	变更后估计坏账比例(%)	差异(%)
1年以内	0	5	−5
1～2年	10	15	−5
2～3年	30	35	−5
3～4年	50	55	−5
4～5年	80	85	−5
5年以上	100	100	0

表9—2　　会计估计变更对2014年报表项目的影响

项　目	变化金额/元	项　目	变化金额/元
应收款账面价值	−63 949 520.67	本年利润影响小计:	−92 223 386.27
其他应收款账面价值	−23 936 849.49	其中:资产减值损失之坏账准备	99 511 293.92
长期应收款账面价值	−11 624 923.76	所得税费用	−7 287 907.65
递延所得税资产增加	7 287 907.65	对所有者权益的影响:	
		其中:归属于母公司权益	−72 514 405.41
		归属于少数股东权益	−19 708 980.86
资产影响合计	−92 223 386.27	所有者权益影响合计	−92 223 386.27

此外,公司还披露应收关联方款项属于关联方交易往来结算款项,风险受到控制,不计提坏账准备;对长期股权投资、暂借款等应收款项,由于将其结转至长期股权投资等,不会形成坏账,不计提坏账准备。这项会计政策充分考虑了企业的实际情况。

综上所述,该上市公司对变更坏账准备计提方法的依据是充分的,是建立在能够提供更合理、更公允的会计信息基础上的,能够真实反映企业的财务状况、经营成果和现金流量。

3. 会计差错更正的分析

会计差错更正是指对企业在会计核算中,由于计量、确认、记录等方面出现的错误进行的纠正。前期差错是指由于没有运用或错误运用以下两种信息,而对前期财务报表造成遗漏或误报:(1)编报前期财务报表时能够合理预计取得并应当加以考虑的可靠信息;(2)前期财务报表批准报出时能够取得的可靠信息。

企业应当采用追溯重述法更正重要的前期差错,企业应当在重要的前期差错发现后的财务报表中，调整前期比较数据。企业应当在附注中披露与前期差错更正有关的下列信息：(1)前期差错的性质；(2)各个列报前期财务报表中受影响的项目名称和更正金额；(3)无法进行追溯重述的，说明该事实和原因以及对前期差错开始进行更正的时点、具体更正情况。

会计差错会造成企业的会计信息不真实，分析的重点是判断差错的性质是否是故意造成，如提前确认尚未实现的收入、不确认已实现的收入等都属于故意产生的差错。其他原因也会造成会计差错，如账户分类及计算错误、会计估计错误、漏记已经完成的交易、对事实的忽视和误用等。

【例9—3】 X股份有限公司在2014年的年报中，对本期发现的属于以前年度的重大会计差错进行了追溯调整，而其在2014年度又变更了会计师事务所，初次接受委托的会计师事务所无法获取充分、适当的审计证据来确定追溯调整后的2014年期初数和上年数对本期会计报表整体反映的影响程度，因而被会计师事务所出具了无法表示意见的审计报告。

(二)资产负债表日后事项的分析

对于资产负债表日后事项的分析主要从资产负债表日后调整事项和资产负债表日后非调整事项着手。

小知识

资产负债表日后事项是指资产负债表日至财务报表批准报出日之间发生的有利或不利事项。财务报表批准报出日，是指董事会或类似机构批准财务报表报出的日期。资产负债表日后事项包括资产负债表日后调整事项和资产负债表日后非调整事项两种类型：(1)资产负债表日后调整事项，是指对资产负债表日已经存在的情况提供了新的或进一步证据的事项。(2)资产负债表日后非调整事项，是指表明资产负债表日后发生的情况的事项。

资产负债表日后事项的会计处理具体如下：

1. 调整事项的会计处理

企业发生的资产负债表日后调整事项，应当调整资产负债表日的财务报表。具体有以下几种情况：

(1)资产负债表日后诉讼案件结案，法院判决证实了企业在资产负债表日已经存在现时义务，需要调整原先确认的与该诉讼案件相关的预计负债，或确认一项新负债。

(2)资产负债表日后取得确凿证据，表明某项资产在资产负债表日发生了减值或者需要调整该项资产原先确认的减值金额。

(3)资产负债表日后进一步确定了资产负债表目前购入资产的成本或售出资产的收入。

(4)资产负债表日后发现了财务报表舞弊或差错。

2. 非调整事项的会计处理

企业发生的资产负债表日后非调整事项，不应当调整资产负债表日的财务报表。通常包括下列事项：(1)资产负债表日后发生重大诉讼、仲裁、承诺。(2)资产负债表日后资产价格、税收政策、外汇汇率发生重大变化。(3)资产负债表日后因自然灾害导致资产发生重大损失。(4)资产负债表日后发行股票和债券以及其他巨额举债。(5)资产负债表日后资本公积转增资本。(6)资产负债表日后发生巨额亏损。(7)资产负债表日后发生重大会计政策变更。(8)资产负债表日后发生企业合并或处置子公司。

1. 调整事项的分析

分析的重点是调整事项会计处理的正确性。调整事项对企业财务状况的影响是否体现在相应的报表项目中。

2. 非调整事项的分析

非调整事项不应当调整资产负债表日的财务报表，但应将其性质、内容及其对财务状况和经营成果的影响进行披露；无法作出估计的，应当说明原因。在分析时应对披露项目进行逐一分析，如股票和债券的发行会明显地影响企业资本结构，使企业的偿债能力发生变化，获利能力也会受到一定的影响。例如，自然灾害导致的资产损失会使企业的发展受到一定影响。

【例 9—4】 Y 上市公司 2014 年年度财务报表中的会计报表附注披露公司资产负债表日后事项，以下内容是从中选取的典型事项。

1. 资产负债表日后事项中的调整事项

本公司股东大会审议通过了 2014 年度利润分配方案，按照本公司 2014 年度净利润 10% 提取法定盈余公积金 2 243.38 万元。

2. 资产负债表日后事项中的非调整事项

(1)截至 2015 年 4 月 10 日，公司长短期借款金额总额为 40.67 亿元，比 2014 年 12 月 31 日的 30.09 亿元多 10.58 亿元。

(2)2015 年 3 月 17 日，公司已归还到期短期融资债券的本金及利息1 038.5万元。

(3)2015 年 3 月 15 日，新增对子公司长虹佳华担保额 4 000 万元，同时，长虹佳华以全部自有资产包括但不限于存货、应收账款、预付账款、银行存款资产等为该项欠款提供不可撤销担保，该不可撤销担保有效期为两年。

Y 上市公司资产负债表日后调整事项仅有一项，是公司通过利润分配方案，需要调整会计报表项目，影响企业的财务状况。

Y 上市公司非调整事项中，第一项是增加了长短期借款，该项事项会影响企业的偿债能力和获利能力；第二项是归还了短期债券的本息，会减少企业现金流；第三项是为子公司提供担保，增加企业的债务风险，影响企业的偿债能力。

(三)关联方及其交易的分析

企业关联方之间由于存在着密切的关联关系，完全可以在不依赖正常市场交易的条件下，通过内部操纵而完成关联交易，以达到某种目的。例如，利用购买商品或销售商品进行利润操纵是个别公司粉饰业绩的一个手段。对于该类交易，应分析关联方交易价格的合理性，关注对财务状况和经营成果影响产生重大影响的关联方交易的价格，是否与交易对象的账面价值或其市场价格存在较大的差异，从而判断关联交易到底是正常的购销行为还是利润操纵的手段。

小知识

关联方是指一方控制、共同控制另一方或对另一方施加重大影响，以及两方或两方以上同受一方控制、共同控制或重大影响的关联方交易是指关联方之间转移资源、劳务或义务的行为，而不论是否收取价款。

关联方交易的类型有购买或销售商品、购买或销售商品以外的其他资产、提供或接受劳务、担保和抵押、提供资金(贷款或权益性投资)、租赁、代理、研究与开发项目的转移、许可协议、代表企业或由企业代表另一方进行债务结算、关键管理人员报酬。

企业无论是否发生关联方交易，均应当在附注中披露母公司和子公司的名称，母公司，和子公司的业务性质、注册地、注册资本(或实收资本、股本)及其变化，母公司对该企业或者该企业对子公司的持股比例和表决权比例等。企业与关联方发生关联方交易的，应当在附注中披露该关联方关系的性质、交易类型及其交易要素。披露的交易要素至少包括：交易的金额；未结算项目的金额、条款和条件，以及有关提供或取得担保的信息；未结算应收项目的坏账准备金额；定价政策。

关联方及交易的分析应从以下几个方面进行分析：

1. 关注关联方及其交易的完整性

关联方交易尤其是大量非正常关联方交易，其信息披露的不完整不仅会造成公司的透明度低，而且会造成投资者不能正确地评价关联方交易的合理性，公司的财务状况和经营成果无法得到真实的反映，最终会导致社会资源配置的低效率，侵害广大投资者的利益。在完整性方面存在以下问题：

(1)对关联方关系披露不完整。隐瞒某些存在关联关系的关联方，或是没有披露存在控制关系的关联方的注册资金及其变化、权益资本及其变化和持股比例等；或是没有披露主要投资者个人、高层管理人员及其家属与相关企业的关系。

(2)对关联方交易披露不完整。企业没有按照企业会计准则的要求进行披露，个别上市公司出于种种目的，隐瞒关联方交易的事项。其主要原因是这些关联方交易缺乏公允性和真实性，如果完整地对外披露，势必会对公司的当年利润或者社会形象产生影响。

2. 关注关联方及其交易的真实性

关联方交易是否真实，是否有实际的资金流动，在分析时应特别关注。目前，我国上市公司关联方交易大部分通过非现金方式进行，关联方之间的交易因无须付现，对关联方的经营现金流量压力不大。因此，关联方交易可能纯粹是一种报表重组。

3. 关注关联方及其交易的可比性

关联方交易披露在可比性方面透明度较低，主要表现在定价政策的披露上。上市公司披露关联方交易的定价原则和有关费用收支标准差异较大，缺乏可比性。大多数上市公司往往只列示“按协议定价”“按市场价格”，没有进一步加以明确，使投资者难以分清真实的交易价格，不排除个别上市公司以此达到粉饰报表的目的。

【例 9－5】 T上市公司和S上市公司关于关联方交易的事项披露如下：

T上市公司在2014年年度报告会计报表附注中披露，其关联方交易定价原则是参考市场价格协商决定。

S上市公司在2014年年度报告会计报表附注中披露，关联方交易的定价政策是本公司与关联企业之间的业务往来，按一般市场经营规则进行，与其他业务往来企业同等对待。本公司同关联方之间购销及提供其他劳务服务的价格，有国家定价的，适用国家定价；没有国家定价的，按市场价格确定；没有市场价格的，参照实际成本加合理费用原则由双方定价；对于某些无法按照“成本加费用”的原则确定价格的特殊服务，由双方协商定价。

由此可见，T股份有限公司定价政策的披露比较笼统，还需进一步分析，而S上市公司披露的相关信息比较充分和具体。

任务2 注册会计师审计报告的分析

在阅读上市公司年度财务报告时，一定会发现报告资料中附有会计师事务所的审计报告。虽然审计报告只有短短的一两页，但它却是整个年报的重点。

一、审计报告概述

审计报告是注册会计师根据审计结果，对上市公司财务报告是否符合国家颁布的《企业会计准则》和相关会计制度的规定，在所有重大方面是否公允反映了上市公司的财务状况、经营成果、现金流量及所有者权益变动情况所发表的审计意见。注册会计师的审计意见可以证实管理者提供的财务报表的可信性，为报表的使用者对本来投资和信贷的决策起到指导作用。

注册会计师审计报告是进行财务分析的重要信息。有人将审阅注册会计师审计报告作为财务分析的首要步骤，足以说明审计报告的重要性。审计报告可向财务分析师提供有关财务报告是否公正表述的独立性、权威性意见。

注册会计师的审计意见包括四种类型：(1)不附条件的意见，又称无保留意见；(2)附条件的意见，又称有保留意见；(3)否定意见；(4)无法发表意见。注册会计师在审计报告中对所审计的财务报告可提出以上四种意见中的一种。

在上述四种意见中，第一种属于有利意见或肯定意见，后三种属于不利意见。注册会计师在审计报告中如果提出后三种意见，必须做出必要的说明。

二、审计报告的分析

(一)无保留意见审计报告的分析

注册会计师对上市公司财务报告出具“无保留意见审计报告”，意味着其审计结果证明公司会计报表公允地反映其财务状况、经营成果和现金流量情况。这是最好的审计意见。

注册会计师应该代表投资人利益，对上市公司财务报告的真实性进行审计。可是有些注册会计师为了拉拢客户，获得审计费，出具严重失实的审计报告，误导投资者。为了避免这方面的风险，对于注册会计师出具无保留意见审计报告的财务报告，我们仍然需要运用其他分析方法，进一步证实公司会计报表反映其财务状况及经营成果和现金流量情况的真实程度。

判断一份财务报告的审计报告是否是“无保留意见审计报告”，主要看审计报告的段式和最后一段“审计意见段”的内容。

“无保留意见审计报告”只有两个段式，第一段是“范围段”，列示注册会计师的审计范围；第二段是“意见段”，阐述注册会计师的审计意见。

上市公司“无保留意见审计报告”的“范围段”内容如下：

“我们接受委托，审计了××公司×年×月×日的资产负债表(及合并资产负债表)、×年度的利润及利润分配表(和合并利润及利润分配表)、×年度的现金流量表(及合并现金流量表）。这些会计报表由贵公司负责，我们的责任是对这些会计报表发表审计意见。我们的审计是依据《中国注册会计师独立审计准则》进行的。在审计过程中，我们结合贵公司实际情况，实施了包括抽查会计记录等我们认为必要的审计程序。"

上市公司"无保留意见审计报告"的"意见段"内容如下：

"我们认为，上述会计报表符合《企业会计准则》和《股份有限公司会计制度》的有关规定，在所有重大方面公允地反映了贵公司×年×月×日的财务状况及×年度的经营成果和×年度的现金流量情况，会计处理方法的选用遵循了可比性原则。"

其中，判断审计报告是"无保留意见审计报告"，关键词是"……在所有重大方面公允地反映了……"。

（二）保留意见审计报告的分析

注册会计师对上市公司财务报告出具"保留意见审计报告"意味着公司的经营活动和财务报表在整体上是公允的，但其不能确定公司财务报告某些部分的真实程度，即在个别方面存在重要错误或问题而给予的一种大部分肯定、局部否定或不表态的评价。

"保留意见审计报告"有三个段式：范围段、说明段和意见段。

"保留意见审计报告"的第一段是"范围段"，列示注册会计师的审计范围；第二段是"说明段"，说明注册会计师的保留意见；第三段是"意见段"，阐述注册会计师的审计意见。

判断审计报告是否是"保留意见审计报告"，主要看其是否有"说明段"，以及"意见段"是否有关键词"除上述情况有待确定之外……"或"除上述问题造成的影响以外……"等。

"保留意见审计报告"的第二段"说明段"，阐述注册会计师的保留意见。保留的内容主要涉及减值准备计提的恰当性、资产的安全性、资产的质量、收入确认的恰当性、信息披露的完整性等方面。这些内容与企业的利润质量有直接或间接的关系。一般来说，保留意见部分越长，企业的利润质量越差。因此，如果投资者看到年报里面的审计意见是"保留意见"，则千万要小心。

（三）否定意见审计报告的分析

注册会计师对上市公司的财务报告出具"否定意见审计报告"意味着根据审计结果，注册会计师确认公司会计报表不符合国家颁布的《企业会计准则》和相关会计制度的规定，未能从整体上公允地反映公司的财务状况、经营成果和现金流量情况。在实际工作中，否定意见审计报告是极为少见的。

"否定意见审计报告"有三个段式：范围段、说明段和意见段。

"否定意见审计报告"的第一段是"范围段"，列示注册会计师的审计范围；第二段是"说明段"，说明注册会计师否认会计报表真实性的理由；第三段是"意见段"，阐述注册会计师的审计意见。

判断审计报告是否是"否定意见审计报告"，主要看其是否有"说明段"，以及"意见段"是否有关键词"由于……未能公允地反映……"。

对于注册会计师出具"否定意见审计报告"的财务报告，我们可以认为其会计报表未能公允地反映公司的财务状况、经营成果和资金变动情况。

（四）无法表示意见审计报告的分析

如果审计范围受到限制可能产生的影响非常重大和广泛，不能获取充分、适当的审计证据，以致无法对财务报表发表意见时，注册会计师应当出具无法表示意见审计报告。"不发表意见"是最严重的结果，表明该企业的财务报表不可靠或者可信度极低。

(五)审计报告中关键术语的分析

另外,在审计报告的意见中,有几个重要的处于意见段的术语,如“我们认为”“在所有重大方面”及“公允”等。

1.“我们认为”

“我们认为”,在意见段签署具体的审计意见,是签字者的主观认为或主观判断。注册会计师的“认为”存在较强的主观判断性,投资者在阅读时不应该因为注册会计师“认为”了,就对审计后的企业财务报告深信不疑。

2.“在所有重大方面”

“在所有重大方面”,在阅读时需要注意两个方面:一是“在所有非重大方面”存在的问题并不影响注册会计师审计意见的基本态度;二是是否重大仍完全取决于有关注册会计师的主观判断,至于对重大的认识,不同的注册会计师之间存在重大的差异也属正常。

3.“公允”

“公允”,尽管有《会计法》《企业会计准则》以及证监会发布的针对上市公司会计处理与信息披露的各种规定,但是,什么是“公允”还是由注册会计师来判断。

审计质量对于企业财务信息质量的具有非常意义,而注册会计师的业务素质、道德素质的高低将直接影响到审计质量。通常知名的、规模大的会计师事务所的审计质量普遍高于不知名的、规模小的会计师事务所的审计质量。目前综合评价排名前几位的会计师事务所有普华永道中天会计师事务所、安永华明会计师事务所、德勤华永会计师事务所、毕马威华振会计师事务所、立信会计师事务所、岳华会计师事务所等。

总之,投资者在投资之前,必须要查阅被投资单位的财务报表,认真解读注册会计师为其出具的审计报告,了解其经营情况和财务状况,并根据注册会计师的审计报告意见结合其他相关因素做出投资决策,以降低投资风险、减少投资损失。

本章小结

财务报表附注是财务报表的补充,是对资产负债表、利润表、现金流量表和所有者权益变动表等报表中列示项目的文字描述或明细资料,以及对未能在这些报表中列示项目的补充注释。财务报表附注是财务报表的重要组成部分,是企业报表使用者全面、客观、准确地解读企业信息必须参照的重要内容。财务报表附注的内容包括企业的基本情况、财务报表的编制基础、遵循《企业会计准则》的声明、重要会计政策和会计估计、会计政策和会计估计变更以及差错更正的说明、报表重要项目的说明等。财务报表附注的分析主要注重对一些重要事项的分析,如会计政策和会计估计变更以及差错更正、关联方关系及其交易、资产负债表日后事项等。

审计报告是注册会计师根据审计结果,对上市公司财务报告是否符合国家颁布的《企业会计准则》和相关会计制度的规定,在所有重大方面是否公允反映了上市公司的财务状况、经营成果和现金流量及所有者权益变动情况发表审计意见。注册会计师的审计意见可以证实管理者提供的财务报表的可信性,为报表的使用者对本来投资和信贷的决策起到指导作用。

关键术语

财务报表附注　会计政策变更　会计估计变更　资产负债表日后事项

关联方　关联方交易　注册会计师审计报告　无保留意见审计报告
保留意见审计报告　否定意见审计报告　无法发表意见审计报告

思考题

1. 财务报表的局限性有哪些?
2. 什么是财务报表附注? 它起什么作用?
3. 财务报表附注应包括哪些内容?
4. 什么是会计政策变更? 如何在报表附注中披露? 如何分析会计政策变更?
5. 什么是会计估计变更? 如何在报表附注中披露? 如何分析会计估计变更?
6. 资产负债表日后事项对财务报表有何影响? 如何分析资产负债表日后事项?
7. 哪些情况的交易属于关联方交易? 如何分析?
8. 什么是注册会计师审计报告? 有哪些类型? 如何分析?

练习题

一、单项选择题

1. 下列对会计报表的详细解释和补充说明的是(　　)。

A. 资产负债表　　B. 利润表
C. 现金流量表　　D. 会计报表附注

2. 一般情况下,正常经营的企业编制财务报表的基础是(　　)。

A. 清算基础　　B. 持续经营
C. 破产基础　　D. 清算破产基础

3. 企业在会计核算过程中所采用的原则、基础和会计处理方法,是企业的(　　)。

A. 会计政策　　B. 会计估计
C. 会计差错更正　　D. 会计报表

4. 会计估计变更通常采用的会计处理方法是(　　)。

A. 追溯调整法　　B. 未来适用法
C. 追溯重述法　　D. 比率分析法

5. 由于企业会计准则的执行,企业按准则规定对企业会计政策进行变更,此会计政策属于(　　)。

A. 企业自愿变更　　B. 会计差错更正
C. 会计估计变更　　D. 会计政策变更

6. 按欠账时间越长,发生坏账的可能性越大的原理计提坏账准备的方法是(　　)。

A. 直接转销法　　B. 备抵法
C. 账龄分析法　　D. 销货百分法

7. 商业承兑汇票有可能形成企业的(　　)。

A. 现实负债　　B. 预计负债
C. 或有负债　　D. 现实义务

8. 资产负债表日至财务报表批准报出日之间发生的有利或不利事项是(　　)。
A. 资产负债表日后事项　　B. 会计报表日后事项
C. 现金流量表日后事项　　D. 利润表日后事项
9. 企业发生的资产负债表日后事项属于调整事项的是(　　)。
A. 资产负债表日后发现了财务报表舞弊或差错
B. 资产负债表日后发生重大诉讼、仲裁、承诺
C. 资产负债表日后资产价格、税收政策、外汇汇率发生重大变化
D. 资产负债表日后因自然灾害导致资产发生重大损失
10. 关联方交易在会计报表附注中披露的交易要素不包括(　　)。
A. 交易的金额　　B. 交易的地点
C. 未结算应收项目的坏账准备金额　　D. 定价政策

二、多项选择题

1. 企业对外提供的财务报表主要包括(　　)。
A. 资产负债表　　B. 利润表
C. 现金流量表　　D. 会计报表附注
2. 企业应当在附注中披露会计政策变更的内容包括(　　)。
A. 变更的性质　　B. 变更的目的
C. 变更的原因　　D. 变更的内容
3. 会计政策变更的会计处理方法有(　　)。
A. 追溯调整法　　B. 未来适用法
C. 追溯重述法　　D. 比率分析法
4. 企业在会计报表附注中应披露的或有事项是(　　)。
A. 或有资产　　B. 或有负债
C. 预计负债　　D. 预计资产
5. 会计估计变更是指由于资产和负债的当前状况及预期未来经济利益和义务发生了变化,下列属于会计估计变更的是(　　)。
A. 固定资产折旧方法的变更　　B. 存货发出计价方法的变更
C. 坏账准备计提比率的变更　　D. 会计法规要求变更
6. 以下属于会计差错的是(　　)。
A. 计算错误　　B. 应用会计政策错误
C. 疏忽或曲解事实　　D. 存货、固定资产盘盈
7. 下列属于关联方的是(　　)。
A. 一方控制另一方　　B. 两方共同控制另一方
C. 一方对另一方有重大影响　　D. 两方共同影响另一方
8. 企业发生的资产负债表日后非调整事项通常包括(　　)。
A. 资产负债表日后发行股票和债券以及其他巨额举债
B. 资产负债表日后资本公积转增资本
C. 资产负债表日后发生巨额亏损
D. 资产负债表日后发生重大会计政策变更

9. 下列属于关联方交易披露交易要素的是(　　)。

A. 交易的金额　　B. 定价政策

C. 交易的性质　　D. 交易的方式

10. 按注册会计师的审计意见,可以将审计报告分为(　　)。

A. 无保留意见审计报告　　B. 保留意见审计报告

C. 否定意见审计报告　　D. 无法发表意见审计报告

三、判断题

1. 财务报表附注是财务报表的重要组成部分,会计报表附注是对会计报表的详细解释和补充说明。(　　)

2. 企业采用的会计政策,在每一会计期间和前后各期应当保持一致,不得随意变更。(　　)

3. 或有事项是企业过去的交易或者事项形成的,其结果须由某些未来事项的发生或不发生才能决定的确定事项。(　　)

4. 企业通常应当披露或有资产。(　　)

5. 企业发生的资产负债表日后非调整事项,不应当调整资产负债表日的财务报表。(　　)

6. 账户分类及计算错误、会计估计错误、漏计已经完成的交易,属于故意产生的差错。(　　)

7. 资产负债表日后调整事项,是指对资产负债表日已经存在的情况提供了新的或进一步证据的事项。(　　)

8. 企业其他应收款期末余额越大越好。(　　)

9. 企业关联方之间正常交易的,可不必进行披露。(　　)

10. 关联方交易是指关联方之间转移资源、劳务或义务的行为,而不论是否收取价款。(　　)

项目十

财务报告的综合分析

学习目标

◎ 了解财务报告综合分析的意义和特点；
◎ 掌握杜邦财务分析体系的计算和分析；
◎ 理解财务报告分析的局限性，熟悉粉饰财务报表的手段和动机，掌握识别和调整虚假会计利润的方法。

学习建议

这部分内容是前述部分的综合，因此在学习的过程中要与前述内容相对照，要学会归纳和综合分析的方法。

引导案例

投资者李平：如果我分析一个企业的流动比率为3，但是该企业的每股收益仅为0.15元，我能否据此判断这个企业具有较强的偿债能力，或者认为其获利能力较差？

投资顾问张华：我们不能单纯运用某个指标片面地评价一个企业的业绩；当然，企业业绩的评价要在单项分析的基础上进行，还要综合考虑各方面的因素，减少结论的矛盾性，以便最终得到比较客观的分析结果。

任务1　财务报告综合分析基础知识

一、财务报告综合分析的意义

前面章节的内容分别从资产负债表、利润表、现金流量表和所有者权益变动表入手，对企业的偿债能力、营运能力、获利能力和现金流量等方面进行了深入具体的分类分析，这种分析可以使各财务报告分析主体及与企业利益相关者了解企业某一方面的财务活动及其取得的成绩或存在的问题。但是，企业的经济活动是一个有机的整体，其各项经营理财活动、各项财务指标是紧密相连的，并且相互影响、不可分割，要全面评估企业的经营业绩和经济效益，仅仅满足于某些局部的分析是不够的，这便要求财务分析人员将整个企业的经营理财活动看作一个大系统，将系统内相互依存、相互作用的各种财务能力综合起来，从全局出发，进行全面、系统、综合的分析。这就是综合分析。

所谓财务报告综合分析，是指以企业的财务会计报告及其他有关资料为主要依据，将反映企业经营理财活动的各项财务分析指标作为一个整体，系统、全面、综合地对企业的财务状况、经营成果、现金流量以及财务状况和经营业绩的变动进行剖析、解释和评价，以便全方位地了解企业经营理财的状况，客观揭示企业取得的成绩或存在的问题，准确地预测企业未来的发展趋势，全面评估企业整体财务状况和经济效益的优劣。

财务报告综合分析既是各单项财务分析的汇总综合，也是企业经营管理不可缺少的必要环节，其重要意义体现在以下几个方面：

1. 有利于全面分析企业的财务状况和经营成果，避免片面性的结论

局部不能代替整体，单独分析任何一项财务指标都难以全面评价企业整体的财务状况和经营成果。如果仅仅计算几个简单的、孤立的财务比率，或者将一些缺乏联系的财务比率简单地堆砌在一起，以偏概全，是不可能得出合理、正确的综合性结论的，有时甚至会得出错误的结论。因此，要想对企业的财务状况和经营成果有一个全面的评价，就必须将企业的获利能力、偿债能力、营运能力和现金流量、市场价值等各项财务指标纳入一个有机的整体之中，进行相互关联的分析，才能作出全面系统的综合评价，才能从总体上对企业经济效益的优劣作出准确的评价与判断。

2. 有利于正确评价企业的经营理财绩效，进一步改善经营管理工作

通过财务报告综合分析，用相互关联的财务与非财务指标揭示企业取得的成绩或存在的问题，有利于深入进行差异因素分析，以便采取正确的管理措施，进一步改善企业的经营管理。

二、财务报表综合分析的特点

财务报表综合分析与单项财务分析相比，具有以下几个特点：

(一)分析方法不同

单项财务分析通常采用由一般到个别，将企业经营理财活动的总体分解为若干个具体部分，然后逐一分析评价。而财务报表综合分析是通过归纳综合，把个别的财务现象从经营理财活动的总体上作出总结。

(二)分析的性质不同

单项财务分析具有实务性和实证性，着重对单项业务、单项指标、单项会计要素进行深入分析。而财务报表综合分析具有高度的抽象性和概括性，着重从整体上概括财务状况的本质特征。

(三)对财务指标体系的要求不同

单项财务分析并不要求财务指标整体实现的。杜邦财务分析体系就是进行综合分析的基本方法。

杜邦财务分析体系这种方法，实质上是分解财务比率的方法。其特点是，为进行财务报表综合分析，首先根据财务管理的目标确定一个核心能力的核心指标，然后据此逐步分解该项核心指标，以便系统、全面、综合地对企业的财务状况、经营成果以及财务状况和经营业绩的变动进行剖析、解释和评价，以便全方位地了解企业经营理财的状况，客观地揭示企业取得的成绩

或存在的问题，准确地预测企业未来的发展趋势，全面地评估企业整体财务状况和经济效益的优劣。

此外，综合分析还关注财务预警分析。财务预警分析法是一种综合运用财务指标体系，分析预测企业可能面临的财务困境的方法。

总之，财务报表综合分析的最终目的在于全面、准确、客观地揭示企业的财务状况、经营成果和现金流量，并借以对企业经济效益的优劣作出合理评价。在进行财务报表综合分析的时候，必须将不同报表、不同指标的分析融为一体，无论采用哪种综合分析的方法，均应该从总体意义上把握企业财务状况、经营成果和现金流量的优劣。

任务2　杜邦财务分析

一、杜邦财务分析体系的含义和特点

杜邦财务分析体系，又称杜邦分析体系、杜邦分析法，是以获利能力为企业的核心能力，以净资产收益率为核心财务指标，根据获利能力比率、资产管理比率和债务管理比率三者之间的内在联系，对企业的财务状况和经营成果进行综合、系统的分析和评价的一种方法。该方法需要将核心指标净资产收益率分解为上述三组重要财务比率中的一项较关键的财务比率，并将其相互结合为一体形成一个完整的财务综合分析指标体系。由于该指标体系是由美国杜邦公司首创并最先采用的，故称杜邦财务分析体系。

该指标体系若从数学计算角度来看，是以核心指标净资产收益率为出发点，通过数学变换(固定分子变分母)，将其逐项推移分解为主营业务净利率、总资产周转率和权益乘数三者的连乘积，以综合反映企业销售盈利能力、营运能力、偿债能力和资本结构的共同作用对净资产收益率的影响，即：

$$净资产收益率=\frac{净利润}{净资产}=\frac{净利润}{总资产}\times\frac{总资产}{净资产}=总资产收益率\times权益乘数$$

$$总资产收益率=\frac{净利润}{总资产}=\frac{净利润}{营业收入}\times\frac{营业收入}{总资产}=总资产周转率\times营业净利率$$

因此净资产收益率可以表示为：

$$净资产收益率=营业净利率\times总资产周转率\times权益乘数$$

式中的权益乘数是权益比率的倒数，权益比率又称资产权益率，与绝大多数的财务比率一样，都是除数，即权益比率=净资产÷总资产；而乘数与除数互为倒数。因此，一方面权益比率与权益乘数两者互为倒数；另一方面权益比率又与资产负债率(即负债比率)两者互补，即权益比率+负债比率=1。由此可得如下权益乘数公式：

$$权益乘数=\frac{总资产}{净资产}=\frac{1}{\frac{净资产}{总资产}}=\frac{1}{\frac{总资产-总负债}{总资产}}=\frac{1}{1-资产负债率}$$

上述权益乘数公式充分说明，权益乘数的高低主要受负债程度的大小，即资产负债率大小的影响。负债程度大，资产负债率高，权益乘数就大；反之，权益乘数就小。因此，权益乘数可以反映企业的资本结构和由举债带来的财务杠杆作用。当然权益乘数公式中的“资产负债率”是一个平均数，它是企业全年平均负债总额与全年平均总资产之比的比率，即全年平均资产负债率。

需要强调的是,净资产收益率之所以能成为杜邦财务分析体系的核心指标,不仅因为它是一个综合性最强的财务分析指标,也不仅因为它代表了企业财务的目标,反映了企业价值最大化或股东财富最大化的要求,更主要的是从上述指标的分解中可以看到,决定净资产收益率高低的关键因素有三个方面:主营业务净利率、总资产周转率和权益乘数,而它们分别代表了盈利能力、营运能力、偿债能力及资本结构。对净资产收益率这样分解之后,可以把这项核心指标发生升、降变化的原因具体化,有利于分别去分析和评价盈利能力、营运能力、偿债能力和资本结构的变动程度,以及它们对净资产收益率的影响程度。显然,这比只用一项综合性指标更能说明问题。

同时,从对核心指标净资产收益率的分解中可以看到,它几乎已涉及所有会计要素:净利润、主营业务收入、总资产、净资产、负债。从主营业务收入到净利润,涵盖了利润表的全部会计信息;总资产、净资产、负债又涵盖了资产负债表的全部会计信息。因此,杜邦财务分析体系不仅综合反映了三大财务能力:获利能力、营运能力、偿债能力对核心指标净资产收益率的共同作用及影响,而且也综合运用了资产负债表和利润表的全部会计信息,充分显示了该核心指标的深度和广度,有利于对企业财务状况和经营成果作出一个综合的分析和评价。

二、杜邦财务分析指标体系图

利用杜邦财务分析体系进行财务报表综合分析时,可以根据其核心指标与各项分解指标之间的内在联系,及其所涉及的各项会计要素,按照一定规律有序排列成杜邦财务分析指标体系图,简称“杜邦图”,以便能更直观、更明晰地理解并运用杜邦分析法,进行财务报表综合分析。上述关系可用图 10—1 表示。

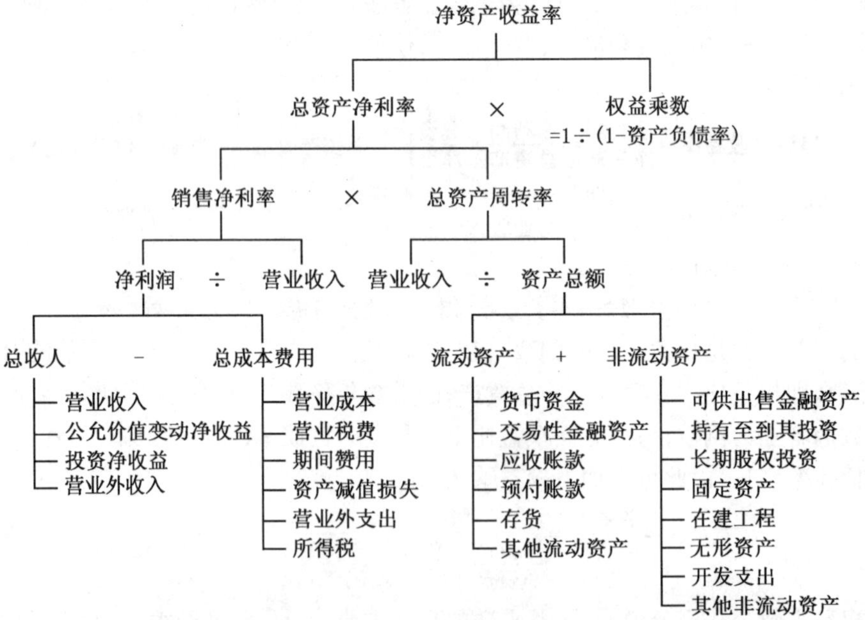

图 10—1　杜邦财务分析体系

由图 10—1 可以看出,杜邦财务分析体系揭示的主要财务指标如下:

(一)净资产收益率

净资产收益率是综合性最强的财务比率之一,也是杜邦财务分析体系的核心。净资产收益率反映了企业所有者投入资本的获利能力,反映企业筹资、投资和资产营运等各种经营活动的效率,提高净资产收益率是实现财务管理目标——使所有者财富最大化的基本保证,因此,不论是所有者还是经营者都十分关心净资产收益率的升降变化及其原因。主营业务净利率、总资产周转率和权益乘数是影响净资产收益率高低的主要因素。

(二)总资产净利率

总资产净利率也是一个综合性比较强的财务比率,是主营业务净利率和资产周转率的乘积,因此应从盈利能力和资产运营能力两个侧面去分析。

(三)销售净利率

销售净利率反映了企业净利润与营业收入的关系,它的高低取决于营业收入中的主营业务收入与成本费用。扩大主营业务收入是提高主营业务净利率的主要途径之一,扩大主营业务收入既有利于提高主营业务净利率,又可提高总资产周转率,从而会使总资产净利率升高。降低成本费用是提高主营业务净利率的一个重要途径,销售净利率的高低取决于企业的经营管理水平的高低。如果企业主营业务成本、管理费用、销售费用及财务费用等支出过高,就会冲减企业净利润,进一步降低企业销售净利率,反之,如果企业经营管理完善,千方百计降低成本费用支出,企业净利润会增加,从而提高销售净利率。

(四)总资产周转率

总资产周转率反映了企业运用资产实现主营业务收入的综合能力,总资产周转率的高低取决于投资管理水平的高低。影响总资产周转率的一个重要因素是资产总额,它由流动资产与非流动资产组成,它们的组成结构合理与否将直接影响资产的周转速度。一般来说,流动资产直接体现企业的偿债能力和变现能力,而非流动资产则体现企业的经营规模、发展潜力,两者所占比例应符合企业发展和管理的需要。如果流动资产中货币资金所占的比重过大,就应分析企业是否存有大量闲置的现金,现金持有量是否合理。如果流动资产中存货或应收账款过多,就应当分析企业的存货周转率与应收账款周转率。如果非流动资产占比重过大,将会影响企业盈利能力。除此之外,还应通过对流动资产周转率、应收账款周转率、存货周转率等各有关资产组成部分使用效率进行分析,判断影响总资产周转的主要因素。

(五)权益乘数

权益乘数反映企业所有者权益与总资产的关系。权益乘数取决于筹资政策。在总资产需要量一定的前提下,企业适当开展负债经营,相对减少所有者权益份额,就会使权益乘数相应提高,就能给企业带来较大的财务杠杆利益。当然企业也会因此承受较大的财务风险。权益乘数主要是受资产负债率指标的影响,负债比率越大,权益乘数就越高;反之,说明企业利用负债程度较低,权益乘数较小,意味着企业利用财务杠杆的能力较弱,债权人的权益能得到较大程度的保障。企业既要合理使用全部资产,又要妥善安排调整资金结构。

通过杜邦分析体系自上而下或自下而上地分析,不仅可以了解企业财务状况的全貌以及各项财务分析指标间的结构关系,查明各项主要财务指标增减变动的影响因素及存在的问题,而且可以为决策者优化经营理财状况、提高企业经营效益提供思路。

三、杜邦财务分析实例

【例 10—1】 C 公司企业 2014 年年报资料如表 10—1 和表 10—2 所示。

表 10-1 **资产负债表**

编制单位:C公司 2014年12月31日 单位:千元

项　目	2014年	2013年	项　目	2014年	2013年
流动资产:			**流动负债:**		
货币资金	384 028	243 012	短期借款	677 731	668 280
以公允价值计提且其变动计入当期损益的金融资产	0	0	以公允价值计量且其变动计入当期损益的金融负债	0	0
应收票据	12 324	30 264	应付票据	317 096	74 206
应收账款	380 204	266 802	应付账款	650 336	509 872
预付款项	198 703	219 201	预收款项	61 706	58 009
应收股利	0	0	应付职工薪酬	5 127	7 586
应收利息	0	0	应交税费	64 624	9 750
其他应收款	1 035 516	981 069	应付股利	4 599	5 005
存货	587 928	384 445	应付利息	0	0
一年内到期的非流动资产	8 460	6 766	其他应付款	173 353	143 722
其他流动资产			一年内到期的非流动负债	231 877	576 022
流动资产合计	2 607 163	2 131 559	其他流动负债	34 014	14 912
非流动资产:			**流动负债合计**	2 220 463	2 067 364
可供出售金融资产	0	0	**非流动负债:**		
持有至到期投资	0	0	长期借款	543 246	380 984
长期应收款	0	0	应付债券	0	0
长期股权投资	265 827	269 676	长期应付款	0	0
投资性房地产			专项应付款	5 444	6 491
固定资产	538 514	610 143	预计负债		
在建工程	96 977	68 384	递延收益		
工程物资	0	0	递延所得税负债	8 721	46 496
固定资产清理	0	0	其他非流动负债	0	0
生产性生物资产			**非流动负债合计**	557 411	433 971
油气资产			**负债合计**	2 777 874	2 501 335
无形资产	48 551	46 678	**所有者权益(或股东权益):**		
开发支出	19 346	0	实收资本(或股本)	289 781	289 781
商誉	0	0	资本公积	400 065	400 065
长期待摊费用	10 899	13 086	减:库存股		
递延所得税资产	11 301	13 410	其他综合收益		
其他非流动资产	0	0	盈余公积	60 356	43 048
非流动资产合计	991 415	1 024 377	**所有者权益(或股东收益)合计**	820 704	654 601
资产总计	3 598 578		**负债和所有者权益(或股东权益)总计**	3 598 578	3 155 936

表 10—2 **利润表**

编制单位：C 公司　　2014 年　　单位：千元

项　目	2014 年度	2013 年度
一、营业收入	2 316 444	1 798 408
减：营业成本	1 860 734	1 462 935
营业税金及附加	9 860	9 247
销售费用	87 603	77 122
管理费用	201 140	149 104
财务费用	62 429	87 287
资产减值损失	35 419	0
加：公允价值变动净收益	0	0
投资净收益	—2 259	18 686
二、营业利润	57 000	31 399
加：营业外收入	113 903	2 253
减：营业外支出	3 359	1 402
其中：非流动资产处置净损失	0	
三、利润总额	167 544	32 250
减：所得税	50 360	—1 496
四、净利润	117 184	33 746
五、每股收益		
（一）基本每股收益（元）	0.40	0.12
（二）稀释每股收益		

采用杜邦分析法，可以计算出下列相关指标，如图 10—2 所示。

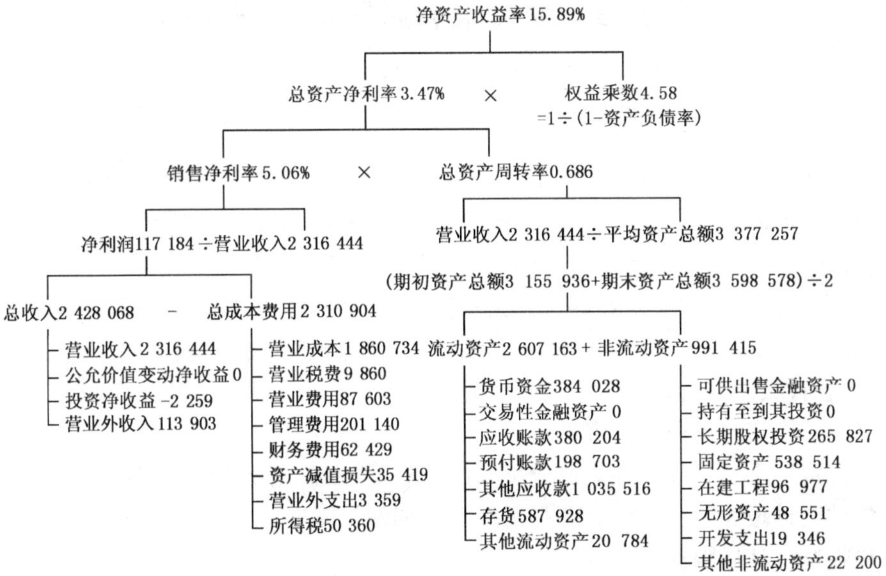

图 10—2　采用杜邦分析法计算出的相应指标

运用杜邦财务分析体系时，一般对企业当年的财务情况进行系统分析，也可以将不同时期的杜邦财务分析图进行对比分析，从总体上把握企业重要的财务指标变动的情况及变动原因，并进一步对报表具体项目采用前所述及的各种分析方法进行详细的分析，以找出解决问题的办法和采取相应的措施。

总的来说，杜邦财务体系是由许多因素构成一个完整系统，只有协调好系统内各个因素之间的关系，才能使净资产收益率达到最大，从而实现企业经营的目的。应当指出的是，由于杜邦财务分析体系不是另外建立新的财务指标，而是对财务指标的分解。因此，它既可以通过净资产收益率的分解来说明问题，也可通过分解其他财务指标（如总资产收益率）来说明问题。总之，杜邦财务分析法的关键不在于指标的计算而在于对指标的理解和运用。

四、杜邦财务分析体系的作用与局限

杜邦财务分析体系通过对核心指标净资产收益率的分解，以及由此形成的指标体系告诉人们：净资产收益率与企业的销售规模、销售盈利能力、成本水平、营运能力、资产利用效率以及资本结构等诸因素有着密切的联系，它们构成一个相互依存的系统。只有把这个系统内的各个因素的关系安排好、协调好，才能使净资产收益率达到最大，才能实现企业价值最大化或股东财富最大化的理财目标。

显然，杜邦财务分析指标体系考虑了企业的目标，强调企业价值最大化，尽可能为股东创造财富，可以反映企业在某一年度股东资本盈利能力的高低，是在哪些因素的共同作用下实现的，哪个因素可能是影响其高低的关键因素，并能揭示企业在经营中可能存在的薄弱环节，以便采取措施加以改善。但是，由于核心指标净资产收益率要受到会计利润短期性的影响，因此，杜邦财务分析指标体系存在目标短期化的缺陷，没有考虑如何保持企业可持续增长的能力，以实现企业价值的长期最大化，忽略了公司股利政策可能对企业进一步发展的影响。

任务3　财务报表虚假信息识别

一、财务报告分析的局限性

财务报告的分析方法有比较分析法、比率分析法和趋势分析法等多种方法，这些分析方法对于考察企业理财的状况、评价企业财务状况的优劣、判断企业经济效益好坏、提高企业经济效益以及找出财务、营销及管理上的失误都有着很大的帮助。但各种分析方法由于受到分析资料来源的局限性、分析方法及各种财务比率指标本身的局限性所制约，财务分析与评价的结果并非绝对准确，有时甚至会得出与实际情况相差甚远的结论。因此，在了解各种分析方法时，明确了解会计报表分析方法的局限性并适当采取一些防范措施是完全必要的。

（一）财务分析资料来源的局限性

由于分析资料来源的局限性而使分析方法带有局限性，财务分析资料的主要依据是企业所编制的各种会计报表。会计报表及其所提供数据的局限性决定了各种分析方法及其分析评价结果的局限性。其局限性主要有：

1. 重结果、轻过程的分析

会计报表通常只能说明企业财务政策运营的结果、经济效益成果，而不能详细说明企业进行财务运作的过程及经济效益实现过程。以资产负债表为例，它所反映的仅是即将结转到下

个会计期间的责任，它是一种未履行的报告，即它反映还没有使用的经济资源、还没有偿还的负债，并不能明确反映企业的管理阶层在企业经营过程中是如何筹措资金、筹资成本为多少、筹措来的资金是如何使用的、是否及时偿还了债务等。又如，通过利润表只能了解到企业所取得的收入及利润的多少，而这些收入是如何具体取得或由哪一家分公司取得的却不能够得到回答。这些都给会计报表的分析带来了很大的局限性。

2. 未注意环境的变化的分析

由于各个不同时期企业经营环境的变化及政府有关会计政策的变化，致使企业的会计处理方法、计价标准等发生变化。此外，由于政策的要求不一样，金融企业的会计报表与一般企业的会计报表不尽相同。这样由于客观环境的不同及变化，会计报表所反映的内容变化较大，且不可比。

3. 资料的真实可靠性缺乏必要的保证

《会计法》第1条规定："为了规范会计行为，保证会计资料真实、完整，加强经济管理和财务管理，提高经济效益，维护社会主义市场经济秩序，制定本法。"这说明会计报表必须真实、完整。但会计报表所提供的数据资料是否真实可靠，不仅制约于企业的主观因素及人为因素，而且还受到通货膨胀的影响，同时也与会计方法的合理性密切相关，如果通货膨胀严重、会计方法不适当，或者过多地掺杂了各种人为因素与主观因素，那么会计报表所提供资料的真实可靠性就缺乏必要的保证，而现有分析方法又完全缺乏有效的修正方法，这必然会影响会计报表的真实性。

4. 时效性较差

对会计报表进行分析的主要目的一方面是为了总结过去，另一方面是为了预测未来，更好地对未来的企业经营进行指导与规划。其中更重要的是后一点。因为过去的已经过去，更重要的是未来，但会计报表提供的资料都是历史资料，如果企业仅仅根据这些历史资料进行分析，分析结果的时效性是很差的，就无法达到分析报表的目的。

5. 准确性难以保证

有些会计报表所传递的会计信息资料概念模糊，含义不准确。现金流量表主要反映企业现在的现金流量，很难反映企业资金营运的全过程；又如企业的会计报表应该包括哪些明细附表是有争议的，这些都影响会计报表分析方法正常作用的发挥。

(二)财务分析指标的局限性

(1)财务分析指标过多而且复杂，有些指标没有什么意义，但是指标过少又很难说明问题。

(2)企业需要向外提供会计报表，为了起到保护企业自身商业秘密和市场份额的目的，公布出来的指标只是一般性指标或经过粉饰的指标，很难通过会计报表或会计报表附注揭示企业深层次、具体的信息，有时对会计报表上提供的数据进行分析，可能与实际情况相差甚远。

(3)计算口径不统一，评价标准难以掌握。这使得企业在与其他企业进行比较时很难进行下去。

二、粉饰会计报表的动机与手段

会计报表造假是会计造假的最大手法之一，应当说，这是会计舞弊行为中的一个重灾区。会计报表造假行为在我国的一些企业中已经是一种普遍现象，从中农信倒闭、株洲有色巨亏、琼民源事件，到中创集团、海南发展银行被接管，广东国际信托投资公司被关闭，一直到震惊中外的银广夏事件，都充分暴露了会计报表造假的严重性。

(一)粉饰会计报表的动机

某些企业为什么要对会计报表造假呢？深刻剖析其原因，不外乎以下几种目的：

1. 给业绩考核“脸上贴金”

考核企业的经营业绩，一般总是要求以财务指标为基础，例如，利润(或扭亏)计划的完成情况、投资回报率、产值、销售收入、国有资产保值增值率、资产周转率、销售利润率等，这些都是经营业绩的重要考核指标。而这些财务指标的计算都要涉及会计数据。除了内部考核以外，外部考核，例如行业排行榜，主要也是根据销售收入、资产总额、利润总额来加以确定的。

而且，更为重要的是，经营业绩的考核不仅涉及企业总体经营情况的评价，还影响到管理层的提升、奖金福利等方面。为了在经营业绩上多得分，某些企业就有可能对其会计报表进行包装、粉饰。基于业绩考核而进行的会计报表造假是最常见的动机。

2. 获取信贷资金和商业信用

在市场经济条件下，银行等金融机构出于风险考虑和自我保护的原因，一般不会贷款给亏损企业和缺乏资信的企业。这样，某些企业为了获得外界的资助，就想通过制造虚假会计报表获取银行等金融机构的信用，以获得贷款。

3. 上市发行股票

股票发行分为首次发行(IPO)和后续发行(配股)两种情况。根据《公司法》等法律规定，如果企业上市发行股票，必须连续3年盈利，而且其经营业绩比较突出，这样才有可能通过证监会的审批。除此以外，股票发行的价格高低也与盈利能力有关。

因此，准备上市的企业为了能够多募集资金，就必须“塑造”优良业绩的形象，其主要手段就是在设计股份制改变方案的时候，对会计报表进行造假。如果上市企业希望能够后续发行股票，则首先需要符合配股条件，那就是企业最近3年的净资产收益率，每年必须在6%以上。特别是在有些企业里，3年时间中只有一两年达到要求，这样会“功亏一篑”，因而他们迫切需要伪造报表，以求顺利过关。

4. 偷逃税款或者操纵股价

所得税的上交，是在会计利润的基础上，通过纳税调整来进行计划的。具体方法是，将会计利润调整为应纳税所得额，再乘以企业所适用的所得税率。企业为了达到偷税、漏税、减少或者推迟纳税的目的，往往会对会计报表进行造假。当然，也有的企业愿意虚增利润“多交税”。这些企业这样做的目的，是为了造成一种假象，表明自己的“盈利能力”不错，同时也为了操纵股价。

5. 某种政治企图

有些企业的会计报表，主要是对主管部门和政府部门负责的。换句话说，是给上级部门看的。对于这种企业而言，粉饰会计报表的目的，就是为了某种政治企图。

例如，工商行政管理部门为考核国有企业是否走出困境、是否完成扭亏目标等，常需要分析该企业的会计报表。会计报表上“好看”，厂长经理就会“前途光明”，甚至连升三级，否则很可能连职位也难保。

6. 为推卸企业和个人的责任

这种情形主要表现在以下几个方面：

(1)企业在调动高级管理人员的时候，一般要进行离任审计。离任审计的时候，会计报表会根据“需要”进行调节，暴露或者不暴露业已存在的许多问题。等到新任领导上台以后，为了明确责任或者推卸责任，往往要大刀阔斧地对陈年老账进行清理，这时候同样也会在会计报表上造假。

（2）利用会计准则、会计制度调整修改之机，重新编制和调整会计报表，并对其进行“粉饰”，达到提前消化潜亏等目的。并美其名曰：适应新会计准则、会计制度的调整。

（3）当企业发生天灾人祸的时候，具体地说是发生了自然灾害，或者是高级管理人员卷入经济案件的时候，企业很可能利用这种机会对会计报表进行造假，以便推卸责任。

（二）粉饰会计报表的手段

从我国目前的情况看，会计人员通过会计手段或方法粉饰会计报表数据的做法主要有三种形式：操纵业务发生时间、选择不同核算方法、改变业务性质。

1. 操纵业务发生时间

在经营活动过程中，有些企业为了达到某一特定目的，比如粉饰会计报表、逃税漏税，于会计期内有意延迟或提前业务的发生时间，有时甚至虚构业务来调整当前损益和经营状况。

例如，企业为显示出良好的财务状况和经营成果、吸收更多的投资者，当它意识到当期的销售收入未尽如人意时，有时会人为地“制造”销售业务来虚增当期销售收入和利润，从而使报表阅读者对其利润水平给予较高评价；相反，当企业打算逃税漏税时，可能会在会计期内有意延迟销售入账时间，通过这种方式少纳税或不纳税。

2. 选择不同核算方法

小知识

固定资产折旧是固定资产在使用中逐渐损耗而转移到产品成本或费用的价值。影响折旧的因素很多，包括折旧基数（一般为取得固定资产的原始成本）、净残值、折旧年限、折旧方法。

固定资产计提折旧的方法有很多种：直线法、工作量法、双倍余额递减法或年数总和法。

在会计上，对同一种经济事项的财务处理，会计准则允许使用几种不同的方法或程序，企业可以自行选择。这样也会给人为操纵会计报表信息提供很大余地。

（1）固定资产折旧方法的选择。

影响折旧的因素中任何一个因素的确定，都可由企业在准则和制度允许的范围内任意选择。

例如，固定资产的净残值是预计的固定资产报废时可以收回残余价值扣除清理费用后的数额。虽然国家为了避免人为调整净残值的数额来调整计提折旧额，规定残值比率在原价的5%以内，但由于企业可以自由确定低于5%的任何一个比率，所以还是不可避免地存在主观性。

再如，固定资产折旧方法的选用直接影响到企业成本费用的计算，也影响到企业的收入和纳税等经济事项，当期损益的弹性很大。

（2）产品生产成本计算方法的选择。

小知识

企业在生产经营过程中，为了正确反映各种产品的成本，均需要将本月产品成本负担的生产费用在各种产品之间进行划分。凡能分清应由某种产品负担的费用，应直接计入这种产品成本；不能分清应由哪种产品负担的费用，应采用适当的分配方法，分配计入有关产品的成本。

产品成本的计算方法有品种法、分步法、分批法等。

利用不同的计算方法，企业极容易在可比产品与不可比产品、盈利产品与亏损产品之间任意调节成本，借以掩盖成本超支、掩盖亏损。

除此之外，对于生产企业，还有一个比较复杂的问题。如果在会计期末，某种产品既有完工产品又有在产品时，还需明确期末在产品与完工产品的成本费用分配。而分配时，有些企业通过各种手段人为地操纵分配方法，任意增加或减少月末在产品成本，调节完工产品的成本，从而造成会计报表信息失真。

(3)无形资产摊销方法的选择。

无形资产的经济寿命难以确定，而无形资产的摊销极大地受制于其经济寿命。按规定，无形资产的价值摊销从该资产开始使用之日起，在有效使用年限内采用平均方式摊销，计入管理费用。有效使用年限包括法律上的有效使用年限和经济上的有效使用年限，如专利权，法律上规定其有效使用年限为 15 年，经济上的有效使用年限则视专利权的具体效应而定。

在规定中，无形资产的有效年限是一个较大的区间，故企业可在这个区间内选择无形资产的摊销年限。当无形资产价值确定以后，摊销年限越长，每个会计期间承担的费用就越小，企业的当期利润上升；而缩短摊销期限会导致每个会计期间承担的费用增大，从而造成当期利润下降。

(4)存货计价方法的选择。

由于存货的取得渠道、时间和结算方式的不同，同种规格和效用的存货，前后取得的代价也可能不同。因此在存货发出时，一般都要采用一定的方法来确定一个合适的单价，以计算生产或销售的成本和费用，确认库存价值，并据以核算当期损益，反映经营成果。

按制度规定，企业可在发生存货时选用先进先出法、加权平均法、个别计价法等方法对存货进行计价。但任何一种方法处理的结果均会与其他方法确定的发出存货成本、期末存货成本出现差异。

3. 改变业务性质

会计为了系统、连续地反映各种经济业务发生情况和由此而引起的各项资金变化情况，将所有业务都按其经济性质分门别类，在资产、负债、所有者权益、收入、费用、利润六个会计要素及其相应的会计科目中体现出来，并使用复式记账等各种会计方法对其进行整理、归纳和汇总。因而，企业的经济业务都应按业务性质开展核算和监督，做到“一个萝卜一个坑”。为了防止报表阅读者了解真实信息，企业可能使用各种方法来改善指标比率，使负债和所有者权益的资本构成看起来尽量合理。其中之一是将负债转化成所有者权益，具体做法是：首先以一定时期的高利润吸引目前和潜在的投资者，然后再以优惠条件优先给予债权人，鼓励债权人将债权放弃，成为企业的所有者，这样的话，企业原来的债权人就不再向企业索回债权，企业的负债与所有者权益结构也发生变化，负债减少，所有者权益增加，从而掩盖了企业资不抵债的真相，吸引了其他潜在的投资者和债权人，并使原有的投资者和债权人的风险加大。

另外,企业还可通过对其他企业的投资兼并、收购等行为来改变经济业务性质。企业进行投资、兼并或收购等业务时,既可以使用货币资金,也可使用其他资产。当用存货、固定资产等完成上述业务时,企业如能以远远高于账面净值的价值作为双方评估价,则这部分差额会增加投出方的“资本公积”,从而增加该企业的所有者权益,在其他条件不变的情况下,明显改善了投出方的资本结构,此时,企业的资产被转化成所有者权益。

三、对会计报表中虚增利润的识别和调整

(一)粉饰会计报表的具体做法

1. 粉饰经营业绩的方法

企业经营业绩以利润指标表示,根据粉饰经营业绩的需要,操纵利润的形式也呈现出多样化。

(1)利润最小化。利润最小化除了可减少纳税之外,还可以将以后年度的亏损前置于本年度,回避企业连续多年亏损的事实。比如我国上市公司如果连续三年亏损,那么将被摘牌。如果公司已经预计到本公司将连续三年发生亏损,那么它可以通过一些方法,将以后一年甚至两年的潜在亏损前置于本年,使本年发生巨额亏损,而确保以后年度盈利,回避被摘牌的命运。典型的利润最小化的操纵方法有:推迟确认收入、提前结转成本、使用加速折旧法、将应予资本化的费用列入当期损益等。

(2)利润最大化。利润最大化的动机不外乎是希望通过提升企业业绩水平来获取本不能获得的经济利益。操纵的典型做法有:提前确认收入、推迟结转成本、潜亏挂账、资产重组、关联方交易等。

(3)利润巨额冲销。利润巨额冲销的目的,一般是为了回避责任。比如企业更换主要经营者时,新任经营者为了自身的经营目标得以顺利实现,往往会采用这类方法粉饰会计报表。典型做法是:将坏账、积压的存货、长期投资损失、闲置的固定资产、待处理资产盈亏等一系列不良或虚拟资产一次性处理为损失。

(4)利润均衡化。企业将利润均衡化的主要目的是,塑造企业生产经营稳定的外部形象,以获取较高的资信等级,为对外筹措资金打下基础。典型的做法是:利用应收应付账户、跨期摊提账户和递延账户来调节利润,精心设计出企业利润稳步增长的趋势。

2. 粉饰财务状况的方法

一个企业财务状况的好坏与其资产负债状况密切相关。因此,粉饰财务状况主要是从操纵企业的资产和负债入手。

(1)低估负债。低估负债可从形式上降低企业财务风险,有利于对外筹措资金。比如企业在争取银行贷款和发行债券时,为了提高信用级别,就有用低估负债来降低财务风险的欲望。典型的做法是:将负债隐藏于关联企业、对或有负债不加以披露等。

(2)高估资产。高估资产除可获得改善企业财务状况有利于对外筹资的利益之外,还可获得股权方面的潜在利益。例如,当企业对外投资和进行股份制改造时,往往倾向于高估资产价值,以便获得较大比例的股权。典型的做法是:编造理由进行资产评估、虚构资产交易业务等。

总之,会计报表的粉饰动机决定了会计报表的粉饰类型。例如,以业绩考核、获取信贷资金、发行股票和仕途晋升等为目的,会计报表粉饰一般以利润最大化、利润均衡化,以及高估资产和低估负债的形式出现;而以减少纳税、推卸责任等为目标的会计报表粉饰、一般以利润最小化、利润巨额冲销以及低估资产和高估负债等形式出现。就粉饰会计报表对与企业相关利

益主体经济利益的影响来看,危害最大的会计报表粉饰是利润最大化或虚盈实亏,以及高估资产和低估负债等类型。

(二)对会计报表中虚增利润的识别和调整

由于在粉饰会计报表的各种类型中,对投资者和债权人等主体经济利益影响最大的是虚增利润、高估资产、低估负债,由此应重点关注对虚增利润的识别和调整方法。

1. 利用虚拟资产调节利润的识别和调整

资产是指能够带来未来经济利益的经济资源。由于在会计中普遍使用权责发生制核算损益,因此,将一些已经实际发生的费用作为长期待摊费用、待处理资产损失等项目列入资产负债表的资产方。而这些项目严格地说是不能够为企业带来未来经济利益的,不是企业真实的资产,只是一种虚拟资产。这种虚拟资产的存在,就为企业操纵利润提供了一个费用和损失的"蓄水池"。企业可以通过递延摊销、少摊销或不摊销已经发生的费用和损失来增加利润,即通过增加不良资产来虚增利润。制造虚盈实亏的借口较多,如权责发生制、收入与成本配比原则、地方财政部门批示等。

采用这类方法虚增利润,其共同特点是:虚拟资产多记少摊。识别方法也相对简单,就是重点检查各类虚拟资产项目的明细表,以及注意会计报表附注中关于虚拟资产确认和摊销的会计政策,特别注意本年度增加较大和未予正常摊销的项目。如发现有人为操纵行为,应予调整。

2. 利用资产重组操纵利润的识别和调整

资产重组本是通过资产置换和股权置换来优化企业资本结构、调整产业结构和实现战略转移的一种方法,但因资产重组需要将企业某些以历史成本记账的资产转换为现时价值,所以,为原资产升值留下了想象空间,导致资产重组被广泛滥用。近年来,不少企业通过资产重组,将原以历史成本法记账的资产转化为现时价值,从而产生出巨额利润。这种方法特别在上市公司中被广泛用于利润操纵。典型做法是:凭借关联方交易,用上市公司的劣质或闲置资产,以大大高于账面价值的金额,与其国有控股母公司的优置资产相交换或干脆出售,从而获取巨额利润。这种资产置换如果公正,那么只是将企业本已持有的利得转换为本期利润;如果不公正,则是将关联方交易母公司方的利润转移到子公司。当然母公司之所以这样做,其目的是想保住上市子公司这个壳资源,为日后从股市上筹措资金打好基础。

识别这种操纵利润的方法并不难,可从利润表的营业外收入、投资收益、其他业务利润等项目及其明细表中查出虚增的利润金额,也可以从资产负债表有关长期资产项目及其明细表中查出其置换资产的性质和金额,还可以从会计报表附注的说明中了解资产置换的其他情况。掌握了这些信息,就可调减这部分人为虚增的利润和相应的净资产。

3. 利用关联方交易调节利润的识别和调整

利用关联方交易将关联方交易一方的利润转移至另一方,从而使其利润增加。这种利润操纵常见于国有企业改制而成的上市公司,其目的在于利用上市公司的壳资源从股市上筹措资金。

利用关联方交易虚增利润的方式多种多样,既可利用产品和原材料的转移价格调节收入和成本,也可利用资产重组定价获取资产增值收益,利用高回报率的委托经营方式虚增业绩,利用利率差异降低财务费用,利用管理费用、共同费用分摊等方式调节利润等。

上述调节利润的方法。除转移价格和管理(共同)费用分摊之外,其余所产生的利润基本上都体现在"其他业务利润""投资收益""营业外收入""财务费用"等具体项目之中,其识别相对容易。

(1)要计算各项目中关联方交易产生的盈利分别占项目总额的百分比和这些项目占利润总额的百分比,判断企业盈利能力对关联方企业的依赖程度。

(2)要分析这些关联方交易的必要性和公正性。

(3)将非必要和欠公正的关联方交易所产生的利润从企业利润总额中剔除,以反映这些项目的正常状况。

【例 10-2】 Z上市公司2014年利润表中“利润总额”为2 000万元。其中:“其他业务利润”为200万元,“投资收益”为400万元,“营业外收入”为500万元。在会计报表附注及相关明细表中反映,其他业务利润200万元中有180万元来自关联方企业交付的商标使用费,400万元投资收益中有380万元来自向关联方企业转让的股权投资收益,500万元营业外收入中有440万元来自用房产向关联方企业置换流水生产线的收益。

按上述资料,可以发现各项目中关联方交易产生的盈利分别占其他业务利润的90%(180÷200)、投资收益的95%(380÷400)、营业外收入的88%(440÷500),合计则占利润总额的50%[(180+380+440)÷2 000]。这反映出该企业利润对关联方企业的依赖程度极高。如果通过进一步的定价政策分析,发现上述交易均为非公正交易,属利润操纵行为,那么,就应将这些盈利剔除。剔除虚增盈利后的结果为:其他业务利润20万元,投资收益20万元,营业外收入60万元,利润总额应为1 000万元。

对转移价格引起的“主营业务收入”“主营业务成本”“管理费用”等项目脱离实际状况的识别难度较大,要求分析者掌握市场价格和企业的定价政策。在分析识别过程中,要充分利用会计报表附注说明和相关明细表。如果关联方交易占销售货物和采购货物的比重较大(大于20%),那么,就有必要分析比较关联方交易与非关联方交易的价格差异。如价格差异过大,则有操纵利润之嫌,需要调整因价格差异而影响的利润额。

4. 利用应收和应付款调节利润的识别和调整

企业应收、应付款项可分为两大类:一类是与销售货物和采购货物相关的应收、应付款项,包括应收账款、预收账款、应付账款、预付账款等;另一类是与销售货物和采购货物无关的应收、应付款项,包括其他应收款和其他应付款等。设置与销售和采购相关的应收、应付款项,是为了满足权责发生制条件下的计算和反映相应债权、债务往来的需要;设置与销售和采购无关的应收、应付款项,则是为了反映与销售和采购无关的非经常的或小额的债权、债务往来的需要。由于这些项目的存在,给企业操纵利润提供了方便,因此需要对它们进行分析调整。

把应收账款作为调节营业收入的工具早被广泛使用。如在本年底虚开发票,同时增加应收账款和营业收入,到次年又以诸如质量不符合要求等名义将其冲回,使本年营业收入虚增。当然,如果是为了隐藏部分收入,则可利用推迟开票,将营业收入藏于预收账款之中。除此之外,高龄应收账款是最可能发生潜亏的资产项目。因此,在识别和调整由应收款虚增为利润时,可采用以下方法:

(1)注意剔除异常波动的营业收入中的应收款项。假设某企业营业收入除12月份之外,各月都较为平均,1~11月份累计营业收入为700万元,而12月份一个月营业收入则高达400万元,且有260万元是通过应收账款产生的。对此,可以认定企业有利润操纵行为,应将260万元的营业收入予以剔除。即使次年这一笔260万元的营业收入没有开红票冲回,这样剔除也是应该的。因为,它可能导致次年营业收入减少,是将次年的营业收入前置至本年。

(2)大胆剔除高龄应收账款。按我国会计制度的规定,账龄为3年及3年以上的应收账款应作为坏账处理，故应将已达到上述标准但未列入坏账的应收账款作为不良资产加以剔除。如，某企业本年度利润总额为 2 000 万元，但应收账款明细表中列有账龄在 3 年及 3 年以上的应收账款为 500 万元，那么将其剔除后，实际利润则只有 1 500 万元。

在正常情况下，其他应收款和其他应付款的余额不应过大，如出现余额过大甚至超过应收账款、应付账款余额的异常情况时，就应注意识别是否有操纵利润的情况。通常其他应收款虚增利润的常见方法主要是：将已损失的资产转入其中，使亏损不体现出来。利用其他应付款隐藏利润的常见方法主要是，将已实现的收益转入其中，使之不列入利润表之中。识别这类操纵仍然是从其他应收款和其他应付款的明细表入手，将属于异常情况的金额从中剔除。例如，某公司原有一笔债权 3 000 万元，债务合同规定该债权的年利率为 10%，期限为一年，但从借债至今的 3 年中，债务人从未支付利息也没偿还本金，经查实，该债务人已经破产，债权已不可能收回，损失已成事实。可是，该公司在其他应收款中的这笔债权却从 3 000 万元上升为 3 900 万元[3 000×(1+10%×3)]。显然，该公司有操纵利润的行为，这笔 3 900 万元的不良债权应予冲销。

5. 利用利息资本化调节利润的识别和调整

按会计准则的规定，企业为购建固定资产而发生的利息费用，在固定资产尚未达到预定可使用状态之前，应计入固定资产的成本，即应予以资本化。利息资本化本是为了满足收入与成本相配比原则的需要，但在实务中，不少企业将它作为一种操纵利润的手段。

用利息资本化方法调节利润比较隐秘，因为不管自有资金还是借入资金，一旦投入使用后就难以区分清楚，这就给企业人为划定资金来源和资金用途大开方便之门，使企业很容易将非资本性支出的利息资本化，从而达到减少本期财务费用、增加本期利润的目的。要识别这种隐秘性利润操纵比较困难，具体识别法主要是：分析在建工程项目占总资产的比例。一般而言，利息支出资本化的比例应基本与该比例相当。如果资本化的利息支出大于在建工程项目的平均余额与规定利息率之积，那么可以肯定存在操纵利润的行为，应予以调整。

除了采用较隐秘的方法之外，也会有较为公开的操纵。例如，某公司就曾将某项工程建设期间的借款和应付债券的利息 8 064 万元，在该项目投入使用的情况下仍予以资本化，结果被注册会计师出具了否定意见的审计报告，开创了我国上市公司被出具否定意见审计报告的先河。

在识别是否存在操纵利润现象过程中，还应注意企业现金流量分析。该分析是将经营活动产生的现金净流量、投资活动产生的现金净流量、现金净流量总量，分别与主营业务利润、投资收益和净利润进行比较，以判断企业主营业务利润、投资收益和净利润的质量。没有相应现金净流量作支撑的利润，质量不如有足够现金净流量作支撑的利润质量高。根据会计基本原理，企业的经营现金净流量不应该长期低于其净利润，因为随着时间推移，按权责发生制核算的结果会与按收付实现制核算的结果间的差异逐渐缩小并趋向于零。如果某企业的现金净流量长期低于其净利润，那么就意味着该企业可能将本应作为费用处理的一些项目变为虚拟资产，而虚拟资产是不可能转化为现金的，即该企业是通过增加虚拟资产来操纵利润。出现这种情况，也应对利润进行调整。

四、从会计报表间的勾稽关系揭示问题

会计欺诈也是一个系统工程，需要各个科目之间的协调配合，因此很多公司出现了"假科目、真做账"的现象，但难免有个别科目出现背离之势，因此资产负债表、利润表、现金流量表三

大财务报表之间的勾稽关系是我们用来识别会计欺诈的有效途径之一。而企业报表间的勾稽关系主要包括主表与主表、主表与附表、前期报表与本期报表、报表计划、账簿之间等关系，对报表勾稽关系的审查，有助于分析人员进一步验证报表的正确性，研究企业资金运动的联系和趋势。各报表间的勾稽关系主要表现如下。

(一)本期会计报表与前期会计报表之间的勾稽关系

企业本期会计报表与前期会计报表的勾稽关系包括本期报表有关项目的期初数应等于前期报表的期末数，本期报表有关项目的累计数应等于前期报表的累计数加上本期发生数等。有些被粉饰过的会计报表的前期数和期末数会产生较大的差异，有的甚至于根本结不平。

(二)同一会计报表项目之间的勾稽关系

同一会计报表项目之间的勾稽关系，如"资产＝负债＋所有者权益"的静态平衡关系、"利润＝收入－成本(费用)"的动态平衡关系，以及各项目明细数与合计数的勾稽关系等。一般而言，检查以上两类技术性错误比较容易，只要有会计核算和编制报表的基本常识即可。

(三)会计报表与会计报表项目之间的勾稽关系

会计报表与会计报表项目之间的勾稽关系很多，如利润分配表中的"未分配利润"项目与资产负债表中的"未分配利润"项目有勾稽关系；资产负债表中有关现金及现金等价物期末余额与期初余额之差(体现于资产负债表中的"货币资金"项目)等于现金流量表中现金及现金等价物净增加额；利润表中的净销货额减资产负债表中的应收账款(票据)增加额加预收账款增加额等于现金流量表中的销售商品、提供劳务收到的现金等。检查这类错误，要求熟悉各张会计报表的编制理论和编制方法以及各项目之间的勾稽关系。

(四)会计报表主表与附表之间的勾稽关系

会计报表主表与附表之间的勾稽关系，有比较简单的明细与合计的关系，也有比较复杂、涉及数张报表发生额和余额的关系。如固定资产及累计折旧明细表，就既与资产负债表中的固定资产原价、净值和累计折旧发生勾稽关系，又与现金流量表中的固定资产折旧发生勾稽关系。又如无形资产及其他资产等明细表，也都存在上述勾稽关系。通过主表与附表的逐项对照，可以判明会计报表编制中是否存在技术性错误或人为操作留下的痕迹。

会计报表的技术性错误往往与粉饰会计报表的动机交织在一起。因此，纠正会计报表的技术性错误在一定程度上调整了粉饰过的会计报表。对无技术错误的被人为粉饰过的会计报表的分析和识别其难度较大，特别对无法检查企业会计账簿的会计报表的外部使用者则更是如此。要识别被人为粉饰过的会计报表，分析者应该了解诸如与企业供应和销售相关的市场信息，与企业所处行业相关的信息等多种宏观和微观的信息，以及应具备丰富的分析经验。除此之外，还要掌握识别粉饰会计报表的会计分析方法。

知识拓展

财务预警分析

一、财务预警概述

一个公司在实际倒闭或关门之前，总会呈现财务危机的迹象。企业发生财务危机大多是企业经营不善的结果；而引起经营不善的原因很多，它们同样都会使企业发生财务危机。身为企业经营者，平日除了要有正确的经营理念并持续付诸行动之外，也要对容易引起企业财务危机的事项进行深入研究，形成财务危机管理意识，对容易引起企业财务状况产生重大变化的决策及行为，要三思而后行。从防范财务危机的角度看，财务危机是指一个企业处于经营性现金流量不足以抵偿现有到期债务，即技术破产。

财务预警是指企业组织或者个人通过危机检测、危机预警和危机决策，达到避免、减少危机的产生，甚至将危机转化为机会的目的。财务预警包括在危机爆发前所进行的一切预警工作，因为事先避免危机爆发是危机管理的最好途径，所以财务预警就显得异常重要。如果把危机比喻成生病，那么危机预警就是指平日锻炼身体、注意饮食营养和足够的休息。对于一个现代企业而言，如果没有起码的危机预警能力，在日趋激烈的市场竞争中，危机就会接踵而来，企业将很难生存。而如果没有起码的危机处理能力，当危机爆发时，企业将毫无招架之力。之所以强调财务预警的重要性，是因为危机管理的一个重要特性是预防性，即在危机爆发前进行预警，防止危机爆发。这是由危机的危险性决定的。危机爆发之后，往往只可能尽量减少一些损失，很难挽回危机的重大危害。最好的危机管理是对财务危机进行预警，避免危机发生。

危机是企业不可避免的，几乎所有的组织都可能遇到危机。即使企业运行得非常好，但内部潜伏的危机同样会给企业以致命打击。危机的爆发对组织和企业的损害都是十分巨大的，而且危机对企业的影响只会越来越大。这就要求企业必须建立健全的财务危机预警机制，因为在面对危机时，有应变计划的企业遭受的损失总要小些。学会预防和处理危机对企业来说是一堂"必修课"。医院除了有一般的门诊室，但还要专门设一个急诊室，以及时医治白天或晚上来的危急病人。企业当然很难像医院那样常设一个危机管理机构，但具有危机意识及建立一套危机管理体系是应具备的。在充满变数的市场经济社会中，危机管理已成为企业管理的重要一环。

二、财务预警分析的方法

(一)树立危机意识

要想预防企业的财务危机，除了要了解、认识产生财务危机的各种因素之外，还应强化企业上下的危机意识，这对预防企业的财务危机至关重要。一些成功的企业家都有着强烈的危机意识，这正是他们所经营的企业长盛不衰的秘诀。可以这样说，正是因为有了如此之强的危机意识，才使这些企业避免了其他企业遭遇的财务危机。

企业管理者强烈的危机意识。将直接影响企业的理念和灵魂，引导企业全体员工树立起强烈的危机意识。一般而言，有着高度危机意识的企业及员工，在日常工作中会自觉地防微杜渐、排除隐患；在危机爆发时，能够临危不乱、应对自如。这样的企业虽然也不可避免地遭遇危机，但通常不会轻易被危机所击垮，而是能够战胜危机，从危机中崛起。

(二)做好日常预防工作

事先做好财务规划，编制预算及营运计划，定期召开会议检讨预算与实际发生金额差异之所在，包括：资金调度结果、资金成本结构、支付利息计划和营运利润。另外，要淘汰不良客户，减少呆账发生。建立有效的内部控制制度，设立利润中心及责任中心，凡事精打细算。不景气时不要从事重大投资，不向地下钱庄举借高利贷。

(三)建立动态财务危机预警系统

企业财务危机预警系统，作为一种成本低廉的诊断工具，可以预知财务危机的征兆。当可能危害企业财务状况的关键因素出现时，财务危机预警系统能预先发出警告，以提醒经营者早做准备或采取对策以减少财务损失，控制财务危机进一步扩大。财务危机有两个基本预警模式：

1. 单一财务比率模式

对企业的财务危机能够事先进行预警的财务比率主要有：现金债务总额比、资产净利率、资产负债率。

陷入财务危机的企业，这三个比率的特征是：一是低于行业平均水平，二是不断下降，三是具有长期趋势而非偶然。

此外，财务危机企业有一个共同特征，即现金和存货不断减少，而应收账款不断增加。

2. 多元线性函数模型

多元线性函数模型是一个经验模型，它根据大量破产企业的财务报表用统计方法建立。它对五个财务比率分别给出一定权数，计算其加权平均值。这个值称为Z值。一般而言，如果Z值大于2.675，则表明企业的财务状况良好，发生财务危机的可能性较小；如果Z值小于1.81，则认为企业存在财务危机的可能性很大，与破产企业有共同特征；如果Z值介于1.81～2.675之间，则可视为企业进入"灰色地带"，财务状况极不稳定，风险较大。Z的数值可根据下面的模型来进行计算：

$$Z=0.012\times 营运资金\div 资产\times 100+0.014\times 留存收益\div 资产\times 100+0.033\times 息税前收益\div 资产\times 100$$
$$+0.006\times 股票市值\div 负债\times 100+0.999\times 营业收入\div 资产$$

从这个模型可以看出，增加营运资金、留存收益、息税前利润、营业收入和提高企业市值，或者减少负债、节约资产占用，可以减少破产的可能性。

根据若干财务比率进行综合，以判断危机程度的原理，是有普遍意义的。但预警制度的建立，需要长期、完整的资料，不断地修正、执行，长久实施，方能见到成效，切不可半途而废。

（四）运用"风险预警系统模型"，加强上市公司监管

加强对上市公司的年报审核与监管是防范企业危机的外部方法。下面以中国证监会北京证券监管办事处设计的"风险预警系统模型"为例，来说明在上市公司年报审核工作中，可以通过一定的科学系统方法来及早地监控上市公司的变化，针对上市公司年报中反映出来的财务隐患集中力量、重点预防。北京证券监管办事处设计的"风险预警系统模型"的基本思路见表10—3。

北京证券监管办事处设计的危机预警系统主要包括定量和定性两大类指标。从2000年起，北京证券监管办事处在年报审查工作中就已经开始运用该系统，对辖区内的全部60家公司的年报进行了审查，并且根据审查结果按照公司风险大小对上市公司进行分级监控：亏损公司作为A级监控对象，有资产重组、大额资产占用等违规现象的公司作为B级监控对象，其他发出单项预警信号的公司作为C级监控对象。对上市公司实行分级监控，可以突出重点，合理分配监控力量，提高监控效率，从而有效防范和化解风险，避免财务危机。

表 10—3　　风险预警系统模型基本指标

指标类型	序号	指标名称	预警区域
定量指标	1	营业收入利润率	≤5%
	2	营业利润比重	≤50%
	3	营业收入增长率与应收账款比较分析	营业收入增长率≤−30%或营业收入增长率≤0 并且应收账款增长率≥20%
	4	应收账款周转率	≤行业水平的 50%
	5	净资产收益率	净资产收益率≤0 或 6%≤近三年净资产收益率平均值≤6.5%
	6	经营现金流量比率	≤50%
	7	资产负债率	≥85%
	8	流动比率	≤1.25
	9	速动比率	≤0.25
	10	存货周转次数	≤行业水平的 50%
	11	盈利现金比率	≤1
	12	强制性现金支付比率	≤1
	13	资产关联方占用率	资产关联方占用率≥5%(流动资产为除数)或资产关联方占用率≥40%(应收账款项为除数)
	14	关联企业收入(成本)比率	≥70%
	15	投入产出比率	≤同期银行存款利率水平
	16	项目投资进度完成率	≤50%
	17	长期股权投资比率	≥50%
	18	投资收益率	≤净资产收益率
定性指标	19	重大承诺事项	存在未履行承诺事项的情况
	20	股东变动	大股东、控股股东发生变化
	21	管理层变动	涉嫌贪污、诈骗、走私等经济犯罪行为,变动频繁
	22	变更会计师事务所	变更原因披露不详细
	23	抵押担保事项	为股东担保、无反担保等防范措施

本章小结

财务报表综合分析就是以财务报告提供的财务信息为基本依据,设置全面、综合的指标体系,运用专门的分析方法和技术,将企业偿债能力分析、营运能力分析、获利能力分析、现金流量分析纳入到分析系统之中,对企业财务状况、经营能力、营运能力、偿债能力和获利能力等方面进行全面解剖和分析,全方位揭示企业经营和财务状况变化的原因所在的分析过程。

杜邦财务分析体系将核心指标净资产收益率层层分解,将资产负债表、利润表、现金流量表和股东权益变动表联系起来进行整体的综合分析,全面揭示所有者投入资本的获利能力;企业筹资、投资、资产运营等活动的效率,指标变动的原因和变动趋势,提高财务分析指标的效用。

财务报告的分析方法的局限性主要表现在财务分析资料来源和财务分析指标两个方面。粉饰会计报表的动机主要有给业绩考核脸上贴金、获取信贷资金和商业信用、上市发行股票、偷逃税款或者操纵股价、某种政治企图、为推卸企业和个人的责任等。目前我国会计人员通过会计手段或方法粉饰会计报表数据的做法主要有三种形式:操纵业务发生时间、选择不同核算方法、改变业务性质，具体做法如通过利润最小化、利润最大化、利润巨额冲销和利润均衡化来粉饰企业的经营业绩、再如通过低估负债和的方法粉饰企业的财务状况。由于在粉饰会计报表的各种类型中，对投资者和债权人等主体经济利益影响最大的是虚增利润、高估资产、低估负债，由此应重点关注对虚增利润的识别和调整方法。此外，在分析财务报告时，从对各个会计报表间的勾稽关系的分析上也可以揭示出问题。企业报表间的勾稽关系主要包括主表与主表、主表与附表、前期报表与本期报表、报表计划、账簿之间等关系，对报表勾稽关系的审查，有助于分析人员进一步验证报表的正确性，研究企业资金运动的联系和趋势。

关键术语

财务报表综合分析　杜邦财务分析体系　财务预警分析

思考题

1. 什么是财务报告综合分析？有什么意义和特点？
2. 如何利用杜邦财务分析体系进行综合分析？
3. 财务报告分析有哪些局限？
4. 简述粉饰财务报表的动机和手段？
5. 如何识别和调整虚假会计利润？

练习题

一、单项选择题

1. 权益乘数的计算公式是（　　）。

A. $\frac{\text{总资产}}{\text{净资产}}$　　B. $\frac{\text{净资产}}{\text{总资产}}$

C. 1－资产负债率　　D. $\frac{1}{\text{资产负债率}}$

2. 杜邦财务分析体系的核心指标是（　　）。

A. 总资产周转率　　B. 净资产收益率

C. 销售利润率　　D. 成本利润率

3. 总资产报酬率的计算公式是（　　）。

A. $\frac{\text{销售利润＋利息支出}}{\text{平均资产总额}}$　　B. $\frac{\text{净利润＋利息支出}}{\text{平均资产总额}}$

C. $\frac{\text{营业利润＋利息支出}}{\text{平均资产总额}}$　　D. $\frac{\text{利润总额＋利息支出}}{\text{平均资产总额}}$

4. 产权比率和权益乘数的关系是（　　）。

A. 产权比率×权益乘数＝1　　B. 权益乘数＝1/(1－产权比率)

C. 权益乘数＝(1＋产权比率)/产权比率　　D. 权益乘数＝1＋产权比率

5. 在杜邦分析体系中，假设其他情况相同，下列说法中错误的是（　　）。

A. 权益乘数大则财务风险高　　B. 权益乘数大则财务风险低

C. 权益乘数等于资产权益率的倒数　　D. 权益乘数大则企业负债比例大

二、多项选择题

1. 综合分析评价的目的是(　　)。

A. 是进行职工奖励的基础　　B. 为投资决策提供参考

C. 为完善企业管理提供依据　　D. 评价企业财务状况及经营业绩

E. 明确企业财务活动与经营活动的相互关系

2. 根据杜邦财务分析体系,影响净资产收益率的因素有(　　)。

A. 业主权益乘数　　B. 速动比率

C. 销售净利率　　D. 成本利润率

E. 总资产周转率

3. 影响净资产收益率的因素有(　　)。

A. 销售净利率　　B. 流动比率

C. 总资产周转率　　D. 资产负债率

4. 在其他条件不变的条件下,下列业务可能导致总资产周转率上升的是(　　)。

A. 赊购一批原材料　　B. 偿还短期借款本金

C. 计提坏账准备　　D. 用现金购入设备

5. 粉饰会计报表数据的做法主要有(　　)。

A. 操纵业务发生时间　　B. 选择不同核算方法

C. 改变业务性质　　D. 上市发行股票

三、判断题

1. 最能体现企业经营目标的财务指标是净资产收益率。　　(　　)

2. 权益乘数越大,财务杠杆作用就越大。　　(　　)

3. 只要期末股东权益大于期初股东权益,就说明通过企业经营使资本增值。　　(　　)

4. 股利支付率越高,可持续增长比率就越高。　　(　　)

5. 权益乘数反映总资产与总负债的关系。　　(　　)

四、实训题

1. 净资产收益率分析。资料见表10—4。

表10—4　　相关财务指标　　单位:万元

项　目	上　年	本　年
平均总资产	46 780	49 120
平均净资产	25 729	25 051
营业收入	37 424	40 278
净利润	3 473	3 557

要求:

根据以上资料，按杜邦财务分析体系对净资产收益率变动原因进行分析。

2. 某公司2014年资产负债表和利润表相关数据如表10—5和表10—6所示：

资产负债表

表10—5 2014年12月31日 单位：万元

资　产	年初数	期末数	负债和所有者权益	年初数	期末数
货币资金	200	300	短期借款	280	200
应收账款	450	560	应付账款	320	350
存　货	800	780	长期借款	800	1 000
固定资产	2 000	2 200	实收资本	1 500	1 500
无形资产	240	240	盈余公积	790	1 030
总　计	3 690	4 080	总　计	3 690	4 080

利润表

表10—6 2014年12月31日 单位：万元

项　目	本期金额
一、营业收入	8 000
减：营业成本	4 000
营业税金及附加	1 000
销售费用	400
管理费用	600
财务费用	200
加：投资收益	20
二、营业利润	1 820
加：营业外收入	0
减：营业外支出	0
三、利润总额	1 820
四、所得税费用	720
五、净利润	1 100

要求：

(1)计算该公司的销售净利率、总资产净利率、总资产周转率、权益乘数和净资产收益率(凡计算指标涉及资产负债表项目数据均按平均数计算)。

(2)用文字列出净资产收益率与其他各项指标之间的关系式，用数据加以验证，绘出该公司杜邦分析图。

项目十一

财务分析报告的撰写

学习目标

◎ 了解财务分析报告的基本内容及其结构。

◎ 掌握财务分析报告的写作技巧。

学习建议

在撰写财务分析报告时，应结合前面几章的知识进行，财务分析报告一定要与公司经营业务紧密结合，深刻领会财务数据背后的业务背景，切实揭示业务过程中存在的问题。

引导案例

财务分析工作如此重要，但做好财务分析并非易事，只有把财务数据背后的内容或实质挖掘出来，才能把财务分析报告写得更鲜活。多数财务分析报告或读来枯燥无味，或没有分析结论，或分析主观臆断等，普遍缺乏深度，使用价值偏低。因此在撰写财务分析报告时，必须了解财务分析需求和企业经营管理实际，此外还应关注表外事项等。

任务1　财务分析报告基础知识

一、财务分析报告的分类

所谓财务分析报告是指对企业财务状况和经营成果进行比较、分析、评价并加以整理后撰写而成的书面报告。掌握各类财务分析报告的特点，有助于按不同的要求撰写财务分析报告。财务分析报告是对企业财务状况、经营结果、资金运作的综合概括和高度反映。

(一)按其内容和范围分类

财务分析报告按其内容、范围不同分为综合分析报告，专题分析报告和简要分析报告。

1. 综合分析报告

综合分析报告又称全面分析报告，是企业依据财务报表所提供的丰富、重要的信息及其内在联系，运用一定的科学分析方法，对企业的经营特征，利润实现及其分配情况，资金增减变动和周转利用情况，税金缴纳情况，存货、固定资产等主要财产物资的盘盈、盘亏、毁损等变动情况及对本期或下期财务状况将发生重大影响的事项做出客观、全面、系统的分析和评价，并进行必要的科学预测而形成的书面报告。它具有内容丰富、涉及面广，对财务报告使用者做出各项决策有深远影响的特点。综合分析报告主要于半年度、年度进行财务分析时撰写。

2. 专题分析报告

专题分析报告又称单项分析报告，是指针对某一时期企业经营管理中的某些关键问题、重大经济措施或薄弱环节等进行专门分析后形成的书面报告。专题分析的内容很多，比如关于企业清理积压库存，处理逾期应收账款的经验，对资金、成本、费用、利润等方面的预测分析等。它具有不受时间限制、一事一议、易被经营管理者接受、收效快的特点。

3. 简要分析报告

简要分析报告是对主要经济指标在一定时期内，存在的问题或比较突出的问题，进行概要的分析而形成的书面报告。具有简明扼要、切中要害的特点。主要适用于定期分析，可按月、按季进行编制。

(二)按其分析的时间分类

财务分析报告按其分析的时间，可分为定期分析报告与不定期分析报告两种。

1. 定期分析报告

定期分析报告一般是由上级主管部门或企业内部规定的每隔一段相等的时间应予编制和上报的财务分析报告。如每半年、年末编制的综合财务分析报告就属定期分析报告。

2. 不定期分析报告

不定期分析报告，是从企业财务管理和业务经营的实际需要出发，不做时间规定而编制的财务分析报告。如上述的专题分析报告就属于不定期分析报告。

(三)按报表的使用者分类

财务分析报告按报表的使用者来划分，可以分为两种：为企业外部阅读者服务的财务分析报告和为企业管理者进行经营决策服务的财务分析报告。

二、财务分析报告的主要内容

出于不同目的撰写的财务分析报告，其包括的内容各有侧重。如果财务分析报告是为企业管理者服务的，应从该部门管理者需要了解的信息出发，可以对企业的全面财务状况、经营成果和现金流量的质量进行分析，也可以只对有关的成本、费用的变化情况或存货的管理情况、应收账款的管理情况等进行专业分析；如果报表是为外部的投资人、债权人服务的，一般包括的内容就比较全面。

通常，对企业的全面财务状况、经营成果和现金流量的质量进行分析时，财务分析报告中要包括：偿债能力的分析、获利能力的分析、营运能力的分析、本企业的财务变动趋势分析和本企业与所在行业的其他企业的比较分析等内容。

任务2　财务分析报告撰写方法

一、财务分析报告的编写程序

(一)收集资料

收集资料是一个调查过程,深入全面的调查是进行科学分析的前提。但调查要有目的地进行。分析人员可以在日常工作中,根据财务分析内容要点,经常搜集积累有关资料。这些资料既包括间接的书面资料,又包括从直属企业取得的第一手资料。具体包括以下内容:

(1)各类政策、法规性文件。

(2)历年财务报告的历年财务分析报告。

(3)各类报纸、杂志公布的有关资料。

(4)统计资料或年度财务计划。

(二)整理核实资料

各种资料搜集齐全后,要加以整理核实,保证其合法性、正确性和真实性,同时根据所构想的分析内容进行分类。整理核实资料是财务分析工作中的中间环节,起着承上启下的作用。在这一阶段,分析人员应根据分析的内容要点做些摘记,合理分类,以便查找和使用。

(三)拟定财务分析报告的标题

标题是对财务分析报告的最精练的概括,它不仅要确切地体现分析报告的主题思想,而且要用语简洁、醒目。由于财务分析报告的内容不同,其标题也就没有统一标准和固定模式,应根据具体的分析内容而定。如"某月份简要会计报表分析报告""某年度综合财务分析报告""资产使用效率分析报告"等都是较合适的标题。财务分析报告一旦拟定了标题,就应围绕它利用所搜集的资料进行分析并撰写报告。

(四)确定财务分析报告的结构

财务分析报告的结构是指分析报告如何分段而又构成一个整体的问题。一般报告所反映的内容可以多种多样。综合财务分析报告的结构大致如下:

(1)标题。标题应简明扼要,准确反映报告的主题思想。

(2)基本情况。首先,应注明财务分析报告的分析期,即报告的范围段。其次,应对企业分析期内经营状况做简要说明,对企业计划执行情况和各项经济指标完成情况做大致介绍,概括地反映分析期企业经营的基本面貌。

(3)财务分析报告"具体分析"部分。这是报告分析的核心内容。这部分内容在表达方式上可以采取多种手法,如可采用文字处理与图表表达相结合的方法,使其易懂、生动、形象。分析报告的行文要尽可能流畅、通顺、简明、精练,避免口语化、冗长化。

"具体分析"部分的写作如何,关键性地决定了本报告的分析质量和档次。财务分析报告一定要与公司经营业务紧密结合,深刻领会财务数据背后的业务背景,切实揭示业务过程中存在的问题。财务人员在做分析报告时,由于不了解业务,往往闭门造车,并由此陷入就数据论数据的被动局面,得出来的分析结论也就常常令人啼笑皆非。因此,有必要强调的是,各种财务数据并不仅仅是通常意义上数字的简单拼凑和加总。每一个财务数据背后都预示着非常生动的收入的增减、费用的发生、负债的偿还等。财务分析人员通过对业务的了解和明察,并具备对财务数据敏感性的职业判断,即可判断经济业务发生的合理性、合规性,由此写出来的分析报告也就能真正为业务部门提供有用的决策信息。财务数据毕竟只是一个媒介(是对各项业务的如实反映或称之为对业务的映射),因而以财务数据为对象的分析报告就数据论数据,报告的重要质量特征“相关性”受挫,对决策的“有用性”自然就难以谈起。

财务分析报告一般要对企业的盈亏额、营业收入额、成本费用水平、资产运营情况及偿债能力等项目的实际指标与其各项计划指标进行对比分析,与上年同期各项指标进行对比分析,与历史同期最高水平进行对比分析,也可与同行业其他企业进行简要的对比分析。要采用绝对数与相对数指标相结合的方法,分析各项经济指标已完成情况、未完成的原因,采取的措施及取得的成绩、成功的经验,存在问题。有时为使财务分析报告清晰明了,应编制财务分析表,即根据分析的目的,将会计报表及有关经济资料,经过科学再分类、再组合,适当补充资料,配以分析计算项目,采用表格,简明扼要地表达资料各项目间的内在联系。它能清晰地显示出各指标之间的差异及变动趋势,使财务分析更形象、具体。如编制盈亏情况分析表、费用明细表、流动资金分析表等。总之,要做到有数据、有比较、有分析。

(五)财务分析报告的修改和审定

财务分析报告起草后形成的初稿,可交主管领导审阅,并征求主管领导的意见和建议,再反复推敲,不断进行修改,充实新的内容,使之更加完善,更能反映出所编制财务分析报告的特点直至最后由主管领导审定。审定后的财务分析报告应填写编制单位和编制日期,并加盖单位公章。

二、财务分析报告应注意的问题

1. 财务分析报告中常见的弊病

(1)不收集资料或不认真整理、核实所收集的资料。

(2)报喜不报忧。

(3)不分主次,重点不突出。

(4)数字罗列,内容空洞。

(5)字句冗长,论据不充分,说服力不强。

2. 财务分析报告中的数字运用

(1)要注意分析所依据的会计核算口径和会计报表资料编制方法有无变化。

(2)在进行比较分析时,对各项指标的绝对数与相对数比较必须同时进行。

(3)对金额较大的项目应重点分析。

(4)要注意分析数字的反常现象。

(5)利用数字进行分析时,要注意对各项指标的计算应准确无误,以保证分析报告的真实可靠。

三、财务分析报告举例

由于企业外部的财务人员没有亲自参与企业的财务管理工作,对企业的真实情况不甚了解,因此在撰写财务分析报告时,除了要认真研读企业的财务报表外,更要仔细阅读报表附注和有关对外披露的信息,从各个方面了解企业的有关信息资料,力争为报表的阅读者提供一份有价值的财务分析报告。

【例 11—1】 根据利华公司的相关信息资料做出如下财务分析报告。

利华公司财务报表的分析报告

一、公司简介

公司名称：利华股份有限公司

利华股份有限公司是一家在某证券交易所挂牌上市的公司，是全国最大的××生产基地之一，主要生产……

二、综合分析

(一)资产负债表分析

1. 资产负债表纵向比较分析

资产负债表纵向比较分析如表11—1所示。

表11—1 **2012～2014年资产负债表** 单位：万元

项　目	2014年	2013年	2012年
流动资产：			
货币资金	24 737	19 006	17 164
应收票据	877	3 483	3 945
应收账款	4 212	4 799	7 336
其他应收款	3 974	7 869	8 733
预付账款	1 475	3 214	117
存货	38 520	54 997	15 157
流动资产合计	73 795	93 368	52 452
非流动资产：			
长期股权投资	500	500	500
固定资产	116 755	114 319	116 833
在建工程	0	0	25
无形资产	6 701	5 384	4 865
资产总计	197 751	213 571	174 675
流动负债：			
短期借款	51 404	51 580	50 631
应付票据	17 285	13 000	0
应付账款	25 415	33 193	3 599
预收账款	1 656	7 307	1 423
应付职工薪酬	606	569	559
应付股利	151	151	143
应付利息	1 853	849	99
应交税费	−3 442	−6 440	3 951
其他应付款	360	339	766

续表

项　目	2014 年	2013 年	2012 年
预计负债	450	450	0
一年内到期的长期负债	3 500	2 000	0
流动负债合计	99 238	102 998	61 171
非流动负债：			
长期借款	0	3 500	9 500
非流动负债合计		3 500	9 500
负债合计	99 238	106 498	70 671
所有者权益：			
股本	42 115	42 115	42 115
资本公积	52 897	52 897	52 897
盈余公积	7 903	7 903	7 622
未分配利润	−4 402	4 158	1 370
所有者权益合计	98 513	107 073	104 004
负债及所有者权益合计	197 751	213 571	174 675

通过表 11—1 可以看出该公司的财务状况呈波动状态，具体如下。

(1)资产变动趋势分析。2012～2014 年总资产分别为 174 675 万元、213 571万元和197 751万元，2013 年的总资产规模最大，2014 年比 2013 年有所下降。总资产中固定资产所占比重最大，2012～2014 年分别为 66.9%、53.535%和 59.04%，但其金额基本保持稳定。

无形资产虽然略有上升，但其所占比重较小，其变化对总资产的影响可以忽略；长期股权投资在最近三年没有变化，均为 500 万元；流动资产 2012～2014 年分别为 52 452 万元、93 368 万元和 73 795 万元，呈现波动状态，所以总资产的波动在很大程度上是由于流动资产的波动造成的。

在流动资产中，货币资金呈现逐年上升的趋势，应收票据与应收账款呈现逐年下降的趋势，说明该公司的回款比较好，当然也有可能是该公司改变销售政策造成的，为此应进一步检查报表附注，从中了解应收账款的具体情况；存货2012～2014 年分别为 15 157 万元、54 997 万元和38 520万元，呈现出波动状态，这是造成流动资产波动的主要原因。

从 2012～2014 这三年的数据可以看出：2012 年，存货所占金额及比例最少，应收款项最多，货币资金较少，这表明该公司当年的销货中赊销比例较大；2013 年，该公司存货增多，应收款项减少，这说明该公司调整了销售政策，减少了销售中的赊销比例；2014 年，存货比 2013 年有所下降，应收款项继续下降，货币资金无论从金额上还是比重上都增长了很多，这表明该公司在继续减少赊销比例，但同时对存货的管理也加大了力度，减少了存货的库存。不过存货在资产中所占比重较大(2014 年占总资产的 19.479%)，这一点还是应该引起高度重视。

(2)负债变动趋势分析。2014 年比 2013 年负债规模略有下降，呈现出波动的状态，但从2012～2014 连续三年的资料来看，尽管 2014 年负债金额比 2013 年有所下降，但总体来看负债规模呈现上升趋势。

在负债中，非流动负债于2014年均已到期或即将到期转入流动负债；流动负债2014年比2013年有所下降，从这两年的数据来看，增加的幅度非常大。在流动负债中，借款虽呈现上升趋势，但增加金额不大。

应付票据增加，2014年和2013年分别是17 285万元和13 000万元；应付账款和其他应付款总金额逐年减少；应交税费是负值，这可能是由于该公司销售不好、存货较多、增值税的进项税额太大引起的，应引起高度重视。

同时在该公司负债中，流动负债的增加已经大大超出流动资产的增加。到2014年，该公司的流动资产为73 795万元，流动负债为99 238万元，流动资产远远低于流动负债，公司短期偿债能力将会受到一定影响。

(3)所有者权益变动趋势分析。在所有者权益方面，2012～2014年3年的连续数据显示，一直呈下降的趋势。未分配利润显示出2013年公司处于盈利状态，2014年则出现亏损，未分配利润出现负值。

2. 资产负债表结构比较

资产负债表结构比较如表11—2所示。

表11—2　　2012～2014年资产负债表结构比较　　单位：%

项　目	2014年	2013年	2012年
流动资产：			
货币资金	12.51	8.90	9.83
应收票据	0.44	1.63	2.26
应收账款	2.13	2.25	4.20
其他应收款	2.13	2.25	4.20
预付账款	0.75	1.50	0.07
存货	19.48	25.75	8.68
流动资产合计	37.32	43.72	30.03
非流动资产：			
长期股权投资	0.25	0.23	0.29
固定资产	59.04	53.53	66.89
在建工程			0.01
无形资产	3.39	2.52	2.79
资产总计	100.00	100.00	100.00
流动负债：			
短期借款	25.99	24.15	28.99
应付票据	8.74	6.09	0.00
应付账款	12.85	15.54	2.06
预收账款	0.84	3.42	0.81
应付职工薪酬	0.31	0.27	0.32

续表

项　目	2014 年	2013 年	2012 年
应付股利	0.08	0.07	0.08
应付利息	0.94	0.40	0.06
应交税费	—1.74	—3.02	2.26
其他应付款	0.18	0.16	0.44
预计负债	0.23	0.21	
一年内到期的长期负债	1.77	0.94	
流动负债合计	50.18	48.23	35.02
非流动负债：			
长期借款		1.64	5.44
非流动负债合计		1.64	5.44
负债合计	50.18	49.87	40.46
所有者权益：			
股本	21.30	19.72	24.11
资本公积	26.75	24.77	30.28
盈余公积	4.00	3.70	4.36
未分配利润	—2.23	1.95	0.79
所有者权益合计	49.82	50.13	59.54
负债及所有者权益合计	100	100	100

从表 11—2 中可见，2014 年，负债所占比重为 50.18%，所有者权益比重为 49.82%。该公司流动资产与流动负债的比重在 2012 年与 2013 年相比悬殊不太大，但是 2013 年流动负债比流动资产的比重多了 12.86%，这多少会影响到偿债能力。

在流动负债中，应付账款与应付票据从 2012 年到 2014 年的比重分别为 2.06%、21.63% 和 21.59%，上升的幅度很大，应交税费从 2012 年到 2014 年比重分别为 2.26%、—3.02% 和 —1.74%，说明增值税的进项税额增长幅度很大，这很可能是原材料的成本增加了，如果是这样，将会影响到该公司的盈利水平。

（二）利润表分析

1. 利润表纵向对比分析

利润表纵向对比分析如表 11—3 所示。

表 11—3　　**2012～2014 年利润表**　　单位：万元

项　目	2014 年	2013 年	2012 年
一、营业收入	245 550	219 654	150 807
减：营业成本	246 015	208 481	135 064
营业税金及附加	0	505	534

续表

项　目	2014 年	2013 年	2012 年
销售费用	1 565	504	584
管理费用	2 750	2 297	2 775
财务费用	3 771	3 067	3 585
加:投资收益	13	−2	−1 049
二、营业利润	−8 538	4 798	7 216
加:营业外收入	3	2	8
减:营业外支出	25	450	0
四、利润总额	−8 560	4 350	7 224
减:所得税费用	0	1 070	2 744
五、净利润	−8 560	3 280	4 480

从表 11—3 中可见,该公司 2012 年和 2013 年的经营情况处于盈利状态,2012 年净利润为 4 480 万元,2013 年净利润为 3 280 万元,2014 年净利润为负值,处于亏损状态。

从 2012～2014 年的发展趋势看,营业收入一直处于增长的趋势。2013 年比 2012 年增加了 68 847 万元,增幅为 45.65%;2014 年比 2013 年增加了25 896万元,增幅为 11.79%。营业成本也处于增长的趋势。2013 年比 2012 年增加了 73 417 万元,增幅为 54.36%;2014 年比 2013 年增加了 37 534 万元,增幅为 18%。

由于营业成本的增长较多,造成毛利下降,以至于 2014 年的营业利润亏损。销售费用、管理费用和财务费用的支出也在增加,尤其是销售费用 2014 年比 2013 年增加 1 061 万元,增长了 211%,这似乎表明 2014 年营业利润亏损是由于销售费用增长过快造成的。

投资收益从负数转为正数,虽然收益很少,但已经开始盈利。2013 年的营业外支出较大,应特别注意相关事项。

总体说来,从 2013 年开始,成本费用增长过快,该公司的净利润一直在下降,最终导致 2014 年度发生亏损。成本费用的过快增长应引起高度重视。

2. 利润表结构对比分析

利润表结构对比分析如表 11—4 所示。

表 11—4　　2012～2014 年利润表结构比较　　单位:%

项　目	2014 年	2013 年	2012 年
一、营业收入	100.00	100.00	100.00
减:营业成本	100.19	94.91	89.56
营业税金及附加	0.00	0.23	0.35
销售费用	0.64	0.23	0.39
管理费用	1.12	1.05	1.84
财务费用	1.54	1.40	2.38

续表

项　目	2014 年	2013 年	2012 年
加:投资收益	0.01	0.00	−0.70
二、营业利润	−3.48	2.18	4.78
加:营业外收入	0.00	0.00	0.01
减:营业外支出	0.01	0.20	0.00
四、利润总额	−3.49	1.98	4.79
减:所得税费用	0.00	0.49	1.82
五、净利润	−3.49	1.49	2.97

从表 11—4 中可以进一步看出,销售费用、管理费用和财务费用尽管金额增长较多,但所占比重并不大,所以对利润的影响不是关键原因。而营业成本率 2012 年是 89.56%,2013 年增加到 94.91%,2014 年竟达到 100.19%,直接造成毛利率为负值。综上分析营业成本的增长率(2013 年比 2012 年增长 54.36%,2014 年比 2013 年增长 18%)超过营业收入的增长率(2013 年比 2012 年增长 45.71%,2014 年比 2013 年增长 11.81%),这是造成该公司 2014 年亏损的最主要原因。

在对资产负债表的分析中显示出存货所占比重过大,材料的进货成本在增加,这都是可能造成营业成本增加的原因,要引起重视。

(三)现金流量表分析

1. 现金流量表纵向对比分析

现金流量表纵向对比分析如表 11—5 所示。

表 11—5　　2012～2014 年汇总现金流量表　　单位:万元

项　目	2014 年	2013 年	2012 年
现金收入	366 177	318 687	256 275
其中:经营活动的现金收入	294 240	266 646	184 144
投资活动的现金收入	17	61	0
筹资活动的现金收入	71 920	51 980	72 131
现金支出	360 564	316 872	254 979
其中:经营活动的现金支出	268 124	248 639	1 50 727
投资活动的现金支出	14 246	9 821	5 888
筹资活动的现金支出	78 194	58 412	98 364
现金流量净额	5 613	1 815	1 296

从表 11—5 中可以看出,2012～2014 年连续 3 年的现金收入、现金支出、现金流量净额都呈上升的趋势。

2. 现金流量结构对比分析

现金流量结构对比分析如表11—6、表11—7所示。

表11—6　　2012～2014年现金收入结构表　　单位:%

项　目	2014年	2013年	2012年
经营活动的现金收入	80.35	83.67	71.85
投资活动的现金收入	0.00	0.02	0.00
筹资活动的现金收入	19.65	16.31	28.15
现金收入合计	100	100	100

表11—7　　2012～2014年现金支出结构表　　单位:%

项　目	2014年	2013年	2012年
经营活动的现金支出	74.36	78.47	59.11
投资活动的现金支出	3.95	3.10	2.31
筹资活动的现金支出	21.69	18.43	38.58
现金支出合计	100	100	100

从表11—6中可以看出,在该公司的现金收入中,经营活动取得的现金收入占主要比重,且该项收入在2012～2013年上升幅度较大,达11.82%,2013～2014年只下降3.32%。投资活动现金收入占的比重非常小,说明投资回报非常低。筹资活动的现金收入2012年最多,占28.15%,2013年下降到16.31%,2014年有所上升,达到19.64%。

从表11—7中可以看出,该公司的全部现金支出中,经营活动的现金支出占主要比重,该项支出与现金收入相对应,2012～2013年大幅上升,达19.36%,2013～2014年下降4.11%。投资活动的支出逐年上升,但比重很小。筹资活动的现金支出2012年最多,占38.58%,2013年下降到18.43%,2014年有所上升,为21.69%。

3. 现金流量定比与环比分析

现金流量定比与环比分析如表11—8、表11—9所示。

表11—8　　2012～2014年现金流量定比分析表　　单位:%

项　目	2014年	2013年	2012年
现金收入	142.88	124.35	100
其中:经营活动的现金收入	159.79	144.80	100
投资活动的现金收入			
筹资活动的现金收入	99.71	72.06	100
现金支出	141.41	124.27	100
其中:经营活动的现金支出	177.89	164.96	100
投资活动的现金支出	241.95	166.80	100
筹资活动的现金支出	79.49	59.38	100
现金流量净额	433.10	140.05	100

从表11—8中可以看出，该公司的现金收入在不断增加，2014年与2012年相比增长了42.88%，其中经营活动现金收入增长要快于总的现金收入增长，增长了59.79%；投资活动现金收入太少，可以不计；筹资活动现金收入减少了，2013年最少，2014年又恢复到2012年的水平。现金支出也在不断增加，2014年比2012年增长了41.41%，其中经营活动现金支出增长了77.89%，超过了经营活动现金收入的增长速度；投资活动现金支出增长了141.95%，说明该公司逐年加大了投资力度；筹资活动现金支出下降了20.51%，说明用于还款的现金支出减少了。现金流量净额也在逐年上升，2014年比2012年增长了三倍多。

表11—9 **2012～2014年现金流量环比分析表** 单位：%

项　目	2014年	2013年	2012年
现金收入	114.90	124.35	100
其中：经营活动的现金收入	110.35	144.80	100
投资活动的现金收入			
筹资活动的现金收入	138.36	72.06	100
现金支出	113.79	124.27	100
其中：经营活动的现金支出	107.84	164.96	100
投资活动的现金支出	145.06	166.80	100
筹资活动的现金支出	133.87	59.38	100
现金流量净额	309.26	140.05	100

从表11—9中可以看出，该公司的现金收入在逐年递增，2014年比2013年增长14.9%，2013年比2012年增长24.35%，其中：经营活动的现金收入的增幅2014年比2013年下降了很多，增幅呈现起伏状态；筹资活动现金2013年呈现负增长，2014年比2013年增长了很多，起伏比较大。

该公司的现金支出也在不断增长，2014年比2013年增长了13.79%，2013年比2012年增长了24.27%，其中：经营活动现金支出2013年增幅很大，达到64.96%，2014年比2013年增加7.84%；投资活动现金支出增幅较大，且稳定增长；筹资活动支出也是波动起伏，2013年比2012年下降40.62%，2014年又比2013年上涨了33.87%。

现金流量净额2013年比2012年增长了40.05%，而2014年比2013年猛增了三倍多。

三、经营能力分析

经营能力分析如表11—10所示。

表11—10 **营运能力指标**

指　标	2014年	2013年	2012年
总资产周转率	1.19	1.12	0.80
流动资产周转率	2.92	2.99	2.70
应收账款周转率	36.51	22.32	10.21
存货周转率	5.26	5.94	7.14
固定资产周转率	1.05	0.98	0.70

总资产周转率=主营业务收入÷总资产平均余额

流动资产周转率=主营业务收入÷流动资产平均余额

应收账款周转率=主营业务收入÷应收账款平均余额

存货周转率=主营业务收入÷存货平均净额

固定资产周转率=主营业务收入÷固定资产平均余额

从表11—10中可以看出：

(1)总资产周转率和固定资产周转率虽然不高，但从2012～2014年一直呈上升趋势，说明该公司整体资产的营运能力提高了。

(2)流动资产周转率从2012～2014年整体来说呈上升趋势，但2014年比2013年略有下降。

(3)应收账款周转率这几年一直是上升的，说明该公司的确加强了对应收账款控制和催收，收回的速度较快，这能增强资产的流动性，从而有利于增强短期偿债能力。但同时，应收账款周转率指标值相当高，且连续3年快速增长，因而应警惕该公司的信用政策是否过于严格，如果赊销条件过于严格，从长期来看将会影响销售水平，从而影响获利水平。

(4)存货周转率从2012～2014年一直呈下降趋势，是营运能力指标中唯一连续三年在下降的指标。存货周转率越低，表明其变现速度越慢，周转额越小，资产占用水平越高，成本费用也就越高。

在前面的分析中我们已经注意到该公司的存货问题，由于存货在流动资产中所占比例最大，所以存货周转率直接影响了流动资产周转率，进而影响到总资产周转率的提高。建议该公司要继续注意存货管理中存在的问题，尽量降低存货水平，以减少资金的占用水平，提高存货投资的变现能力和获利能力。

四、偿债能力分析

偿债能力分析如表11—11、表11—12所示。

表11—11　　短期偿债能力指标

指　标	2014年	2013年	2012年
流动比率	0.74	0.91	0.86
速动比率	0.36	0.37	0.61
保守的速动比率	0.29	0.23	0.40
现金比率	0.25	0.18	0.28

流动比率=流动资产÷流动负债

速动比率=(流动资产—存货)÷流动负债

保守的速动比率=(货币资金+短期证券投资+应收账款净额)÷流动负债现金比率

=(货币资金+短期投资净额)÷流动负债

从表11—11中可以看出：

(1)该公司的流动比率从2012年到2014年分别为0.86、0.91和0.74，2013年比2012年略有上升，2014年下降为最低，远远低于2(在会计实务工作中，一般认为企业合理的最低流动比率是2，速动比率为1)。

(2)该公司的速动比率从2012年到2014年分别为0.61、0.37和0.36，一直在下降，远远低于1，联系到前面对资产负债表的分析，这几年的营运资金(流动资产—流动负债)一直是负值，因而有理由相信，该公司的短期偿债能力不佳。

表 11—12　　长期偿债能力指标

指　标	2014 年	2013 年	2012 年
资产负债率(%)	50	50	38
产权比率(%)	101	99	62
有形净值债务率(%)	108	105	65
利息偿付倍数	−1.27	2.42	3.02

资产负债率＝负债总额÷资产总额

产权比率＝负债÷所有者权益总额

有形净值债务率＝负债总额÷(所在者权益－无形资产净值)

利息偿付倍数＝息税前利润÷利息费用

从表 11—12 中可以看出：

从 2012～2014 年，资产负债率、产权比率和有形净值债务率逐年上升，到 2014 年资产负债率为 50%，产权比率为 101%，有形净值债务率为 108%，比率合适。利息偿付倍数逐年下降，2014 年为负值。这说明到 2012 年为止，虽然该公司负债水平尚可，但长期偿债能力开始出现问题，2014 年利息偿付倍数已经出现负数，这是由于企业 2014 年经营出现亏损所致，因此公司不宜再举债。

五、获利能力分析

获利能力分析如表 11—13 所示。

表 11—13　　获利能力指标　　单位：%

指　标	2014 年	2013 年	2012 年
销售利润率	−3.51	1.50	2.99
销售毛利率	−0.80	4.50	9.85
营业利润率	−3.50	2.20	5.52
总资产收益率	−2.33	3.82	5.79
净资产收益率	−8.33	3.05	4.04

销售利润率＝利润÷销售收入×100%

销售毛利率＝销售毛利额÷主营业务收入×100%

营业利润率＝营业利润÷主营业务收入×100%

总资产收益率＝收益总额÷平均资产总额×100%

净资产收益率＝净利润÷平均所有者权益×100%

从表 11—13 中可以看出：

从 2012～2014 年，该公司销售利润率、销售毛利率、营业利润率、总资产收益率和净资产收益率呈逐年下降的趋势，到 2014 年已经形成了亏损的局面。该公司的销售毛利率在 2012 年到 2014 年分别为 9.85%、4.5%和－0.8%，表明其获利能力在逐年下降，到 2014 年已转为亏损。结合前面对资产负债表、利润表的分析可以看出，该公司的主营业务收入水平一直呈上升态势，这说明在销售方面应该不存在太大问题，因此导致获利能力下降的最主要因素可能是营业成本增长过快。

六、问题与评价

通过对资产负债表、利润表以及现金流量表的分析看出，该公司主要存在如下问题。

(1)存货所占比重过大，存货周转率逐年下降。

(2)营运资金为负值，流动比率、速动比率相对较低，短期偿债能力较低。

(3)营业成本增长过快，其增长速度超过了销售收入的增长速度，营业利润期末为负数，发生经营性亏损。

虽然存在上述问题，但是也应看到，该公司的现金流量保持高速增长状态，除存货以外的其他资产营运能力表现尚好，销售方面也不存在什么问题，这说明只要致力于成本控制，该公司还是可以转亏为盈的。

本章小结

财务分析报告是指对企业财务状况和经营成果进行比较、分析、评价并加以整理后撰写而成的书面报告。对企业的全面财务状况、经营成果和现金流量的质量进行分析时，财务分析报告中要包括：偿债能力的分析、获利能力的分析、营运能力的分析、本企业的财务变动趋势分析、本企业与所在行业的其他企业的比较分析等内容。

在撰写财务分析报告前，首先收集资料，再整理核实资料，拟定财务分析报告的标题后，确定财务分析报告的结构，进行具体全面的分析，最后还需要对财务分析报告进行修改和审定。这就是财务分析报告的撰写程序。

关键术语

财务分析报告　综合分析报告　专题分析报告　简要分析报告
定期分析报告　不定期分析报告

思考题

1. 什么是财务分析报告？如何分类？
2. 财务分析报告一般应包括哪些内容？
3. 撰写财务分析报告应按照怎样的程序进行？

练习题

实训题

请你从相关网站上下载某上市公司连续3年的财务报表，从企业外部信息使用者的角度，撰写一份财务分析报告。